求真集

谢青史学论文选

谢 青 著

安徽师范大学出版社

·芜湖·

图书在版编目（CIP）数据

求真集：谢青史学论文选／谢青著. —芜湖：安徽师范大学出版社，2018.1
ISBN 978 - 7 - 5676 - 2762 - 8

Ⅰ．①求… Ⅱ．①谢… Ⅲ．①史学 - 中国 - 文集 Ⅳ．①K207 - 53

中国版本图书馆 CIP 数据核字（2017）第 044217 号

求真集——谢青史学论文选

谢　青　著

责任编辑：孙新文　蒋　璐
装帧设计：任　彤
出版发行：安徽师范大学出版社
　　　　　芜湖市九华南路 189 号安徽师范大学花津校区
网　　址：http://www.ahnupress.com/
发 行 部：0553 - 3883578　5910327　5910310（传真）
印　　刷：虎彩印艺股份有限公司
版　　次：2018 年 1 月第 1 版
印　　次：2018 年 1 月第 1 次印刷
规　　格：700 mm×1000 mm　1/16
印　　张：15.75
字　　数：241 千字
书　　号：ISBN 978 - 7 - 5676 - 2762 - 8
定　　价：45.00 元

目　　录

中国史

要重视中国古代史中的字词教学

《中国历史教学大纲》指出，教师在讲授教材的主要内容时，应"讲清楚一些必要的历史概念、术语、难懂的词"。对于要讲清楚一些必要的术语和难懂的字词，未能引起应有的重视。这确是当前中国古代史教育的薄弱环节，它直接影响教学质量的提高。

近年来，我们对初中一年级学生的知识情况进行了调查了解，发现他们的历史和地理知识一般都较贫乏，而且语文阅读能力也都比较差，他们对中国古代史课本中出现的许多历史概念和术语中的字词都不认识，或不知道作什么解释。如果我们在教学过程中，不重视字词教学，学生就很难真正掌握和理解历史概念和术语的确切含义。即使我们在课堂上分析得很好，那也只能是教师无的放矢地教，学生囫囵吞枣地学，教学效果不可能是很好的。

怎样加强中国古代史课中的字词教学？我们的做法是：首先，组织学生预习，要求他们阅读历史课本，尽可能地扫除一些语言上的障碍，将不认识和不理解的字词提出来。以《商鞅变法和封建制度的确立》一节为例，学生不理解的概念、术语、字词，如诸侯、战国七雄、割据、专政、变法、爵禄、军功、授爵、爵位、县制、徭役等。这样，我们就做到心中有数，就可以有针对性地进行教学了。其次，根据学生的实际情况，在讲解历史概念和重要术语时，先从难懂的字词入手，在讲解清楚历史概念和重要术语中难懂的字词的基础上，再向学生讲解历史概念和重要术语的含义。例如，在讲"战国七雄"这一历史概念时，首先解释"雄"字，除了有雌、雄之"雄"的意思外，还有"宏大""威武"的意思，这里的"雄"字是借喻杰出的或强有力的人物和国家。因此，"战国七雄"的"雄"字，就是表示战国时期最强有力的七个诸侯国，然后再讲"战国七雄"历史概念的全部内容，学生很容易从感性认识上升到理性认识，形成历史概念，而且形象、直观，容易记得牢，不大容易出现张冠李戴的现象。又如在讲解"诸侯"这一重要术语时，首先解释"侯"，不同于气候的"候"，"侯"除了是古代的一种爵位名称外，还是古代有国者的通称，即"国君"的意思。"侯"字解释清楚后，再讲"诸侯"这一术语，是指西周、东周时期分封的各国君主。他们要服从王命，要定期朝贡，并有出兵和服役的义务，但他们在分封的范围内，世世代代掌握统治大权。这样讲，学生只要记住"侯"字的解释，就很容易联想出"诸侯"的含义。其他如徭役、陵墓、连坐、削藩等重要术语，也都采用这样的方法讲解。这种从难懂字词入手讲解重要历史概念和术语的方法，所花费的时间并不多，因为它是紧密地结合讲解历史概念和重要术语的，虽然花了一点时间，但却是十分必要的。

在运用和讲解课本中所引用的一些重要历史文献和文学作品时，也采取从讲解难懂字词入手的方法进行讲解。这样，学生就可以在掌握难懂字词的基础上，真正领会所引材料的含义。例如，在讲董仲舒"罢黜百家，独尊儒术"这条重要建议的引文时，要解释，"黜"是"废除"和"贬斥"，在这里是"禁止"的意思；"术"是"学术观点"的意思。然后再指出这条建议的内容，学生就比较清楚了。其他如"挟天子以令诸侯""民为贵、君为轻"等，也都用这种方法讲解。

如果我们能够在中国古代史的教学中，有计划、有选择、有重点地结合历史概念、术语、古典文献等的讲解，向学生讲解清楚几百个难懂的字词，那么，对学生语文水平的提高，该有多大帮助！对学生历史知识的巩固和提高，也是大有裨益的。

（原载《教学通讯》1982 年第 10 期）

《世界历史》中的经典著作教学问题

1978年教育部颁布的《中学历史教学大纲（草案）》指出，"历史教材和历史教学，一定要以马克思列宁主义、毛泽东思想为指导，完整地、准确地领会和掌握无产阶级革命导师关于历史科学的理论，对历史作出正确的叙述和分析，做到革命性和科学性的统一，观点和材料的统一。"由此可见，根据历史事实和按照马列主义经典作家关于历史科学的理论进行教学，是中学历史教学的基本原则。

按照马列主义经典作家关于历史科学的基本理论进行教学，我们认为，除了应根据经典作家关于阶级斗争、人民群众创造历史、历史按规律发展、经济基础决定上层建筑和上层建筑反作用等历史唯物主义基本观点进行教学外，还应注意和重视《世界历史》（1982年版）课本中所引用的经典著作的教学。这对阐明重要历史问题，提高历史教学质量，初步培养学生运用经典作家的论述去观察历史现象和分析历史问题，都有重要意义。

1982年版《世界历史》课本，精选了经典著作的引文共三十四条。怎样对这些经典著作引文进行教学呢？我们认为：

首先，教师要根据引文去看原著，看看整段文章，搞清引文是在什么时代、什么具体情况下、针对什么具体问题讲的，只有对引文正确理解，才能掌握引文的精神实质，进行教学。

然而，在一些教学中，往往存在不去查对原文，没有领会引文精神实质，因而违背引文原意的情况。例如，有的同志在讲解马克思关于巴黎公社原则那条重要引文"公社的原则是永存的，是消灭不了的；在工人阶级得到解放以前，这些原则将一再表现出来"时（见《世界历史》下册，第59页），就把马克思所说的公社的"这些原则"，片面地说成工人阶级必须用革命暴力摧毁旧的国家机器这条唯一的原则，这是不符合马克思的原意的。因为，既然是"这些原则"，那就不能说成只有一条原则，更不能把这条具体的原则说成是普遍的、不可违背的原则。事实上，马克思就曾经说过，工人阶级总有一天必须夺取政权，以便建立一个新的劳动组织。"但是，我们从来没有断言，为了达到这一目的，到处都应该采取同样的手段。我们知道，必须考虑到各国的制度、风俗和传统；我们也不否认，有些国家……工人可能用和平手段达到自己的目的。"（马克思：《关于海牙代表大会》，见《马克思恩格斯全集》第 18 卷，第 179 页）我们前面提到的《世界历史》新增加的列宁那条关于在特定历史条件下，"革命有和平发展的可能"的引文，也是同样的意思。尽管马克思所说的那些国家后来的历史条件有了变化，但经典作家关于用不同革命手段摧毁旧国家机器的光辉思想，正是我们应该深刻领会和在历史教学中加以贯彻的。

又例如，有的同志在讲马克思称颂斯巴达克是"古代无产阶级的真正代表"的引文时（见《世界历史》上册，第 53 页），竟把"古代无产阶级"解释成工人阶级，说什么斯巴达克是工人阶级的真正代表。其实，马克思在这里所说的"古代无产阶级"，是指古代以奴隶为代表的劳动群众，根本不是近代意义上的工人阶级。可见，在进行经典著作教学时，认真查对原著，领会引文精神实质，是非常重要的。实际上，查对原著和领会引文精神的过程，也是教师重新学习马列主义经典著作的过程，这对提高教师的理论修养和教学水平，也是大有裨益的。

其次，进行经典著作教学，不能从理论、原则和结论出发，也就是说不能在讲解引文时，变成用具体史实来证明经典作家某条理论、原则或结论的正确性。如果那样做，则是违反马克思主义的。因为"原则不是研究的出发点，而是它的最终结果；这些原则不是被应用于自然界和人类历史，而是从它们中抽象出来的；不是自然界和人类去适应原则，而是原则只有在适合于自然界和历史的情况下才是正确的。这是对事物的唯一唯物主义的观点……"（恩格斯：《反杜林论》，见《马克思恩格斯选集》第 3 卷，第 74 页）

但是，在教学中违反马克思主义这一唯物主义观点的讲授方法，还是存在的。如，有的同志在讲解马克思关于英国资产阶级革命的胜利是"资产阶级所有制对封建所有制的胜利"（见《世界历史》上册，第149页），在讲解马克思关于英国工业革命的重要社会后果是"整个社会日益分裂为两大敌对的阵营，分裂为两大相互直接对立的阶级：资产阶级和无产阶级"（见《世界历史》上册，第216页）等经典作家的引文时，就是从理论、原则和结论出发，他们先把结论提出来，然后再列举史实来证明结论的正确性。有的同志甚至只是简单地把经典作家的结论搬出来，让学生机械地背诵。这样做的结果，不利于学生领会这些结论的深刻意义，根据这些结论的基本精神去观察历史现象，分析历史问题。

所以，进行经典著作教学，不应从理论、原则和结论出发，而应在讲清主要史实的基础上，根据史实，引出必然的结论，然后再向学生指明，经典作家的理论、原则和结论，就是根据大量史实，研究分析、概括抽象出来的，因而是完全正确的。只有这样，才能使引文活在学生心里，才能使学生通过教师的讲解，初步学会从客观实际出发，根据史实，引出结论的唯物主义方法。

再者，在进行教学时，对于经典作家针对某个具体历史问题的论述，不能不顾时间、地点、条件的不同而生搬硬套。例如，有的同志在讲解列宁说的"当拿破仑建立了法兰西帝国，奴役欧洲许多早已形成的、有生命力的民族大国的时候，法兰西的民族战争便成了帝国主义战争，而这种帝国主义战争又反过来引起了反对拿破仑帝国主义的民族解放战争"一段引文时（见《世界历史》上册，第199页），由于没有很好地领会原文精神，不仅把法兰西帝国和法国帝国主义，拿破仑的"帝国主义战争"和帝国主义时期的帝国主义性质的战争搞混淆了，而且还不顾时间、地点和条件的不同，和帝国主义国家之间的帝国主义性质战争进行不恰当的类比。

其实，列宁在这里所讲的拿破仑"帝国主义"，是指拿破仑建立的资产阶级军事专政的法兰西第一帝国（1804—1815年）；拿破仑的"帝国主义战争"，则是指拿破仑后期，主要是为了掠夺和奴役其他欧洲民族国家所进行的侵略战争。这和帝国主义时期的帝国主义性质战争，是两个不同的历史概念，既不能混淆，也不能生搬硬套。因此，我们在进行经典著作教学时，一定要了解和掌握经典作家的某一结论，是在什么历史条件下，针对什么具体历史问题讲的，无论如何不能把经典作家关于某一具体历史问题的论述，不顾时间、地点和条件的不同，当作普遍规律去套用。

同时，经典作家关于历史问题的理论、原则和结论，也不是一成不变的，作为科学，它也会随着时代的前进而有所发展。正如列宁所说："马克思主义不是死的教条，不是什么一成不变的学说，而是活的行动指南……"（列宁：《论马克思主义历史发展中的几个特点》，见《列宁选集》第 2 卷，第 401 页）因此，教师的责任就是要教育学生，在马克思主义历史科学理论的指导下，从具体历史情况出发，去观察历史现象，学习历史问题。

第四，在三十四条经典著作引文中，有些是重要理论性概括的引文。如："国家是剥削被压迫阶级的工具。"（见《世界历史》上册，第 6—7 页）"新的革命的来临，像新的危机的来临一样，是不可避免的。"（见《世界历史》下册，第 39 页）"最民主的资产阶级共和国无非是资产阶级镇压工人的机器。"（见《世界历史》下册，第 201—202 页）"机会主义是我们的主要敌人。"（见《世界历史》下册，第 203 页）等。这些理论性概括的引文具有普遍指导意义，是经典著作教学的重要内容，也是我们历史教学必须遵循的理论指导原则。所以，应该重视理论性概括引文的教学。

怎样进行理论性概括引文的教学呢？我们认为，教师在做这些理论性概括时，必须以较多的史实为基础，才能讲解清楚。如讲解"国家是剥削被压迫阶级的工具"，就应分别列举奴隶制国家、封建制国家、资本主义国家都是剥削被压迫阶级——奴隶阶级、农民阶级和工人阶级的工具；在讲"最民主的资产阶级共和国无非是资产阶级镇压工人阶级的机器"时，也应列举不同的资产阶级共和国镇压工人阶级的具体事例来加以说明。这样，才能使学生真正领会这些理论性概括引文的精神实质和确切含义，而不至于仅仅学会背诵现成的公式。

此外，如果条件和时间许可，在历史教学过程中，特别是世界历史教学过程中，还可以适当补充引用经典作家的一些重要论述，如《家庭、私有制和国家的起源》《法兰西内战》《帝国主义是资本主的最高阶段》《俄国资本主义的发展》《亚洲的觉醒》等文中的论点，以提高历史教学质量，增强历史教学的思想性和战斗性。但应适当地补充，一定要量力而行，一定要精选，切不可盲目贪多。

（原载《历史教学》1984 年第 8 期）

1994 年老高考历史试卷评价

1994 年老高考历史试卷，完全依据《中学历史教学大纲》命题，总体设计严守《历史科·考试说明》的各项原则和各项要求。与1993 年试卷比较，今年的试卷稳中有变，加强了学科能力的考查，并寓思想性于科学性之中，既有利于高校选拔人才，也有利于提高中学历史教学的质量。总之，1994 年老高考历史试卷，虽不是尽善尽美，但不失为一份富有特色、质量较高的试卷。

一、试卷、试题评价

历史学科最高分为 87 分，最低分为 0 分，平均分为 55.25 分。我们按 30：1 的比例随机抽样，共采集 1,349 份试卷的数据，据统计，考生成绩分布呈负偏态。

今年老高考历史试卷的特点，主要表现在以下几个方面：

（1）效度较高，信度可靠。

从内容效度看，其一，知识结构合理。中外历史的比例是 57：43，和去年相比较，中国古代史由 26 分减为 25 分，中国近现代史由 33 分减为 32 分，世界古代史由 9 分增加为 10 分，世界近现代史由 32 分增加为 33 分。计中国史减少了 2 分，世界史增加了 2 分，可见世界史的比重略有上升。试卷中政治史、经济史、思想史、文化史、民族史、军事史各自所占的分数比例为 35：26：24：4：2：9，这个结构和 1993 年比较，今年的政治史由 70 分下降到 35 分，经济史由 22 分上升为 26 分，思想史的分值也有较大幅度的增加。这一调整，打破了以政治史为主的一统天下，提高了经济史的比重，拓宽了历史学科的层面，符合《历史科·考试说明》的要求。其二，重点突出。

今年所考查的知识点，以中学历史教科书的章、节计算，约占42%，比去年的覆盖率58%有所降低，但试卷中属于中学教学重点的比重有了很大的提高。考查的知识点都是"大路货"，没有偏题、怪题。试题考点比较集中的有中国古代史第四章，中国近代史"戊戌变法，义和团运动"的第一章，中国现代史社会主义部分，世界古代史第二章，世界近代史第五章等。其三，能力要求全面。试卷（Ⅰ）侧重考查考生再认、再现及正确理解的能力，试卷（Ⅱ）侧重考查考生归纳、抽象、概括、分析、评价等方面的能力。以上对能力的考查，覆盖了《历史科·考试说明》中所规定十项能力的九项，其中"作出文字准确、条理清楚的表述"的能力，在试卷中未作具体要求。

从试卷编制效度看，其一，从易到难，难易起伏，有利于考生实际水平的正常发挥。今年试卷总体难度为0.55，但客观题难度有所降低，主观题难度有所提高，有利于高校选拔人才。其二，试卷的长度是适宜的。其参考答案和评分标准的总字数约1430字（含标点及选择题答案代号），较去年的1350字略多一些。考生每分钟书写约12个字，还是较紧张的。据统计：材料解析题的第1题约102字，第2题约148字；问答题第1题约340字，第2题约340字，第3题约392字。其三，赋分值合理。除各大题赋分值合理外，今年的第四、第五大题的每小题以及每小题的每一问都明确写上了该得的分数值。这样，可以控制考生答题时的书写量，有助于考生"按酬付劳"，保证答题时一定的思考时间，避免"多多益善"的答题策略。其四，试卷的信度可靠。统计分析结果表明：1994年老高考历史试卷内部一致性（α）为0.86，说明各测试题间的同质性程度较高。

（2）难度适中，题型稳中有变。

表1　1993、1994年试题难度比较

题号	一	二	三	四			五				合计
				1	2	小计	1	2	3	小计	
1993年	0.69	0.42	0.50	0.71	0.57	0.63	0.57	0.61	0.42	0.53	0.55
1994年	0.73	0.49	0.69	0.73	0.56	0.63	0.44	0.36	0.36	0.38	0.55
增长值	-0.04	-0.07	-0.19	-0.02	+0.01	0	+0.13	+0.25	+0.06	+0.15	0

今年的总体难度为 0.55，和去年的总体难度持平，但结构难度略有变化。

从上表可知，今年客观题的难度有所减少，主观题难度有所增长。主观题难度的增长，加强了对考生分析、概括、评价能力的考查，有利于高校选拔有学习潜能的学生。同时，总体难度控制在 0.55，是比较理想的试题。

今年的题型稳中有变：稳，是指题型和赋分值稳定；变，是指命题有新意。根据《历史科·考试说明》的规定，今年的试卷共五个大题、四大题型，与去年比较，其题型和赋分值稳定。单项选择题两年均为 20 题，每题 1 分，共 20 分；多项选择题两年均为 10 题，每题 2 分，共 20 分；填空题，1993 年为 9 题 20 空，每空 0.5 分，计 10 分；1994 年为 10 题 20 空，每空 0.5 分，计 10 分；问答题两年均为 3 题，计 36 分。就主观题和客观题的分值比例而言，两年均为 50：50，保持题型、题量和赋分值的基本稳定，有利于中学历史教学，也有利于考生复习迎考。题型虽然稳定，但命题有新意。一是填空题，设计了七个带引号的填空处，共 3.5 分，要求考生填写专用名词或术语，使答案具有唯一性；二是将统计数据列出图表，引入材料解析题，例如第 41 题；三是将历史材料同问题形式结合起来命题，如问答题第 1 题。上述尝试不但成题新，而且是成功的。

（3）注重能力考查。

其一，考查历史思维能力的比重有所提高。今年考查历史思维能力的分值为 59 分，其中考查正确理解历史概念的占 6 分，考查归纳、抽象、概括能力的占 20 分，考查分析、综合、比较能力的占 19 分，考查运用辩证唯物主义、历史唯物主义观点评价事件、人物能力的占 14 分。与去年比较，考查历史思维能力的分值提高了 9 个百分点。其二，进一步发掘客观题的能力考查功能。客观题历来被认为只能考查一些低层次的能力（如记忆、简单判断），但今年的客观题对历史思维能力的考查提出了较高的要求。例如，关于理解、判断能力的考查，有第 2、3、8、10、12、18、19、24、29 题；关于阅读能力的考查，有第 14 题；关于评价、比较能力的考查，有第 17、21、22、25 题；关于分析、概括能力的考查，有第 26、30 题。在单项选择和多项选择题中，其中考查较高层次能力的分别占 50% 和 60%。在填空题中，考查较高层次能力的分值也有一定的比例。其三，主观题能力考查层次有了较大的提高。材料解析题，加强了对史料阅读理解和分析鉴别能力的考查，试题的设问体现了题型的功能，并有一定的层次性，注意由浅到深、由表及内，全面考查历史学科的能力。例如第 41 题共三问，第一问主要考查考生的阅读理解鉴别能力，第二问主要考查考生分析归纳的能力，第三问主要考查考生初步运用历史唯物主义的观点分析问题的能力，可见循序渐进，一问比另一问的能力要求高。又如第 42 题要求考生根据材料，全面地而不是片面地，本质地而不是表面地评价历史人物，这在中学教材中是找不到现成答案的。问答题在能力考查方面又有新的突破，试题及其答案进一步摆脱了中学教科书的束缚，对知识的考查进一步淡化，对考生依据已有知识和观点独立地分析、比较、评价的要求有了进一步提高。这在三个问答题中都有突出的体现，例如第 43 题，是将历史材料引进问答题之中：第一个得分点"兼爱""非攻"，是靠对材料的分析理解概括出来的；第二个得分点"从小生产者队伍不断扩大，以及小生产者要求摆脱贫困、渴望温饱、希望安定等"，也是着眼于历史基本理论问题；第三个得分点是按三个不同的能力层次评分，突破了按要点评分的传统模式，其中从弘扬祖国传统文化的高度分析评价墨子思想的积极意义，也是在教科书上找不到现成答案的。又如第 46 题，是一道世界现代史的试题，试题的切入口小，跨度大，旨在考查考生的比较分析能力，难度为 0.36，区分度为 0.734，考生的平均分为 4.68 分，这是一道比较好的问答题。

（4）保持思想性与科学性的统一。

1994 年命题，发挥了历史学科的特点，积极地寓国情教育、爱国主义教育、革命传统教育和国际主义教育于试题之中，同时，寻找了历史和现实的结合点，体现了"古为今用，洋为中用"的思想。例如，第 13、24、34、45 题，都体现了国情教育的因素；第 3、5、25、31、40、44 题，都渗透了爱国主义教育的因素；第 9、11、26、27、33 题等，都反映了革命传统教育的因素。此外，第 21、45 题的历史感和现实感都很强。寓思想教育于高考试题之中，是历史学科的优势，充分利用这一优势，对于提高高考的信度、促进教学改革，强化学科考试的功能都是有利的。

试卷、试题存在的问题表现在以下几个方面：

（1）有些试题的区分度不好。

这里包含两层意思：第一层意思是指试题的区分度在0.2以下，是必须淘汰的试题，如有些试题的区分度为0.178，0.179，0.089，0.0168。第二层意思是指有些试题区分度指数尚可，但难度曲线分布不佳，当属应当修改的试题。如第31题，区分度为0.420，但难度曲线分布不佳，它对35分段以上的考生无区分度可言；第32题，区分度为0.366，它对40分段以上的考生无区分度可言；第35题，区分度为0.370，难度曲线在35分段以上呈水平线状；第37题，区分度0.321，难度曲线在30分段以上呈水平线状。

（2）有些试题的题干表述不严谨。

例如第19题，题干要求考生回答"19世纪末取得胜利的反帝反封建斗争"，但参考答案中的正确选项B"埃塞俄比亚抗意战争"却不是反帝反封建战争，而是反帝战争，所以它与题干的要求不相吻合。又如第33题，"抗日反攻前夕，跨山西省的敌后根据地有晋冀鲁、_____和_____。"试题的正确答案是"晋绥、晋察冀"，但有考生答"晋冀豫"却不得分，这就有点"屈"了。据查，晋冀鲁豫根据地的名称正式出现于1941年，它包括晋冀豫、冀南、鲁西北、冀鲁边根据地等处，然而在中学课本中出现"晋冀鲁豫"根据地的名称是解放战争时期，因此，这一题干的表述使中学生有点"丈二和尚摸不着头脑"了。

（3）参考答案有不严谨之处。

例如第42题第2问，"材料中对拿破仑失败原因的说法哪些是不对的，为什么？"参考答案要求回答"材料二以'破坏的天才'来全盘否定拿破仑，忽略了他的贡献，是不对的。"这样的表述，是要求评价拿破仑的功过，故与设问的问题不相吻合。又如第44题，本题的命题、参考答案的拟定尚有不够严密、不尽准确之处，综合起来，约有：一是关于中国维新变法思想的基本内容。根据教材，摆脱民族危机（并未明确提到抵抗帝国主义侵略），只是维新变法思想的目的，而参考答案将其写成中国维新变法思想的内容之一，似欠准确；二是关于法国启蒙思想与中国维新变法思想在促进社会变革的作用上有何不同？将这两者拿来比较，似乎有点勉强。因为人们可以说中国维新思想直接促成了戊戌变法，却不能说法国启蒙思想直接促成了法国资产阶级革命，两者是难以相比的，故参考答案将戊戌变法的昙花一现和法国资产阶级革命摧毁了封建制度建立了资本主义制度，视为两者在促进社会变革上所起的不同作用，是不准确的。再者试题是问"19世纪末中国维新变法思想与18世纪法国启蒙思想相比，两者在促进社会变革的作用上有何不同？"而参考答案却写成"中国维新思想与法国启蒙思想相比"，这里就出现了一个问题：中国维新变法思想是否等同于中国维新思想？如果是，参考答案的表述似欠严谨，如果不是（不完全是），参考答案的表述就欠妥了。

二、答题情况分析

（1）选择题一（四选一）。

从总体情况看，考生回答单项选择题的能力较强。多数试题，考生无需对各备选项进行逐一筛选，即可作准确判断。出现这种现象的原因：一是今年单项选择题，总体难度偏低，易于回答；二是考生的识记能力较强。由此看来，适当提高单项选择题的难度，是很有必要的。在20个单项选择题中，得分率稍低的有第7、10、15题，第7题和第15题都是考查考生对于时间概念准确记忆的能力，考生在这两题上失分较多，反映了考生时间概念准确记忆的能力较差，如约有53%的考生未能答对"大和"国统一日本的时间（公元5世纪），说明加强时间概念准确记忆的训练是很重要的。第10题的错误，主要是不少考生回答不出（20世纪）40年代初，侵华日军对解放区所实行的"蚕食"政策，其原因是对"解放区""游击区""沦陷区"的概念分辨不清。

（2）选择题二（四选多）。

从总体情况看，考生回答多项选择题的能力较差。故本大题得分率仅0.49，低于全卷得分率。答题较好（高于全卷得分率）的仅有第 21、28 两题，其他均低于全卷得分率。出现这一现象的原因：一是试题难度较高，备选项迷惑性强；二是考生对深层次知识内容的掌握不够。考生在答题中出现的问题有：在回答第 24 题"五四爱国运动的中心由北京转到上海后，运动的新特点"时，不少考生由于未能理解题干所说"新特点"的含义，错误地将"先进知识分子起领导作用"视为正确选项；在回答第 25 题"'一·二八'和'八·一三'两次战役的相同之处"时，不少考生由于没有掌握"一·二八"战役发生在哪个时期，或者没有理解"日军全面侵华"的含义，错误地将"打乱了日军全面侵华部署"也视为正确选项；在回答第 29 题"16 世纪英国发展资本主义的重要手段"时，不少考生对"重要手段"理解不深，错误地认为"积极参与地中海地区的贸易"也是正确选项；在回答第 30 题时，不少考生竟将"闭关锁国状况没有改变"视为"明治维新的原因"，充分反映了这部分考生对教材中有关 19 世纪中期日本社会状况这部分内容的理解和掌握非常肤浅。第 27 题，关于"我国发展国民经济第一个五年计划的基本任务"，仅有 14% 的考生回答正确，其主要原因是考生对教材的理解与参考答案的规定有重大分歧所致。

（3）填空题。

从总体情况看，考生回答以记忆为主的填空题能力较强，故本大题的得分率大大高于全卷得分率。部分考生在答题中出现的错误主要有：一是错别字，如将"恺"写成"泽"，"端"写成"瑞"，"绥"写成"缓"，"冀"写成"翼"，"逐"写成"遂"，"倭"写成"委"，"撤"写成"撒"，将"废"字的"广"部写成"疒"部等；二是人名、朝代张冠李戴，如将"顾恺之""张择端"写成"阎立本""吴道子"，将"同治""光绪"帝写成"道光""咸丰""宣统"等；三是历史概念不清，将"右倾翻案风"错写成"反击右倾翻案风""批林批孔运动""批邓运动"等，相当混乱，并不注意题干上的时间顺序，将"二月逆流"和"右倾翻案风"顺序颠倒，失去得分机会。此外，还有一个值得注意的现象，即考生回答带引号的填空题，如"右倾翻案""众生平等""尽灭权贵"等，其得分率一般均低于不带引号的填空题，说明中学历史教师在过去的教学中和考生的复习中，对带引号的填空题重视不够。

（4）材料解析题。

由于今年的两道材料解析题具有明显的提示性或不同程度的提示性，故本大题的得分率高于全卷得分率。出现这一现象是不正常的。关于考生的答题情况，不少地方已在试题分析部分谈到，这里着重分析一下考生的失分情况及其原因。第41题第3问（即41（3）题）："对上述现象应如何认识？"旨在考查综合分析能力，难度在本题的3个设问中是比较高的1个设问，应该说得分率不会高，然而事实是得分率并不低（0.60）。其原因是中学教师讲授中国古代史时，对于每朝的开国皇帝，一般都从两个方面对其政策进行分析，即进步性和局限性（为巩固自身统治），这几乎成了一种定式，学生印象极深，不仅明初如此，汉初、元初亦都如此，考生以此定式照搬照套，得分率故而较高。第42题第2问（即42（2）题）："材料中对拿破仑失败原因的说法哪些是不对的，为什么？"不少考生在回答这一设问时，未能从评价拿破仑功过两个方面进行回答，不符合参考答案要求，失分较多。再就是未能从拿破仑个人素质方面指出材料4说法的不对，也不符合参考答案要求，失分也很多。

（5）问答题。

今年的问答题总体难度高，得分率很低，大大低于全卷平均得分率。考生在答题中出现的问题和失分较多的地方主要有：第43题，一是部分考生在回答所给材料反映了墨子什么思想时，错误地将墨子"主张节约，反对浪费，主张选贤举能"也写进答案里，显然未能真正读懂所给的材料，没有就所给材料，得出其思想核心（"兼爱""非攻"）；二是在回答墨子"兼爱""非攻"思想出现的社会根源时，未能从小生产者队伍不断壮大，以及小生产者要求摆脱贫困、渴望温饱、希望安定等方面去回答，这是本题失分最多的地方；三是几乎所有考生都未能从弘扬祖国传统文化的高度分析墨子思想的积极意义，说明这和参考答案要求过高有直接关系。第44题共13分，有3个得分点，分别是3、5、5分。第1个得分点"中国维新变法思想的基本内容是什么？"考生失分最多的地方是未能答出"要求抵抗帝国主义侵略，摆脱民族危机"。其次还有一部分考生与戊戌变法的内容

中国史

搞混淆了。第 2 个得分点是"关于中国维新变法思想与法国启蒙思想相比,两者在促进社会变革的作用上有何不同?"不少考生讲不清楚法国启蒙思想与法国资产阶级革命的关系以及中国维新变法思想与戊戌变法的关系,因而失分较多。第 3 个得分点"为什么?",即两者在促进社会变革的作用上为什么会出现以上不同情况,参考答案要求从思想体系方面加以比较,即法国启蒙思想经历一个世纪发展过程,已形成了完整体系,而中国维新思想却缺乏比较成熟的理论基础。根据抽样统计,关于这一问题,绝大部分考生都未得分,其主要原因是参考答案的要求超出教材了。

第 45 题也是 13 分,有 4 个得分点,分别是 6、3、2、2 分。第 1 个得分点的失分之处,主要是有一部分考生错误地将"战时共产主义政策、大棒政策、金元外交"等写进答案里。第 2 个得分点是"说明美苏经济政策变化的原因"。在回答这一问题时,一般来说,凡是能正确回答美苏经济政策变化内容的考生,也能正确分析其变化原因,反之亦然。但有些考生将变化(内容)和原因放在一起叙述,因而出现分析不透而被扣分的情况,这就有点"屈"了。这告诉我们,按试题要求,按层次先后逐个回答问题,因层次清楚、分析明白而提高得分率,这是考生在答题时应该注意的问题。第 3 个得分点是关于"美国经济政策对二战后西方世界经济政策的影响,谈谈你的认识。"这个得分点共 2 分,根据抽样统计,约有 80% 的考生这 2 分都未得到,其中不少人都错误地从战后美国对西欧的援助(如马歇尔计划等)方面进行回答;只有约 20% 的考生能将美国的罗斯福新政与教材中"战后资本主义世界的经济"一章相联系,从中找出正确答案。有趣的是,这 20% 左右的考生,多数均集中在少数考场里,它说明出现这种情况,和中学历史教师的素质和正确辅导有密切关系。至于第 4 个得分点,即"苏联经济政策对中华人民共和国经济的影响",大部分考生都能得到一些分,得分率较高,其原因是中国现代史教学和政治课教学,对这一问题都曾叙述过,学生印象极深,故多数考生失分较少。

三、比较研究

（一）新、老高考历史试卷的比较表

表2　1993年与1994年新高考历史试卷结构之比较

	单项选择		多项选择		填空		材料解析		问答		合计	
	题量	分值	题量	分值	题量	分值	题量	分值	题量	分值	题量	分值
1993年	30	30	10	30	7	15	3	30	3	45	53	150
1994年	20	30	10	30	7	15	3	30	3	45	43	150
变化	－10	0	0	0	0	0	0	0	0	0	－10	0

表3　1993年与1994年老高考历史试卷结构之比较

	四选一		四选多		填空		材料解析		问答		合计	
	题量	分值	题量	分值	题量	分值	题量	分值	题量	分值	题量	分值
1993年	20	20	10	20	9	10	2	14	3	36	44	100
1994年	20	20	10	20	10	10	2	14	3	36	45	100
增长值	0	0	0	0	+1	0	0	0	0	0	+1	0

表2、表3说明：新老高考的试卷结构，题型是完全相同的，但每题的赋分值不一样，即新高考的赋分值较高。

表4　1993年与1994年新高考历史试题知识分布之比较

	中国历史			世界历史				合计
	古代	近现代	小计	古代	近代	现代	小计	
1993年	38	51	89	16	22	23	61	150
1994年	38	52	90	16	23	21	60	150
变化	0	+1	+1	0	+1	－2	－1	0

表5　1993与1994年老高考历史试题结构之比较

	中国史				世界史				合计
	古代	近代	现代	小计	古代	近代	现代	小计	
1993年	26	16	17	59	9	18	14	41	100
1994年	25	14	18	57	10	20	13	43	100
增长值	－1	－2	+1	－2	+1	+2	－1	+2	0

表4、表5说明：新老高考的知识结构也大体相同，即新高考计150分，其中中国史占60％，世界史占40％，老高考计100分，中外历史的比例也分别是60％和40％。

表6　1993年与1994年新高考历史试题考查思维能力分数之比较

	单项选择	多项选择	填空	材料解析	问答	合计
1993年	3	21	0	26	22	72
1994年	9	18	0	30	41	98
变化	+6	-3	0	+4	+19	+26

表7　1993年与1994年老高考历史试题考查思维能力分数之比较

	单项选择	多项选择	填空	材料解析	问答	合计
1993年	8	6	1	13	22	50
1994年	10	8	1	14	26	59
变化	+2	+2	0	+1	+4	+9

表6、表7说明：1993年新老高考考查历史思维能力的比例分别占48％和50％，1994年新老高考考查历史思维能力的比例分别占65％和59％。可见新高考对历史思维能力的考查要求较高。

（二）新、老高考历史试卷的共同题

老高考试卷的第12、20、22、25、32、37、43、44题，与新高考试卷相同，每题的难度和区分度也相差不大。

四、几点建议

（一）对高考命题的建议

（1）应进一步提高命题质量。

今年的历史试题，总体上来说，命题方法科学、规范，题目内容符合"考纲"要求，参考答案科学、严谨，质量较高，但从部分试题和参考答案中出现的问题来看，进一步提高命题（包括参考答案）质量还是非常有必要的，特别是重视命题的准确性和参考答案的严谨性。

（2）应重视材料解析题的研究与改进。

历史材料解析题作为一种考试题型，自1989年在高考历史试卷中首次推出后，曾受到好评。但从近两年，特别是从今年历史老高考实践来看，材料解析题却不同程度地出现了一些不尽如人意的地方，主要有：①难以避免向考生提供正确答案的线索或内容；②难以避免出现脱离教材、对考生作出过高（不恰当）的要求的情况；③中国古代史部分的材料解析题还有一个文字障碍问题，如文字障碍过大，绝大部分考生在短时间内读不懂材料，是无法回答所提问题的（如1993年引用的《苏州永禁机匠叫歇碑》）。对于上述现象，应如何解决，是值得重新研究和加以改进的。如何改进？我们认为将历史材料与问答题形式结合，应是一种改进方向，可以使其成为一种新的题型，不妨称之为"材料问答题"。另外一种改进方法，是将多条历史材料，减为一条或两条材料，以增加材料的长度，扩大材料的信息容量，以使正确答案更具有隐蔽性。

（3）应适当调整各类题型的难易程度。

从总体看，今年历史试题的单项选择题、填空题、材料解析题的难度偏低，应适当提高这三种题型的难度；而多项选择题和问答题的难度又偏高了，应适当降低这两种题型的难度，特别是要降低问答题的难度。

21

（二）对中学历史教学的建议

（1）进一步处理好"纲"和"本"的关系。

近年来关于高考试卷试题分析的结果表明，进一步处理好"纲"和"本"的关系是十分重要的。中学历史教学大纲是教学的法定依据，在教学时，应以教学大纲为主。《历史科·考试说明》，则是根据教学大纲制定的，因此，也可以说在教学时应以考纲为主。当然"本"即教科书也很重要，但它是从属于"纲"的。从"本"的角度讲，一般以新出版的高中教材为主。高中教材中，有些最基础的知识没讲到，因为它在初中教材中讲到了，也就是说，在高中教材中没有讲到的内容而在初中教材中讲到的内容也是命题的对象。因此，这里所讲的以高中教材为主，并非不考初中教材的内容。总之，不能以"本"为纲，应以"纲"为纲。高中教材中"大字"和"小字"的关系也应处理好，我们不能说教材中的"大字"是考试的内容，而"小字"不是考试的内容，这种说法是不准确的。"小字"有时也是考试的内容，有时也不是考试的内容，这应根据"小字"出现的不同情况来把握。第一种情况是，"小字"是给正文做注释的，不看注，正文不理解，这应当是考试的内容。第二种情况是，有些"小字"，是补充材料，是硬加上去的内容，一般命题时可以避免。

（2）教学观念的更新。

从教师的角度看，应把培养历史学科能力作为重要的教学目标；从学生的角度看，应把提高历史学科能力作为重要的学习目标。历史学科能力的核心是思维能力，即运用辩证唯物主义和历史唯物主义的基本观点独立地观察问题、分析问题和解决问题的能力。《历史科·考试说明》的 10 项能力要求至少有 8 项明确表示了对历史思维能力的关注，可见其重要地位。因此，历史教学中加强思维能力的培养，应渗透到教学的各个环节中去。强调学科能力的培养，必将导致高中教学内容和教学方法的重大改革。据悉，即将出台的高中历史教学大纲注意吸收历史学、教育学、教学理论的最新科研成果和中学历史教学改革的先进经验，对高中历史教学内容作了适当调整，对历史学科能力和教学方法改革的要求作了明确具体的规定，它对于教学观念的转变和学生学科能力的提高无疑是有帮助的。

（3）教学内容方面。

一方面，继续强调历史知识结构的教学和历史线索的教学，重视中外历史比较，中外历史联系部分的讲授与引导，使学生掌握历史概念及它们之间的相互关系，从而掌握历史知识的整体框架，达到知识的系统化。另一方面，还要切实加强历史基本理论的教学，使学生逐步依据马克思主义史学理论的观点和方法观察问题、分析问题和解决问题。注意"以史带论"，而不要"以论带史"。

（4）教学方法方面。

必须坚决克服死记硬背的教学方式和题海战术，以导读、自学和思维训练为主，不断提高学生的阅读能力、思维能力及表达能力。

（与房列曙、张建疆合作完成，原载《考试研究》1994 年增刊 1 号）

美国政府为什么要"退还"庚子赔款

  1908 年 5 月，美国国会通过将部分庚子赔款"退还"给中国之议案。同年 12 月，美国总统西奥多·罗斯福命令，除扣去中国实应赔偿之款外，均行"退还"，遂由库藏部详核决定，中国实应赔偿之正额数为14,493,633.05美元①，其余款项从 1909 年起至 1940 年止，分 32 次，按年"退还"，合计"退还"28,922,519.55美元（包括原赔款加付之息金在内）。

  美国政府为什么要"退还"部分庚子赔款呢？这是因为，19 世纪末至 20 世纪初，美国帝国主义一方面通过各种渠道，对中国输入大量"剩余"资本，加紧对我国进行经济侵略；另一方面，又特别注意进行精神侵略，"美帝国主义比其他帝国主义国家，在很长的时期内，更加注重精神侵略方面的活动，由宗教事业而推广到'慈善'事业和文化事业。"② 而"退还"部分庚子赔款，就是美国对我国进行精神侵略的一项重要措施。

  20 世纪初，我国的教育事业有了较大发展，并出现了一股"留学热"，大批学生到日本和欧洲各国去留学。到日本去的学生竟高达万人，甚至像比利时这样的小国也有三百多人，而到美国去的学生因受"移民律"的限制却很少。美国统治集团中一些"有识之士"，认为这种状况对加强美国在华势力是极为不利的，主张发展美国在华之教会学校和大力吸引中国学生来美国留学，认为只有这样，才能对中

23

中国史

---

  ① 袁希涛：《庚子赔款退还之实际与希望》，见舒新城：《近代中国教育史料》第四册，第 38—41 页。应付之赔款为13,655,492.69美元，又查出应付之赔款为838,140.36美元，合计应赔款为14,493,633.05美元。

  ② 《毛泽东选集》四卷本，第 1395 页。

国进行精神上的支配和控制。例如，伊利诺大学校长爱德蒙·詹姆斯就在1906年给罗斯福总统呈递了一份"备忘录"。他在"备忘录"中说："哪一个国家能成功地教育这一代中国青年，哪一个国家便将由于付出的努力，而在精神上、知识上和商业的影响上获得最大可能的报偿。如果美国在三十五年前就成就这件事（有一度看来似乎有可能），把中国的留学潮引向美国，并不断扩大这股潮流，那么，我们今天通过对中国领袖们知识上、精神上的支配，就该在各方面精心的安排下，最得心应手地控制中国的发展了。"他要求美国政府改变以往的政策，宽待中国学生，"我们可以不接受中国的劳工，但我们可以宽待中国学生，把我们的学校设施提供给他们"①，以吸引中国学生来美留学。同年，另一位在华之美国传教士史密斯（又译明恩溥）在回美国时，更鼓吹为了防止类似义和团运动的发生，最好的办法，是将庚子赔款"退还"给中国，作为资助教会开办学校和遣送中国学生到美留学之用。他的主张，引起教会领袖的重视，并把他介绍去见罗斯福。罗斯福跟他说："把你退还庚款的计划，详细告诉我。"罗斯福听了他的计划，大为赞赏，并高兴地说："史密斯博士，我与你完全同意，那是一个伟大的意见，我要照办"②。

由于詹姆斯和史密斯的主张和建议，完全符合美国侵华政策之需要，所以罗斯福采纳了他们的主张和建议，向国会提出并经国会通过，将从中国人民身上榨取的庚子赔款"退还"一部分给中国，来培养中国学生。这样，罗斯福总统就为美国对华精神侵略开辟了一条"新路"，其影响是深远的。正如《纽约星期报》《论华人留学美洲之今昔》一文的作者所指出的，"夫美国退还中国之款，仍以补助美国学校。然而区区利益与中美二国将来亲密之联结较之，又何足此数耶！学成归国之中国少年，一旦在中国教育、商、政诸界具有势力，

---

① 明恩溥：《今日之中国与美国》，转自顾长声：《传教士与近代中国》，第340—341页。

② 见《中国近代史论丛》第二辑，第七册，台北正中书局1964年版，第175页。

即美国之势力一日将在中国历史上为操纵一切之元素"①。所以说，美国"退还"庚子赔款，或用来在中国创办学校，或用来选送学生去美留学，其目的都是企图培植一批为美国帝国主义侵略中国服务的知识分子。

此后，美国国会又于 1924 年决定将中国从 1917 年 10 月 1 日起续付美国之庚子赔款 12,545,438.67 美元，全部"退还"给中国。美国国务卿在将美国国会此项决议通知中国驻美公使的函件中说："兹谨检奉 1924 年 5 月 21 日国会通过之议案一份。此案授权大总统退还 1917 年 10 月 1 日起应付之庚子赔款于中国。由大总统认为适当之时期与情形中，依国会在该案并言中所表示之意旨，发展中国之教育及文化事业。"② 后来，便以此项"退还"之款作为基金，成立了"中国教育文化基金董事会"，开展对在华文化、教育团体给予补助等活动，实际上是进一步在我国进行精神侵略活动。这些，就是美国两次"退还"庚子赔款的实质。

----

① 转引自《东方杂志》14 卷，12 号。

② 袁希涛：《庚子赔款退还之实际与希望》，见舒新城：《近代中国教育史料》第四册，第 47、51 页。美国两次"退还"庚子赔款，计 41,467,958.22 美元，中国实付赔款（包括利息）计 11,880,187.23 美元。

近代大批中国人流往美国的原因

中国人是什么时候来到美国的，众说纷纭。近据美国历史学家证实，早在 1571 年，就有中国人在加利福尼亚州修造船只①。另有人说，1785 年，有三名中国水手随外国船只来到巴尔的摩②。还有人说，1796 年，有五名中国仆役被荷兰人带到费城，这是有记载的最早到达美国的中国人③。再据当时的报纸报导，1800 年，有一位中国人到美国学习英语④。还有记载说，1819 年有一位中国人在波士顿住了两三年⑤。但依美国移民局的记录，第一个中国人到达美国是在 1820 年⑥。此后，又有一些人陆续来到美国。据美国官方的不完全统计，1830 年有中国人 3 名，1840 年有 8 名，1850 年有 758 名⑦，但总的来说，1850 年前，中国人在美国居留是很少的。中国人作为华工大批流往美国，是从 1852 年开始的。据美国移民局统计材料，1853 年华人入美数还只有 42 名，而 1854 年则猛增至 13,100 人，从

---

① 〔美〕董霖：《华人移美的过程与法律问题》，《国外法学》1982 年第 2 期。

② 陈胜粦：《鸦片战争前后中国人对美国的了解和介绍》，《中山大学学报》1980 年第 1 期。

③ 李其荣：《近代美国的华工述略》，《华中师院学报》1982 年第 4 期。

④ 陈胜粦：《鸦片战争前后中国人对美国的了解和介绍》，《中山大学学报》1980 年第 1 期。

⑤ 朱杰勤：《十九世纪后期中国人在美国开发中的作用及处境》，《历史研究》1980 年第 1 期。

⑥ 〔美〕董霖：《华人移美的过程与法律问题》，《国外法学》1982 年第 2 期。

⑦ 朱杰勤：《十九世纪后期中国人在美国开发中的作用及处境》，《历史研究》1980 年第 1 期。

1854 年起，到 1882 年美国国会通过第一个排华法案止的 29 年时间里，中国人（主要是华工）到美国去的共计有280,326人①。为什么从 19 世纪 50 年代到 80 年代初期，中国人潮涌般地流往美国呢？这既有国内原因，也有国外原因。

国内原因是：鸦片战争以后，中国开始沦为半殖民地半封建社会，外国资本主义的入侵，使得整个江南，特别是广东、福建、浙江、上海等沿海地区，时刻在动荡中。再加上人口增加、耕地减少和封建主义剥削的加强，劳动人民的生计日趋困难，许多人只得背井离乡，到外国去寻求生路。太平天国革命失败后，太平天国余众，也有一些人逃亡海外②。鸦片战争以前，东南沿海地区人民，也有向海外谋生的习惯，但主要是到"南洋"去，而这时，则开始大批流往美国。另外，还有美国方面的原因。

美国方面的原因是：第一，1846—1848 年，美国对墨西哥战争的胜利，使美国取得了加利福尼亚、德克萨斯、新墨西哥等地。侵墨战争结束后，加利福尼亚的萨克拉门托流域发现金矿，激起了西进浪潮和"淘金热"，需要大量劳动力。美国金矿投资商认为，与其雇用白人，把他们用船从大西洋绕南美麦哲伦海峡运到太平洋沿岸的加利福尼亚来，不如利用太平洋彼岸的中国廉价劳动力来得便宜和便捷。于是美国资本家"开始招募华工赴美，掘矿筑路。"③ 有人统计，中国工人在加利福尼亚州开掘金矿的就有二万五千人④。他们用汗水甚至生命为美国金矿资本家创造了大量物质财富。据美国人统计，1849—1856 年，加利福尼亚州的十一个金矿所产黄金共值三亿二千二百万美元，而当时华工占加州矿工总数的一半⑤。

---

① ［美］沈已尧：《海外排华百年史》，中国社会科学出版社 1980 年版，第 36—37 页。

② 梁启超：《新大陆游记》，见《饮冰室合集》专集第五册，中华书局 1936 年版，第 165 页。

③ 《中美关系大事年表考正》，载《中美关系资料汇编》第一辑，世界知识出版社 1957 年版，第 49 页。

④ 刘大年：《美国侵华史》，人民出版社 1954 年版，第 62 页。

⑤ 李其荣：《近代美国的华工述略》，《华中师院学报》1982 年第 4 期。

第二，1862—1864 年，美国国会决定建造横贯美国大陆的铁路。该路有两条线路，即联合太平洋线和中央太平洋线，后者由中央太平洋铁路公司承建。中央太平洋铁路公司经多方考虑，决定使用数以十万计的华工，而不用爱尔兰人①。前国会议员、驻华公使罗先生曾说："我认为中央太平洋铁路的建筑，即由加利福尼亚州到奥格登一段，有五分之四的劳动是由中国人担任的。"② 所以，19 世纪 60 年代有六批华工赴美修建铁路，美国中央太平洋铁路主要是中国人的辛勤劳动筑成的。

第三，尽管美国联邦政府法律当时任令华人"自由"入境，但两国政府正式签订移民条约，则以 1868 签订的《中美续增条约》（又称《蒲安臣条约》）为开端，此约规定，中美两国可以互相移民入籍，"大清国与大美国切念民人前往各国，或愿常住入籍，或随时来往，总听其自便，不得禁阻为是。"③ 因此，这个条约使美国已在进行中的拐骗华工的贸易（所谓苦力贸易）得以合法化，更加促进了华工的大量赴美。据统计，从 1854—1868 年《中美续增条约》签订前的 15 年间，华人赴美是 77,042 人，平均每年是 5,136 人；而此约签订后的 14 年间（1869—1882），华人赴美是 203,284 人，平均每年是 14,520 人④。可见《中美续增条约》的签订，大大刺激了华工的大量赴美。

华工赴美，除少数人是自筹旅费外，多数人是在一种名为赊票制度下，订立契约，被招募赴美的。他们的旅费是由招工的经纪人先行垫付，到美做工后，加上利息，按月扣还。只有在还清欠债后，才能成为自由劳动者。例如，祥胜行的招工契约就这样写道："合同立议约，今有祥胜行，特雇花旗国船，名哑吗三，装运自欲出洋佣工之人，驶往加拉映呢哑国（加利福尼亚）、哗兰嘶戈口（即旧金山），

---

① ［美］沈已尧：《海外排华百年史》，中国社会科学出版社 1980 年版，第 20 页。

② 朱杰勤：《十九世纪后期中国人在美国开发中的作用及处境》，《历史研究》1980 年第 1 期。

③ 黄月波等编：《中外条约汇编》，商务印书馆版，第 131 页。

④ 据沈已尧《海外排华百年史》附表〈一〉数字累算。

代为寻觅生理，自上海起行，一应伙食船钞等费，俱系祥胜行东家代为应付，到彼处尚需东家代荐生理，其代付之银理应归还。俟生理定确，即向本东家预支伙食船钞水脚洋银，每人一百二十五元，交还祥胜行东家亲收。即向该处雇为作工之商议定，每月扣去工金若干，待一切扣清，方照月付银。"① 据美国移民局估计，通过这种方法赴美的华工，约占中国入境移民总数的百分之八十②。

在这类赴美华工中，有不少是美国资本家在中国通商口岸设立的所谓"招工所"，通过洋行，派出经纪人，采用利诱掠夺的方式拐骗去的，称为"卖猪仔"。咸丰十年（1860）《两广总督劳崇光致美使华若翰照会》中，就谈到了这种拐骗情况："粤东拐骗良民私卖出洋之风，日见增盛。推所由来，实缘内地匪徒，因外国商民以银钱嘱伊代为招募工人，遂起贪利之心，各处设计哄诱拐卖出洋"③。

关于华工赴美的历史，梁启超先生在 1903 年游历美国时，曾做过调查。他说："华工之往美，实由美人招之使来也。当加罅宽尼省（按：即加利福尼亚州）初合并美国之时，急于拓殖，而欧洲及本国东部之移民，惮其辽远，来者不多，资本家苦之。及觅得金矿，盛开铁路，而劳佣之缺乏更甚，是以渡海而求之于中国。今者加罅宽尼之繁盛，实吾中国人血汗所造出之世界也。何也？无金矿，无铁路，则无加罅宽尼，而加罅宽尼之金矿、铁路，皆自中国人之手而开采而筑造者也。"④

然而，尽管中国人主要是由于美国资本家"招之使来"的，尽管美国"加罅宽尼之繁盛，实吾中国人血汗所造出"，但是，华工在美国受到的待遇却是极不公平的。加州议会不仅先后于 1855、1858、1862、1870、1878、1879 年多次通过法律，对于华人的工作、教育

---

① ［美］沈已尧：《海外排华百年史》，中国社会科学出版社 1980 年版，第 10 页。

② 陈翰笙：《华工出国史料》第四辑，第 283 页。

③ 《美使馆来去底稿》，见《中美关系史料》（嘉庆道光咸丰朝），台湾 1968 年版，第 351 页。

④ 梁启超：《新大陆游记》，见《饮冰室合集》专集第五册，中华书局 1936 年版，第 149 页。

以及公民权利等方面，加以限制①，而且加州还发生多次殴打和屠杀华人事件。所以说，美国华工的历史是一部受屈辱、受苦难的历史，华工在美国的悲惨遭遇，在中华民族的心灵里留下了难以磨灭的创痛。

（原载《中学历史》1984 年第 5 期）

---

① ［美］成露西：《美国华人历史与社会》，见《华侨史论文集》（1），暨南大学华侨研究所编，第 272 页。

关于美国废除在华治外法权问题

治外法权，亦即领事裁判权，它是近代史上列强根据不平等条约所规定的领事裁判制度，在驻在国享有的一种法律权利。

美国在华享有治外法权开始于 1844 年。这年 7 月 3 日签订的《中美望厦条约》（即《中美五口贸易章程》）规定："嗣后中国民人与合众国民人有争斗、词讼、交涉事，中国民人由中国地方官捉拿审讯，照中国例治罪；合众国民人由领事等官捉拿审讯，照本国例治罪。""合众国民人在中国各港口自因财产涉讼，由本国领事等官讯明办理；若合众国民人在中国与别国贸易之人因事争论者，应听两造查照各本国所立条约办理，中国官员均不得过问。"① 根据此约，在华美人与中国人、或与其他国家侨民以及美人与美人之间的民、刑案件，中国法律皆不得管辖。这是美国依据不平等条约在华享受治外法权之始。

1858 年签订的《中美天津条约》（即《中美和好条约》）更规定："大合众国人无论在岸上、海面与华民欺侮骚扰，毁坏物体、殴伤损害一切非礼不合情事，应归领事等官按本国例惩办。"② 从而使美国在华治外法权更臻完善。

为了行使在华治外法权，美国先后在我国厦门、安东、广州、长沙、烟台、重庆、汉口、哈尔滨、奉天、南京、张家口、天津、汕头、济南、青岛、福州、云南府等处设立十七个领事法庭，另外还在上海设立美国司法委员会法院和在华美国法院③。

---

① 黄月波等编：《中外条约汇编》，商务印书馆版，第 125 页。
② 黄月波等编：《中外条约汇编》，商务印书馆版，第 127 页。
③ 见《中国近代史论丛》第二辑，第一册，台北正中书局，第 160—161 页。

美国在华行使治外法权，严重侵犯了我国的司法主权，我国人民深受其害。所以，从1844年美国在华享有治外法权之日起，到1943年美国"废除"在华治外法权的一百年内，中国人民对美国在我国享有的这种法律权利，是一直抨击和反对的。中国政府曾多次向美国政府提出废除治外法权之要求。第一次是在1896年中日甲午战争之后，在1903年签订的《中美续议通商行船条约》时，美国政府曾表示："一俟查悉中国律例情形及其审断办法。并一切相关事宜，皆臻妥善，美国即弃其治外法权。"① 但中国法律"改善"到何种程度，才能使美国政府满意，那是很成问题的。第二次是在1919年的巴黎和会上，中国代表曾以"战胜国"的资格，向和会提出废除列强在华治外法权之要求，但美国和其他列强国家根本未予理睬②。第三次是在1921年11月召开的华盛顿会议太平洋与远东问题委员会上，中国代表再次要求美国和其他列强放弃在华治外法权。中国代表说："本席今以中国代表团名义，请求参与此次会议之各国，协允于一定时期届满后，放弃其在中国之领事裁判权。在此时期内，拟请各国于一定日期指派代表与中国商议分期修改与完全撤废之办法。"③ 然而美国和与会各列强都未同意。第四次是在1930年，中国政府曾正式照会美国政府，希望两国通过谈判，以解决废除美国在华治外法权问题。而美国政府虽然复照表示赞同废除，但在谈判中却毫无诚意，后竟借故使谈判停顿④。迨至1931年"九一八事变"爆发，中国政府和美国政府交涉收回治外法权事，便被无限期地搁置下来。

纵观上述四次交涉，可以看出，美国政府在中国政府要求废除美国在华治外法权问题上，一直是采取表面上"愿意"和"赞成"，实际是欺骗和拖延，以反对废除。这些事实，有力地驳斥了美国国务卿艾奇逊在《美国与中国的关系》（即白皮书）一书中所说的："从那

---

① 黄月波等编：《中外条约汇编》，商务印书馆版，第136页。
② 见《中国近代史论丛》第二辑，第一册，台北正中书局，第178—180页。
③ 见《中国近代史论丛》第二辑，第一册，台北正中书局，第181页。
④ 见《中国近代史论丛》第二辑，第一册，台北正中书局，第261—262页。

个时候起①，美国既定的政策是走向取消治外法权的方向”的说法是多么虚伪②！

1937 年 7 月 7 日，日本发动策划已久的对中国的全面侵略，中国人民进行了伟大的抗日战争。1941 年 12 月 7 日，日本偷袭珍珠港，太平洋战争爆发，太平洋的战略格局改变了，美国被推上第一线，中国成了美国的战时盟友。

在变化了的国际形势面前，美国对华政策的基本战略方针和政治目标是“维持住中国”③。所谓“维持住中国”，就是希望在美国主力从欧洲转移到太平洋之前，中国能顶住日本的进攻，并期望将来中国能配合美军展开对日本本土的进攻。为了“维持住中国”和使中国能成为一个有效的同盟国，美国必须相应地调整和中国的关系，并应在政治、军事和经济方面采取一些具体措施。“废除”在华治外法权，就是美国政府为调整和中国的关系，而在政治上采取的一项重要措施。具体来说，美国此时主动“废除”在华治外法权，是由以下几方面原因促成的。

首先是为了巩固同盟国内部的团结。太平洋战争爆发后，美国和中国已经成了同盟国，共同担负着击败日本、重建远东和平的重任。在这种情况面前，如果美国还继续在我国享有治外法权，那将是对“盟友”的莫大讽刺。因此，为了巩固盟国内部的团结，收买中国民心，以利用中国的力量拖住日本，将来配合美军对日本本土的进攻，美国政府决策人不得不将“废除”治外法权问题，提到议事日程上来。

其次是为了粉碎日本的反宣传。太平洋战争爆发后，日本的反宣传是很厉害的。日本反宣传的重点是宣传“亚洲是亚洲人的亚洲”④。并攻击美国根据不平等条约在中国享有治外法权等特权，使“在同盟国家里并无平等可言”⑤，企图破坏美中之间的同盟关系。在日本的

① 指 1903 年《中美续议通商行船条约》签订起。
② 见《中美关系资料汇编》第一辑，世界知识出版社，第 106 页。
③ 白修德编：《史迪威文件》，第 36 页。
④ 《华侨史论文集》（一），第 301 页。
⑤ 见《解放日报》1942 年 10 月 22 日社论。

中国史

反宣传面前，美国一些议员便认为，如果中国政府被日本说服不再和美国并肩战斗，美国就可能在太平洋战争中输掉，因此他们说："我们只有两条路，一是立即供应中国的必需品，包括飞机、弹药，枪支等；一是给予中国精神支援，设法提高他们的士气，在政治上把他们稳定下来。"① 所以，美国政府为了以实际行动粉碎日本的反宣传，也不得不考虑"废除"治外法权问题。

再者，中国国际地位的显著提高，也迫使美国不得不采取明智的措施，主动提出"废除"在华治外法权。在整个抗日战争期间，我国以第二次国共合作为基础的抗日民族统一战线已经建立。在伟大的抗日战争中，全国各族人民一致团结、英勇不屈的斗争精神，赢得了举世的景仰，援华运动弥漫全球，世界上以平等待我之呼声亦随之高涨。在我国国际地位显著提高的情况下，美国政府开始承认中国的大国地位和在国际事务中的作用。例如，罗斯福总统在 1942 年 4 月就说过中国人民在这次战争中是首先站起来同侵略者战斗的，在将来，一个仍然不可战胜的中国将不仅在东亚，而且在全世界起到了维护和平和繁荣的作用。承认中国的大国地位和在中国行使治外法权，是一对尖锐的矛盾，它迫使美国政府采取行动，和中国商谈"废除"此项权利。1942 年 10 月，美国政府发表声明："美政府准备立时与中国政府谈判，缔结一规定美国政府立时放弃在华治外法权及解决有关问题之条约。美政府并望在最近期内完成上述目的之草约，提交中国政府考虑。"② 声明发表后，罗斯福总统便派总统特使、副国务卿威尔基来华谈判。10 月下旬，美国政府又向中国政府送交了《中美新约》草案，经双方磋商谈判后，于 1943 年 1 月 11 日在华盛顿正式签订了《中美新约》。《中美新约》第一条规定，"现行中国与美国间之条约与协定，凡授权美国政府或其代表实行管辖在中国领土内美国人民之一切条款，兹特撤销作废。美国人民在中国领土内应依照国际公法之原则及国际惯例，受中国政府之管辖。"③ 这样，美国政府就正式以

---

① 《华侨史论文集》（一），第 303—304 页。
② 见《中国近代史论丛》第二辑，第一册，台北正中书局，第 284 页。
③ 见《中美关系资料汇编》第一辑，第 539 页。

条约形式"废除"了美国在中国享受了一百年之久的治外法权。

根据以上所述，可以清楚看出，美国之所以在 1941 年初，急急忙忙地主动提出"废除"治外法权，是从"维持住中国"这一基本战略方针和政治目标出发的，是为了对日战争的需要，是为美国本身利益服务的，而不是对中国人民发了什么善心。这就是美国政府"废除"在华治外法权的实质。

尽管美国是从本身利益出发提出"废除"治外法权的，但在当时的历史条件下，它对提高中国的国际威望和增强中国人民抗战胜利的信心是有利的，因此，它曾经受到中国人民的赞扬。如《解放日报》发表社论说："美英声明废止治外法权，这就是剥夺日寇谎骗的有力步骤之一，美英声明增进了美英中三大国在抗战中的团结，对加强整个世界反法西斯阵营，实有其重要作用。"① 延安还为此事举行热烈庆祝活动。诗人艾青还作诗说："我们被屈辱一个世纪了，中国人欢迎这个光荣的日子。"②

第二次世界大战后期，美国对华政策的重点，已由"维持住中国"转向在战后控制中国，使中国成为美国政治、经济的附庸。为了实现这一目的，胜利后的第二年，亦即 1946 年 11 月，美国便迫使中国国民党政府和其签订《中美友好通商航海条约》③，使中国实际上变成了美国的附庸和殖民地。正如美国太平洋学会秘书长所说的："中国渐渐成为美国的一个庞大殖民地，将成为美国附庸国，将成为国务院全盘战略的一部分。"④

为了扩大对中国的侵略和控制，从 1946 年上半年起，美国还通过和国民党政府签订协定和条例等形式，实际上逐步复活了在华治外法权。例如 1946 年 4 月 29 日⑤签订的《中美关于美国驻华军事顾问

① 见《解放日报》1942 年 10 月 22 日社论。
② 见《解放日报》1943 年 2 月 6 日社论。
③ 《第一次世界大战以来帝国主义侵华文件选辑》，生活·读书·新知三联书店版，第 314—315 页。
④ 《第一次世界大战以来帝国主义侵华文件选辑》，生活·读书·新知三联书店版，第 314—315 页。
⑤ 也有说是 3 月 9 日签订的。

中国史

团协定》第21条就规定："美国政府之军事法庭与军事当局对于顾问团所有人员在中国境内之任何犯罪行为有权行使治外法权。"① 又如《解放日报》在题为《治外法权的复活》一文中揭露说："很早以前，蒋美之间就订立关于《美军事人员刑事案件条例》规定：'一切美军事人员，如犯刑事案件，皆应交由其本国军事法庭或军事当局单独裁判'。本月初，又成立所谓'中美商务仲裁所'，凡中美商人间的纠纷，一概交由该所处理……实即变相领事裁判权。现在又有'中美警宪联勤'，索性把肇事美军，概交美国警宪处理，中国警察无权过问。""这是美帝国主义在华治外法权的复活"②。1946年12月，美军在北平（北京）强奸中国女学生，罪犯不仅不受中国法律制裁，反而被美国海军部宣判无罪释放③。这一事件，可以说是美国在华复活治外法权的典型案例。

美国逐步复活在华治外法权，充分说明了，在卖身投靠美国的国民党反动政府统治下的、半殖民地半封建的旧中国，美国在华治外法权，是不可能真正得到废除的。

（原载《中学历史教学》1986年第4期）

---

① 《第一次世界大战以来帝国主义侵华文件选辑》，生活·读书·新知三联书店版，第281页。

② 见《解放日报》1946年10月31日。

③ 《中国新民主主义通史》，第四册。

《蒲安臣条约》
对美国排斥华工的客观抑制作用

1868 年 2 月，以美国原驻华公使蒲安臣为首的清政府第一个外交使团出使有约各国，4 月抵达美国，7 月 28 日，和美国国务卿西华德签订了一项由西华德起草的《中美续增条约》（共八条），即《蒲安臣条约》。

对于《蒲安臣条约》，长期以来，我国学者褒贬不一。大体上说，1949 年中华人民共和国成立前，从华工在美利益和互惠对等原则出发，对这项条约基本上是肯定的。如梁启超、萧一山均认为，"彼条约实最自由最平等之条约"①，"为中外订约以来最合理之事"②。中华人民共和国成立后，国内学者对该约则是完全否定的，认为它实质上是美国对中国的侵略条约。如《帝国主义侵华史》一书认为签订《蒲安臣条约》，清政府"并没有得到丝毫利益，相反地……美国却进一步加强了它在中国的侵略势力。""《蒲安臣条约》的最大阴谋之一，就是扩大招骗华工的罪恶勾当"，"加强对中国的文化侵略"，"继续扩大美国在'传教'名义掩护下的多方面侵略活动。"③

我们认为，我国学者过去对《蒲安臣条约》的评价是不够全面的，具有一定片面性。这种片面性主要表现在，仅仅从美国侵华角度分析该约的侵略实质，而没有从美国国内排华的复杂过程分析该约对

---

① 梁启超：《新大陆游记》，见《饮冰室合集》专集第五册，中华书局 1936 年版，第 149 页。

② 萧一山：《清代通史》（三）卷下，第 861 页。

③ 丁名楠等：《帝国主义侵华史》第一卷，人民出版社 1958 年版，第 215—218 页。

抑制美国排斥华工的客观历史作用。

一

《蒲安臣条约》虽然是以外交条约形式签订的，但从其内容来分析，它主要是一个移民条约。和华工赴美问题有直接关系的是第五条和第六条：

第五条：大清国与大美国切念民人前往各国，或愿常住入籍，或随时往来，总听其自便，不得禁阻为是。现在两国人民互相来往，或游历或贸易或久居得以自由，方有利益。两国人民自愿往来居住之外，别有招致之法，均非所准……

第六条：美国人民前往中国或经历各处，或常行居住中国，总须按照相待最优之国所得经历、常住之利益，俾美国人一体均沾。中国人至美国或经历各处、或常行居住，美国亦必按照相待最优之国所得经历与常住之利益，俾中国人一体均沾。①

条约明确规定美、中两国政府各自允许本国人"自由"移居对方国家，以及两国政府各以"最惠国"待遇对方之侨民。双方在移民问题上是对等的。

西华德之所以要把《蒲安臣条约》写成对等的移民条约，和双方各以"最惠国"待遇对方之侨民，主要是出于对中国廉价劳工的兴趣。当时，美国正在开发西部地区，美国联邦政府亟须获取大批廉价的中国劳动力。美国学者泰勒·丹涅特说："写这个文件的西华德，似乎对于劳工问题的兴趣也不下于对美国在太平洋波岸的贸易扩张。当时，他特别关心于承包人因无法招募劳工以致太平洋铁路迟迟不能完工这一件事。中国苦力可作为解决问题的办法。"② 这反映了西华德起草该约是从美国联邦政府和资本家利益出发的。

从中国获取美国所需廉价劳动力，当时横亘在西华德面前的障

---

① 《中美续增条约》，黄月波等编：《中外条约汇编》，商务印书馆版，第131页。

② ［美］泰勒·丹涅特：《美国人在东亚》，商务印书馆中译本，第458页。

碍，既有中国方面的，也有美国国内方面的。西华德希图通过签订这一双边性的国际条约来克服来自两个方面的障碍。

中国方面的障碍，是清政府对赴美华工的限制。19 世纪 50 年代中期，美国在加利福尼亚的萨克拉门托流域发现金矿，需要大量劳动力进行开采。金矿投资商认为，与其雇用白人，把他们用船从大西洋绕南美麦哲伦海峡运到太平洋沿岸的加利福尼亚，不如利用太平洋彼岸的廉价中国劳动力来得便捷和便宜。于是美国商人和船主开始从中国招募华工，他们使用卑劣手段，引诱和拐骗华工出国。清政府和沿海各省督抚，此时虽把华工出国视为"广生计""消弭乱"的一种手段①，但对美国商人、船主"招徕"华工的手段却感到愤慨，便制定《外国招工章程》加以限制。1860 年 2 月，署理两广总督劳崇光在致美使华若翰的照会中指出："近年以来粤东拐骗良民私卖出洋之风，日见增盛。"要华若翰转饬美国驻潮州领事官并商民人等，一律遵照《外国招工章程》所订内容执行②。

《外国招工章程》具体规定了对外商拐骗华工的限制：

第一条：各国如愿招工出洋，只可在地方官所准之处所开设公所，接收情愿出洋之华民；均不得私设窑馆，以及在水面湾泊墩船，私收华民，致生拐骗之机。

第二条：如愿开招工公所者，必须先将合同一纸，并将公所各项规定，呈交管理招工税务司并地方官查看。合同各项规定，各例实系公平，并无妨碍，方准遵照后开章程开设。

第九条：画押之时，由管理招工税务司委员等当面再问本人，如果实系情愿受雇前往，方可画押，不准丝毫勉强③。

《外国招工章程》的颁布和实行，使美商招骗华工受到一定程度的限制。为了打破这种限制，使招骗华工合法化，西华德便在《蒲安

---

① 刘大年：《美国侵华史》，人民出版社，第 62 页。

② 《劳崇光致华若翰照会》，见朱士嘉编：《美国迫害华工史料》，中华书局出版，第 27—28 页。

③ 《外国招工章程》，同②，又见《美使馆来去底稿》，载《中美关系史料》（嘉庆道光咸丰），台湾近代史研究所编，第 351 页。

臣条约》中写进关于准予"自由移民"的条款，以使清政府不得限制华工赴美。因此，《蒲安臣条约》的订立，美国舆论界均认为是美国外交上的一大胜利，因为它使清政府脱离闭关自守，放弃华人出国禁例。约翰逊总统在致国会咨文中也说："毫无疑问的，中国政府对我们所深虑的和这样满意的移民自由之宽大原则表示同意，是打开帝国趋向于我们的文明与宗教之一大进步。"①

美国方面的障碍，是西部各州对华工赴美的排斥与限制。根据美国移民局统计资料，华工大批流往美国，是从1854年开始的，1853年，华人入美的只有42名，而1854年则猛增至13,100人。从1854年起到1868年《蒲安臣条约》签订的15年间，移美华人（主要是华工）共有77,042人②。另据《1890年美国人口普查》材料，迄至1870年，在美华人几乎全部（99.4%）集中在西部地区，其中又有三分之二以上（73%）集中在加利福尼亚州③。

华工到达美国西部地区后，深入荒山僻野，开矿筑路，工作艰苦，待遇低下。起初，他们和西部白人相处尚为融洽。梁启超说："吾游旧金山，有七十余龄之父老，为余述彼初至时美人欢迎之状，虽神明不如也。"④然而，随着西部地区的开发，白人工人大量涌入，再加上金矿的不景气，开始出现劳力过剩。于是，华工便成为西部各州，特别是加州排斥和限制的对象。

西部地区排斥和限制华工是以加州为中心逐渐扩展起来的。在19世纪50年代和60年代中期，一方面，以地方立法形式把各种苛捐杂税加诸华工，以限制华工增加。如加州议会通过的"外国采矿者执照税"法案，规定向华工每人每月收税三元，致使一些采矿华工改作他业或回国。加州议会制定的"警察税"条例，更规定华人十八

---

① 刘伯骥：《美国华侨史》，台北黎明文化事业公司印行，第563页。

② ［美］沈已尧：《海外排华百年史》，中国社会科学出版社1980年版，第21页。

③ ［美］成露西：《美国华人历史与社会》，载《华侨史论文集》（1），暨南大学华侨研究所编，第248—250页。

④ 梁启超：《新大陆游记》，《饮冰室合集》专集第五册，中华书局1936年版，第149页。

岁以上未交人头税而又无工作者，每人每月交税二元①。另外，加州议会还多次制定法律，对华人的工作、教育以及公民权利等加以种种限制②。

加州等西部各州的排斥、限制华工活动，阻碍了华工的大量赴美，不符合美国联邦政府和西华德希望得到大量廉价中国劳动力的愿望。为了抑制加州等州对华工"日盛一日的敌对态度"③，西华德便在"蒲安臣条约"中写上了美国政府将给予移美华工以法律上的保护和最惠国待遇的内容。

在西华德看来，通过缔结国际条约的形式，华工问题就不再是美国单方面的问题，就不能再以处理国内事务来处理华工赴美问题了，从而可以有效地抑制加州等州对赴美华工的排斥与限制。蒲安臣于1870年1月4日在柏林写给俾士麦的信件中，对西华德的这一企图和愿望讲得很明白。他说，在《蒲安臣条约》中之所以要"给予在加利福尼亚的中国人以认真的保护"，是因为"条约既是最高的国法，当可凌驾于可厌的排斥中国移民的地方立法之上。"④

二

《蒲安臣条约》的订立，的确给美国带来了这方面的利益和好处。据统计，从1869年到1882年美国制定第一个排华法案止的14年间，赴美华人总计203,284人，平均每年为14,520人，比签约前15年间（1854—1868）平均每年5136人⑤，增加近两倍。该约的签订，大大刺激了华工赴美，从而给美国输送了大批廉价中国劳动力。

---

① ［美］成露西：《美国华人历史与社会》，载《华侨史论文集》（1），暨南大学华侨研究所编，第272页。
② ［美］董霖：《华人移美的过程与法律问题》，《国外法学》1982年第2期。
③ ［美］泰勒·丹涅特：《美国人在东亚》，商务印书馆中译本，第458页。
④ 《蒲安臣致俾士麦》，见《美国人在东亚》第458页上的附注。
⑤ ［美］沈已尧：《海外排华百年史》，中国社会科学出版社1980年版，第36—37页。

华工到达加州后，从事筑路、垦荒、开矿等艰苦劳动。单就美国西部的筑路工人来说，1869年总数约为一万人，其中华工约占九千名。美国铁路公司负责人福莱狄克1876年向美国国会调查委员会作证说："中央太平洋铁路的建筑，即由加利福尼亚到奥格登一段，有五分之四的劳动是中国人担任的。"① 在开垦荒地方面，华工为加州潮湿地垦荒公司所开垦的三四万亩地，未开垦前，"时遭潦水泛滥，水草丛生，完全无用，纳价于政府，每亩一元。开垦后，每亩地价可值二十元到一百元。"② 华工为美国资本家创造了大量物质财富，为加州的开发作出了重要贡献。正如梁启超所说："今者加罅宽尼（即加利福尼亚）之繁盛，实吾中国人的血汗所造出之世界也。何也？无金矿，无铁路，则无加罅宽尼，而加罅宽尼之金矿、铁路，皆自中国人之手而开采而筑造者也。"③

《蒲安臣条约》的订立，还给美国政府后来在西部各州的压力和影响下废除《蒲安臣条约》，制定排斥华工法案带来了困难，从这个意义上说，它在客观上对美国的排斥华工活动起到了某种抑制作用。

《蒲安臣条约》是在加州等西部各州采取地方立法形式排斥、限制赴美华工，而美国联邦政府却未给予足够重视的情况下订立的。因此，该约经美国国会批准后，赴美华工问题就成为加州和全国政治争论的中心问题。因为根据此约，加州等州所颁布的歧视性限制中国移民立法，如"立方尺空气法案""辫子法案""捕鱼税法案""扁担税法案"，以及对华工的迫害、侵扰，都被视为违反"蒲安臣条约"，而由联邦法院宣布为无效，或由联邦政府要求加以制止。到了1875年，加州等州已意识到要想通过地方立法或对赴美华工进行侵扰，并不能达到阻止华工赴美的目的，于是它们便转而对联邦政府施加压

---

① 朱杰勤：《十九世纪后期中国人在美国开发中的作用及处境》，见《历史研究》1980年第1期，第96页。

② 朱杰勤：《十九世纪后期中国人在美国开发中的作用及处境》，见《历史研究》1980年第1期，第97页。

③ 梁启超：《新大陆游记》，《饮冰室合集》专集第五册，中华书局1936年版，第149页。

力和影响，要求联邦政府废除《蒲安臣条约》，制定限制华工赴美法案。

1876年3月，加州正式要求美国总统与清政府谈判，以修改《蒲安臣条约》。两个月后，参议员撒坚特向国会也提出了内容相同的议案，但未获通过，仅决定由国会组织一个委员会调查加州华工情况。

紧接着，在克尼的策动下。加州于1877年成立沙地党，大肆进行排华活动。1879年加州议会还通过法案，不再允许华工移入，规定已在加州之华工只能居住在规定的地区之内，还把公司雇用华工定为一种罪行①。

国会调查委员会赴加州调查后，根据一些攻击华工的材料，于1877年向国会提出一份报告，声称美国人永远不能与中国人同化，要求联邦政府与清政府改订《蒲安臣条约》，使其成为仅适用于商业性的条约，另外重新立法，限制华工赴美。

1879年，美国国会在西部各州，特别是加州政府的压力下，不顾美国对于《蒲安臣条约》应承担的义务，单方面通过所谓"十五旅客法案"，限制每只美船所载华工不得超过15人。3月1日，总统海斯认为此法案违反《蒲安臣条约》关于华工可以自由赴美的精神，拒绝签字。他说："我们和中国签订的条约，不允许我批准这个法案。"②

1880年7月，海斯总统便以"民意"难逆，派密西根大学校长安吉立为首的三人代表团来华，要求修订或改订《蒲安臣条约》中有关移民条款，谋求与西部各州的妥协。清政府派总理衙门大臣宝鋆、李鸿藻与安吉立等人谈判，11月17日，双方签订了妥协性的《中美续修条约》，其要点是："中国商民，如传教、学习、贸易、游历人等……均听其往来自便。""已在美国各华工及他项华人等，无论常居，暂住……美国应即尽力设法保护，与待各国人最优者一体相待。"对于"续往美国承工者……美国可以或为整理或定人数年数之限，并

———————

① 梁启超：《新大陆游记》，《饮冰室合集》专集第五册，中华书局1936年版，第149页。

② ［美］许佩娟：《1876—1882年美国制订排华法案过程中立法与行政的冲突》，见《中美关系史论丛》，复旦大学出版社，第269页。

非禁止前往。"①

《中美续修条约》的签订，意味着《蒲安臣条约》已经修改，自由移民的约束已不复存在。但加州等州仍不满意，他们要求绝对排斥华工。作为对此项要求的妥协，1882 年 3 月，美国国会通过了由加州共和党参议员提出的"实施关于中国人的条约的条款法"，主张暂停华工入美，为期二十年。4 月 4 日，阿瑟总统否决了这部法案。他认为，如果批准这部法案，将会导致各国怀疑美国是否能履行签订的国际条约。并且他认为，在未来美国的其他地区可能需要华工，考虑到这类需要，停止华工移美的期限应订得更现实一些②。

后来，国会经过复议，将停止华工移美二十年，改为十年。5 月 6 日，阿瑟总统批准了这部美国历史上第一部限制华工移美法案，一般均称之为"1882 年排华法案"。此法案的主要内容为：停止华工入美十年；非经正当途径进入美国之华人，于此法案通过后，将依美国法院之裁判驱逐出境；州法院或联邦法院均不得准许华人归化为美国公民，等等③。

由上述可以清楚地看出：《蒲安臣条约》对加州等州的排斥、限制华工活动，确曾起到了某种抑制作用，从而推迟了美国第一部排华法案的制定。正如美籍华裔学者沈已尧先生所说："《蒲安臣条约》使美国'延宕排华法案的考虑和订立达十余年之久'"④。

三

《蒲安臣条约》还有利于清政府以该约为依据，对美国的排斥华

---

① 《中美续修条约》（四款），载黄月波等编：《中外条约汇编》，商务印书馆，第 132 页。

② ［美］许佩娟：《1876—1882 年美国制订排华法案过程中立法与行政的冲突》，见《中美关系史论丛》，复旦大学出版社，第 273—274 页。

③ ［美］沈已尧：《海外排华百年史》，中国社会科学出版社 1980 年版，第 24—25 页。

④ ［美］沈已尧：《海外排华百年史》，中国社会科学出版社 1980 年版，第 21 页。

工活动和制定排华法案进行交涉和斗争。从这个意义上说,《蒲安臣条约》又在客观上对赴美华工起了某种保护作用。

1878 年 9 月 28 日,中国驻美公使陈兰彬、副公使容闳履任后,曾就美国违反《蒲安臣条约》、迫害华工的举动,多次向美国政府进行交涉和提出抗议。现据史料记载,略举几例加以说明:

1879 年 10 月 10 日,容闳照会美国国务卿,指出加州关于华人经商必须取有美商代保方可经营的规定,实与"条约"主旨不符,要求依据《蒲安臣条约》秉公办理①。

1880 年 3 月 9 日,容闳照会美国国务卿,指出:"十年来华人被侮之案,殴击凌辱,甚至焚毁残害,层见不穷。"加州屡立苛例,严禁公司"毋得雇用华人",是"必欲驱华人出境而后快",实与《蒲安臣条约》主旨不符。并指出,《蒲安臣条约》所载人民前往各国常住入籍,不得禁阻,原是美国提出来的,质问美国"岂可以出乎尔者反乎尔"?难道能"因一省(州)违约,而任全约废弃乎?"②

1880 年 11 月 10 日,陈兰彬照会美国国务卿,对于科罗拉多华工被害一案,要求美国政府依约"饬地方官严拿不法匪徒,按法惩治","所失财物,并为筹偿"③。

当 1879 年美国国会悍然通过限禁华工的"十五旅客法案"时,中国驻美公使即时拜访美国国务卿埃瓦茨,表示对美国国会的决定感到震惊和反对④。

此外,对于美国要求修改和废除《蒲安臣条约》,清政府也曾表示反对。例如:

1878 年,陈兰彬、容闳向美国海斯总统呈递国书时,美国国务卿

---

① 《容闳致美国总理外务大臣伊照会》,见朱士嘉:《美国迫害华工史料》,中华书局出版,第 60—61 页。

② 《容闳致美国总理外务大臣伊照会》,见朱士嘉:《美国迫害华工史料》,中华书局出版,第 60—61 页。

③ 《陈兰彬致美国外部大臣伊照会》,见朱士嘉:《美国迫害华工史料》,第 69 页。

④ [美] 许佩娟:《1876—1882 年美国制订排华法案过程中立法与行政的冲突》,见《中美关系史论丛》,复旦大学出版社,第 269 页。

埃瓦茨曾向他们探询，清政府是否愿意修改《蒲安臣条约》，他们表示强烈反对，指出美国应该维护"条约"中的各项条款，美国政府应对煽动排华负责①。

1880 年 9 月 4 日，总理衙门奏请清廷派员与美国代表安吉立谈判，奏文中也有不同意修改《蒲安臣条约》的意思："查美国《续增条约》（即《蒲安臣条约》），同治七年，蒲安臣等在彼都所立。其第五款内有两国人民任便往来，得以自由等语。近来金山土人深嫉华人夺其工作，不能相容……去年彼处新开议院，又议苛待华人，经副使臣容闳照会外部，言其与约不符，始将此例停止。是华人在彼得有保护者，惟恃《续增条约》之力居多。"今其"总统俯徇众议，又派使臣来华，虽如何立议，尚未发端，深恐有删改《续增条约》之意"②。

清廷谕令宝鋆、李鸿藻为全权谈判大臣，与美使商议条约事件。谈判中，李鸿藻强调指出："限制华人赴美之办法，不仅与贵国之宪法相违，且与中美两国条约之规定不合。"声明"此次修约，不得与前订中美续约有根本抵触之处。"③

后来在美使的坚持下，李鸿藻等始同意另订《中美续修条约》，实际上废弃了《蒲安臣条约》关于华工自由赴美的内容。

由此可见，清政府确曾以《蒲安臣条约》为武器，对美国逐步升级的排斥华工活动进行了交涉、抗议和斗争。尽管由于清政府的软弱，美国对清政府的抗议往往只是表面上答应慎重考虑，实多置之不理，但也不能否认该约在客观上对赴美华工所起的某种保护作用。正如总署奏文所说："华人在彼得有保护者，惟恃《续增条约》之力居多。"

综合上述，我们认为，签订《蒲安臣条约》虽是蒲安臣的一种擅自越权行力，但当条约经中美两国政府批准互换后，便具有法律效

① ［美］许佩娟：《1876—1882 年美国制订排华法案过程中立法与行政的冲突》，见《中美关系史论丛》，复旦大学出版社，第 266 页。

② 《总署奏美国修约使臣来华请派大员与之商议片》，《清季外交史料》卷二二，第 17 页。

③ 刘伯骥：《美国华侨史》，台北黎明文化事业公司印行，第 567 页。

力，对两国政府都有约束力。条约签订者蒲安臣和西华德的"初衷"确是为了获取廉价的中国劳动力，表现了美国资本主义发展过程中的对华侵略性质；然而，华工可以依约"合法"赴美，却又符合中国沿海劳动人民"破除封建锁国"和出国谋生的需要。同时，该约还明显地起到了抑制美国西部地区的排斥华工活动和延宕了美国排华禁约的制定。因此，对于《蒲安臣条约》应在揭露其侵略性质的同时，实事求是地分析和肯定其客观历史作用。

（与罗超合作完成，原载《安徽师大学报》1989年第3期）

《安徽俗话报》 与美国排斥华工禁约

1904 年 3 月，陈独秀和房秩五、吴守一等人，深感安徽风气闭塞和宣传爱国、鼓吹革命的重要，便在安徽芜湖创办《安徽俗话报》①。在《安徽俗话报》创办期间，我国对美关系发生了两件大事：一件是中国人民反对 1904 年的美国排斥华工禁约；另一件是在反对美国排斥华工禁约基础上，进一步发展为全国性的 1905 年抵制美货运动。

1904 年，中美两国政府在 1894 年签订的《中美会订限禁来美华工保护寓美华人条款》关于限禁十年的规定已经期满，中国政府要求给予"解禁"，然而美国国会根本就不考虑中国政府的意见和要求，单方面的"于是年 4 月 27 日，通过新的排华法案，无限期排拒华工进入美国本土及其属地"②。美国这种不守条约信义，欺负中国政府软弱和侮辱中华民族的行为，激起了中国人民的无比愤慨。于是，从 1904 年下半年起，一场中国人民反对美国排斥华工禁约的斗争，便在全国各地陆续开展起来。到了 1905 年 5 月，更发展为一次全国性的以抵制美货为中心的爱国运动。上海、广州、福州、天津、汉口等二十二个城市的工商界都分别召开大会，决定以禁用美货、拒绝和美国通商作为斗争手段。6 月以后，知识界也参与了这一运动。8 月以后，广大中小资产阶级、小商人、手工业者和工人，也纷纷参加这场斗争，并成为运动的主力③。

---

① 《简明章程》，见《安徽俗话报》第二期封里。
② ［美］董霖：《华人移美的过程与法律问题》，《国外法学》1982 年第 2 期，第 49 页。
③ 苏绍柄：《1905 年反美运动各地开会日表》一文的编者按语，见《近代史资料》1954 年第 1 期，第 13 页。

在反对美国排斥华工禁约和抵制美货运动中，《安徽俗话报》以战斗的姿态，紧密配合全国斗争形势，积极向安徽人民进行爱国主义宣传，以唤醒和激励安徽人民，投入抵制美货斗争。从1904年反对美国排华禁约斗争一开始，《安徽俗话报》就在第三期到第七期上面，连续发表了《赴美赛会登岸情形的日记》《美国留学生周君给日本留学生的书信》《清人贱种》《今日洋鬼子异日圣明君》等四篇文章和一幅漫画《檀香山焚烧华人市场惨状图》[1]。1905年6月，《安徽俗话报》从第二十期到第二十二期，又接连刊登了《美国禁约》和《奉劝中国的众同胞不买美国的货物》两篇长文。这些文章和漫画主要是从以下几方面进行爱国宣传的。

一、揭露美国排斥华工的种族歧视实质

种族歧视是资本主义制度的顽劣病症。美国政府对华人的种族歧视，反映在移民法上，就是美国政府所制定的一系列排斥华工法律和禁例，所以美国排华律的核心是对中华民族的种族歧视。《安徽俗话报》抓住美国排华律的种族歧视实质，并选择安徽人在美国受歧视、受侮辱的事例，加以揭露。《赴美赛会登岸情形的日记》是摘登上海茶磁公司副总办、安徽定远人方守六[2]，1904年初随政府代表团赴美国圣路易参加赛会时的日记。在日记正文前面，《安徽俗话报》加了一段按语："安徽定远人方君守六，随政府里派的洋监督到美国圣路易城去赛会，当其登岸的时候，受了种种留难。唉！美国人到我们中国来经商、传教的人不在少处，哪个敢难为他！何以中国的赛会委员到他们国里去了，他还要糟蹋，那商人、工人去的，更是要受他们的糟蹋了。所以我要将方君这日记，写出来给大家一看，好叫大家晓得做了弱国的人，真正可怜呀！"日记写道："（正月）初十九点钟，船

---

① 人民出版社出版之《安徽俗话报》影印本，缺第七期封面，故无这幅漫画，从他本。

② 苏绍柄：《1905年反美运动各地开会日表》一文的编者按语，见《近代史资料》1954年第1期，第14页。

靠（旧金山）码头，世界上各种人类，都大摇大摆的上岸，只有华人，一概不准上岸。洋监督替我们费了九牛二虎之力，那美官才允电禀美京工部大臣，请示办理。洋监督和旧金山的中国领事，也电请中国驻扎美京的梁公使，和美政府力争此事。这天晚上，仍不能登岸，我一人独守空船，十分难受。十一日，美工部大臣回电，词意含糊，还是不能登岸。……这天在船上的滋味，更加要难受。那班佣人水手，都有戏弄我的神色，晚间机器停止，自来水电灯都没有了，只得睡在黑屋里，真是比囚犯还不如。十二日，洋监督见梁公使杳无回信，将我圈禁船中，不知何日才能登岸，实于中国体面有关，他便竭力和美官相商，愿代付保金五百元，先行释放，候美京回文再说。美官允准，午后才由海关委员，押我上岸。同来的中国海关上十个人，还不准上岸。"①

《安徽俗话报》通过这篇日记和按语，告诉读者，美国对中华民族的种族歧视政策，已经到了多么严重的程度！世界上其他国家人，都能大摇大摆的上岸，唯独中国人，即使是参加赛会的委员，也一概不准上岸。这究竟是为什么？因为中国弱，弱国被人欺，大家应该晓得，"做了弱国的人，真正可怜呀！"这样的文章，揭露深刻，鼓动性强，使人读了，不禁热血沸腾，爱国之心油然而生。

二、揭露美国排华分子对中国人民的污蔑

美国排斥华工是以加利福尼亚州为中心慢慢扩展到全国各地的。美国一些排华分子不仅明火执仗地劫掠华人财产，伤害华人生命，焚烧华人庄宅和市场②，而且制造谣言谤语，对中国人进行攻击和污蔑。如加州立法委员会在1885年石泉屠杀华侨案发生后，就污蔑华人说："中国把它的垃圾倾倒于我们沿岸三十年了，一切无能的、愚昧的、不幸的人，罪人和病者，道德败坏者依然和我们在一起。这些

---

① 见《安徽俗话报》第5期，第39—40页。
② 王咏霓：《道西斋日记》，第32页。

男人是世界上最贱的奴隶，这些妇女是奴隶卖淫者。"①

　　美国排华分子就是用这样的所谓"理论"和下流口吻，掀起排斥华工浪潮的。《安徽俗话报》刊登了《美国留学生周君给日本留学生的书信》和《清人贱种》这两篇文章，对此加以揭露。周君的书信叙述了他和王某一道，从上海搭船到美国去留学，在途中被歧视、被侮辱的遭遇。"随后船到了檀香山，我便同七个日本人上岸游玩，王君因病不能同去。到了码头，那查关的，单单不许我一人登岸，说我是中国人照例不准登岸，将我扣在一只小船里面，并派人看守，防我私偷上岸。我便向那查关的道，中国人和日本人，同是东方黄种人，何以中国人无登岸的权利呢？那查关的答道，因为中国多下等人，肮脏下贱，恐怕来多了，带坏了美国人，所以政府里定了禁止中国人上岸的律例。……随后等日本人回来了，才同坐小船回舱，便将在关上（被）扣押的话，对王君细述一篇，王君又受第四次感动。对我说道，我十天以前，还不知道国家为何物？有人给我衣穿、给我饭吃，我便把他当作主人事奉，哪懂得什么异种外国的话，但是从今以后，誓不辱国了，说罢大哭不止。我劝道徒哭无益，只要立志救国，就是大丈夫。"②

　　《清人贱种》则是报导安徽寿州一位姓孙的留学生③，由于不堪忍受美国排华分子对中华民族的污蔑和辱骂，悲愤而死的惨剧。他在临死的时候，还痛心疾首地大声呼喊："贱种！贱种！！贱种！！！"④以表示他对美国排华分子辱骂中国人为"贱种清人"的抗议和愤懑。

　　这两篇文章揭露了美国排华分子对华人的迫害和污蔑，并告诉读者，光知道哭泣和悲愤是没有什么用处的，只有立志救国，才是大丈夫。

　　①　达勒斯：《中国和美国》，转自《历史研究》1980年第1期，第90页。
　　②　见《安徽俗话报》第3期，第35—36页。
　　③　据梁启超《新大陆游记》所载，1903年，安徽寿州在美国留学的孙姓学生有孙多钰、孙元芳、孙季芳、孙裕芳、孙震芳等五人，见《饮冰室合集》专集第五册，第129页。
　　④　见《安徽俗话报》第4期，第33页。

三、宣传赴美华工对开发美国西部地区的巨大贡献

我们知道，近代大批华工是被美国资本家"招募"去的，他们为美国西部地区的开发，特别是加利福尼亚州的开发，做出了巨大贡献，他们用汗水和生命为美国资本家创造了大量物质财富。有人统计，1849—1856年，加州的十一个金矿所产黄金共值三亿二千二百万美元，而当时华工要占加州矿工总数的一半①。美国中央太平洋铁路"由加利福尼亚州到奥格登一段，有五分之四的劳动是由中国人担任的。"② 然而，华工在美国受到的待遇却是极不公平的，他们一再受到排华律的歧视和限制。

《奉劝中国的众同胞不买美国的货物》一文的第一、二两节和漫画《檀香山焚烧华人市场惨状图》，就是宣传这一内容的。文章指出："同治年间（1862—1874），美国有个地方叫加乎宽尼（即加利福尼亚州），原是一块荒地，几百里还没有一个村庄，美国想把他来开辟，只是人工不够，他才想了一个法，跟我们中国商量，订了一个招工的条约，叫中国人到他们那里去做工。……有的替他开矿，有的替他修铁路，过的生活，比牛马还要苦些，好容易熬了十几年，把他那个加乎宽尼人的地方，变做了一个花团锦簇的繁华世界。问问他这个地方，哪一块土不是中国人一滴汗一滴血的开辟出来的！"③ 但美国政府不仅不感谢赴美华工对开发美国所做的贡献，反而一再制定排华禁例，其目的"无非要赶我们中国人出境。我们的众同胞辛辛苦苦，替他做了十几年的牛马，把他的地方开辟好了，他却忘恩负义，弄出这个下场来，你道可恨不可恨。"④《檀香山焚烧华人市场惨状图》，更揭露了美国排华分子焚烧华人市场的惨状。读了这两篇文章可以清楚

---

① 转引自《华中师院学报》1982年第4期，第95页。

② [美]西华德：《从社会和经济方面考察中国移民问题》，转引自《历史研究》1980年第1期，第95页。

③ 见《安徽俗话报》第21、22期（合刊），《要件》栏。

④ 见《安徽俗话报》第21、22期（合刊），《要件》栏。

地了解赴美华工对开发美国西部地区作出了何等重大的贡献，排华分子对他们的歧视和迫害是何等的不公道。

四、揭露美国排华律的苛刻内容

从 1882 年美国政府通过第一个排斥华工法案起，到 1904 年 4 月 27 日美国国会通过新的排华法案前，是美国的"歧视限制时期"[①]。在这一时期内，美国排斥华工禁例一年多似一年，内容一年苛似一年。对于这些禁例，赴美华工和国内广大人民是极为不满的，是一再反对的。《安徽俗话报》反映了中国人民的这一感情，在《奉劝中国的众同胞不买美国的货物》一文的第三节到第七节，以较长的篇幅揭露了美国制定排华律的原因、过程和内容，特别着重揭露排华律的苛刻内容。文章以 1894 年排华禁约为例，列举了五点：（1）"从前只不许我们的工人到美国，这回除开银行的，都算工人。"（2）"从前中国人到墨西哥国、巴西国那些地方去的，都准从美国借路经过，这回也不准了。"（3）"从前凡是中国人到美国学堂里去读书的，只要有了领事的文书，都可以去得。这回有了文书，也是不行，轮船到了美国码头的时候，不准你上岸，先把你关在一个木屋里，又黑暗，又腌臜，又闷气，等到十天半月，才把你提去审问，比盗贼还不如呢！"（4）"从前但领到护照，就可一直到美国上岸，这回他派一个医生在香港，拦在半路上验病，凡有到美国去的，都叫医生验过。那个医生实在是野蛮，拿一根竹竿叫你跳过去，跳不过去的就算是有病。眼睛有红丝的，他也说是有病，就不肯画押了。他不肯画押，就是有护照也是过不去。"（5）"从前在美国的华工，有了妻子，回家来看望父母，原是可以再去的，这回也要在香港跳过竹竿，验过眼睛，方才准去。那医（生）却故意的为难不肯随到随验，他的意思无非要耽搁些日子，叫你过了限期，就是放你过去，到了美国的时候，也是不许你

---

① ［美］董霖：《华人移美的过程与法律问题》，《国外法学》1982 年第 2 期，第 48 页。

上岸。"①

1904年4月27日，美国通过新的排禁法案。宣布"过去所有排华法令永远有效"②，也就是说，美国将无限期地排拒华工进入美国本土及其属地，从而开始了美国的"绝对排华时期"③。对于美国这一新的排禁法案，《安徽俗话报》愤怒地指出，美国"又要再立新约，比从前两回④，更要辣些。美国人这样的欺负我们中国人，可不到了尽头了么？这一回若再依允了他，不但叫我们有冤没处伸，就是别国看见，也不把我们当做人类了。"⑤ 这种宣传、揭露和鼓动，对于唤醒沉睡中的安徽人民，投入反对美国排华禁约斗争，是有积极意义的。

五、号召安徽人民参加抵制美货斗争

《安徽俗话报》在《美国禁约》和《奉劝中国的众同胞不买美国的货物》一文的第八节至第十节中，配合全国抵制美货运动，告诉安徽读者"现在我们中国的人，做了一件很要紧的事情，就是奉劝我们中国的众同胞不买美国的货物"，以抵制美国新的排禁法案。并指出这是"第一个好法子"。其意义是因为：第一，抵制美货是对美国排斥华工的一种抗议，"他们想出法来，不叫我们工人到美国，我们也可想出法来，不叫他们的货物到中国。一施一报，不为亏负他。"第二，抵制美货可以更好地发展中国民族工业，"我们不买美国的货物，能够从此想出法，自己造出货来，那才是更于中国有益呢！"第三，抵制美货对美国资产阶级是沉重打击。因为美国是"专以销行货物为性命……我们若不买他们的货物，他们的吃亏也就不小了"，这"简

① 见《安徽俗话报》第21、22期（合刊），《要件》栏。

② ［美］沈已尧：《海外排华百年史》，中国社会科学出版社1980年版，第26页。

③ ［美］董霖：《华人移美的过程与法律问题》，《国外法学》1982年第2期，第49页。

④ 指1882、1894年两次排华法案。

⑤ 见《安徽俗话报》第21、22期（合刊），《要件》栏。

直比同他打仗还厉害"。第四，抵制美货可以动员群众，团结起来，共同御辱。"外国人都笑我们中国人是一盘散沙，捏不起团儿来，所以都把我们不当人看。这回若大家齐齐心，哪有做不成的事，那时候也叫他们知道中国人是不好惹的，无论哪一国的人，都不敢欺负我们了。"①

《安徽俗话报》指出，抵制美货斗争的方法，最重要的是要坚持长久，决不能虎头蛇尾，要坚持到"把他们一切欺负我们的法子，全行抹去，我们的工人到他们国里，同别国的工人到他们国家里一样的看待，方才可以答应他，同他照旧的做生意。要是办不到这个样子，列位呀，不买美货的这句话，要请大家做到底才好呢！千万莫说中国人这么多，我一个人买了不要紧，他一个人买了也不要紧，要是四万万人，大家都照（这）样说，那真是一盘散沙了，那真是虎头蛇尾了，恐怕中国人被人欺负的日子还在后头呢！请大家再三的想想罢！"② 从而号召每一个安徽人都应积极参加抵制美货运动，并应坚持到底。

《奉劝中国的众同胞不买美国的货物》一文的最后部分，还把"查出美货的名目和牌号"，全部附印在上面，以便让读者查看、对照。计：斜纹粗细布牌号239种，绸绒呢布羽毛牌号30种，面粉牌号15种，香烟牌号23种，肥皂牌号9种，药料牌号8种，杂货牌号26种③。这份美货清单，为我们留下了一份珍贵的美国对华经济侵略史料。

综上所述，可见排斥华工禁约，是近代美国历史上很不光彩的一页。它不仅损伤了中国人的民族感情，损害了赴美华工的利益，而且也违背美国人民的意愿。《安徽俗话报》关于反对美国排华禁约的宣传，是该报爱国主义宣传的重要内容。由于《安徽俗话报》的发行量大，至第十二期，已发行"三千份，销路之广，为海内各白话（报）冠。"④ 发行面广，仅省内的，就发行到三十二个府、州、县，其中

---

① 见《安徽俗话报》第21、22期（合刊），《要件》栏。
② 见《安徽俗话报》第21、22期（合刊），《要件》栏。
③ 见《安徽俗话报》第21、22期（合刊），《要件》栏。
④ 《本社广告》，《安徽俗话报》第12期封底。

有许多是偏远山区。所以《安徽俗话报》的这种宣传，对激发安徽人民的爱国热情，对推动安徽人民参加抵制美货斗争，都有积极影响，具有历史意义。在《安徽俗话报》的宣传、影响和推动下，安徽芜湖、安庆、枞阳等地，都举行了群众性的反对美国排华禁约和抵制美货的集会。

正由于《安徽俗话报》反对美国排华禁约的爱国主义宣传和其他反帝宣传，戳到了帝国主义的痛处，于是，英国驻芜领事便出面，"要求中国官厅勒令停办"①，《安徽俗话报》虽然被中外反动派联合绞杀了，但它在安徽人民心灵上播下的爱国种子，却是任何反动势力也扼杀不了的。

（与罗超合作完成，原载《安徽师大学报》1984 年第 4 期）

① 房秩五：《浮渡山房诗存》第 4 卷，第 11 页。

《安徽俗话报》的再研究

　　《安徽俗话报》是 20 世纪初在安徽芜湖出版的著名刊物，享有盛誉。近年来，虽有专文评介，但对于《安徽俗话报》的爱国爱乡思想、开放革新精神、宣传科学的求实态度以及刊物的独特风格等，仍有继续研究的必要。

一

　　《安徽俗话报》创刊于 1904 年 3 月，是由陈独秀（署名"三爱"）、吴守一（署名"守一"）和房秩五等几位青年人创办的同人刊物。该报辟有"论说""要紧的新闻""历史""地理""教育""实业"等十三项专栏，后又增加"兵事""格致""卫生"等专栏，内容丰富多彩，但都围绕着一个根本主题：爱国、爱乡，探索求强致富之路。

　　那时的中国是一个面临列强瓜分、主权丧失殆尽的国度，爱国者的当务之急，首先要最充分地最及时地揭露帝国主义侵华罪行，以唤醒国人、乡人。为此，《安徽俗话报》发表了《瓜分中国》《说国家》《亡国篇》《说爱国》等政论文章，还及时报道了国内、省内大事（尤其是列强侵华事件），大声疾呼，亡国之祸，迫在眉睫，中国人民面临着"求生不得，求死不能"的悲惨境地①。《俗话报》连续六期刊载长篇文章《亡国篇》，详细列举"中国灭亡的现象"，其中有土地丧失的现象，有矿权丧失的现象，有外货倾销的现象，有主权灭亡

---

① 　三爱：《瓜分中国》，《安徽俗话报》（下称《俗话报》）第 1 期。

的现象（包括国防权、收税权、审判权）等。他们沉痛地指出，现在的国势，"土地、利权、主权都被外国占夺去了"，"朝廷官吏虽说还在，国却算是世界上一个亡国了"①。

《俗话报》满怀热爱家乡之情，密切注视列强觊觎安徽矿产。1902年，安徽巡抚聂缉规授命其下属与英商凯约翰签订铜陵等地勘矿合同二十三条②。1903年，复与英商伊德签订《安徽矿务简明合同》（六条）③，进一步将安庆、池州府属多处矿权出卖给外国人。当上海报纸将合同全文在报纸上披露后，安徽各界爱国人士群起反对。《俗话报》详细报道了安徽"全省矿山被卖的细情"，发表了评论文章《论安徽的矿务》，又以醒目标题，"警告！扬子江之危机！！安徽之致命伤！！！"披露了即补知县刘子运的"英商凯约翰开办铜陵县铜官山铜矿事略"。这些文章揭露英国等列强勾结安徽官吏夺去皖省十五州县矿山权利的事实，强调指出，列强夺取矿权，必将留下无穷的大祸，结果只能是重蹈东北三省的覆辙。

华工、留学生、中国官员在美国受歧视、被凌辱的件件事实，伤害了中国人民的自尊心，也激起了强烈的爱国之情。1905年，一次全国性的以抵制美货为中心的反美爱国运动就是在这样的背景下爆发的④。《俗话报》报道了安徽寿州留美学生孙某在美国受辱，忧郁致死的惨闻。还发表了安徽定远方守六作为"中国的赛会委员"的赴美参加赛会日记。编者在按语中写道："美国人到我们中国来经商、传教的人不在少处，哪个敢难为他！何以中国的赛会委员到他们国里去了，他还要糟蹋，那商人、工人去的，更是要受他们的糟蹋了。""大家晓得做了弱国的人，真正可怜呀！"⑤

怎样才能由弱变强、由贫致富呢？

《俗话报》认为，首先，"大家赶紧振作起来"，不依靠皇帝，不

---

① 三爱：《亡国篇》，《俗话报》第8期。

② 冯煦编：《皖政辑要·交涉科》。

③ 王铁崖编：《中外旧约章汇编》第二册，第154页。

④ 苏绍柄：《1905年反美运动各地开会日表》一文的编者按语，见《近代史资料》1954年第1期，第13—14页。

⑤ 以上见《俗话报》，第4、5期。

倚仗外人，人人知道"保卫国家，其国必强"。《俗话报》用波兰、埃及、印度等国沦为列强属国的事实警告国人，"都因为那些国的人，只知道保全身家性命，不肯尽忠报国，把国家的大事，都靠着皇帝一人胡为，或倚仗外人保护，或任教徒把持，大家不问国事，所以才弄到灭亡地步。"因此，"当今世界各国，人人都知道保卫国家的，其国必强；人人都不知道保卫国家的，其国必亡。"这种宣传和鼓动，促进了人们从"君权至上"的精神枷锁下解脱出来。

《俗话报》还认为，要使国家富强，还必须正确认识"国"与"家"和"乡"与"家"的关系。他们说，"国亡家破，四字相连"，如果"各保身家不问国事，终究是身家不保，做亡国的百姓。""全树将枯，岂可一枝独活，全巢将覆，焉能一卵独完。"①《俗话报》强调指出，我们既是安徽的人，安徽一省的事便是自家的事，这叫做无有国何有家，否则，一个推诿，个个推诿，终归大家都靠不住，都是靠一个空。并以安徽矿务为例，主张成立全省的矿务总公司②，把外国人夺去的矿权收回来，自己集股开掘。

《俗话报》在强调依靠人民自己力量的同时，还提出了包括振兴实业、开办学堂等在内的许多求强致富的方案。

关于振兴实业。《俗话报》竭力主张发展近代工业，尤其是铁路、开矿两项，"我们中国要赶紧拼命在各省架造铁路"，这不仅是民用交通需要，也是运兵运粮的军需需要。"矿权"更是国家的命根子，因为架铁路，办枪炮厂，设制造厂，都"非有金银煤铁各样矿产不可"。并指出，"我们中国的矿产，实在是富足得很，若是自家开采起来，真是万世子孙使用不尽的财产。"③"能够从此想法，自己造出货来，那才是更于中国有益呢。"④

关于开办学堂。1904年前后，越来越多的人赞同开办新式学堂，

① 三爱：《说国家》，《俗话报》第5期。
② "安徽矿务总局"于1904年成立，见《中国近代工业史资料》第二辑，第550页。
③ 三爱：《亡国篇》，《俗话报》第10期。
④ 以上见《俗话报》第21、22合期。

甚至西太后也在大谈办新学堂的必要了。但办什么样的学堂？培养什么样的人才？按照清王朝的"旨意"，"无论何等学堂，均以忠孝为本，以中国经史之学为基，俾学生心术一归于纯正。"①与清政府办学宗旨完全不同，《俗话报》明确提出"体育、德育、智育三样并重"的办学方针，指出，体育是叫人身体强壮的教育，德育是涵养人的性情、激发人的"天良"的教育，智育则是开导人的智识，并有各种技艺叫人能自食其力的教育。

《俗话报》还重视"蒙学教育"（即幼儿教育）和"家庭教育"，认为"蒙学教育"和"家庭教育"是学校教育的基础。

这里应着重指出，《俗话报》的爱国爱乡的种种方案，丝毫不含有闭关自守的偏弊。可以说，《俗话报》也是主张开放的，但这种"开放"要以尊重主权为前提。"目下万国交通，断不能闭关自守，各国通商，彼此都有益处，原不必禁止。但是设关收税，各国都有自己做主的权柄，无论抽收若干，别国都不能干涉。""一国的内河，虽不能禁止外国的商船来做生意，但本国人的航路权，外人是断乎不能干涉的。"②《俗话报》这种通商互利和关税自主的开放主张，是颇有见地的。

当然，《俗话报》也宣传了一些错误观点，如把"亡国的原因"归结为"我们中国人天生的有几种不好的性质"，称义和团为"拳匪"等，都是历史唯心主义的表现。

二

尊重科学、宣传科学、普及科学常识，运用科学反对迷信，是《俗话报》的又一显著特色。《俗话报》的"格致"栏专门介绍天文学、地理学、物理学、地质学等自然科学常识，其中天文学、地理学部分较为系统。从第八期开始连续十多期系统介绍"天""日""月""星""空气""风""水蒸气"等科学常识，尤为可贵的是把这些介

---

① 《光绪朝东华录》，第5129页。

② 三爱：《亡国篇》，《俗话报》第13期。

绍和澄清本地区群众的糊涂认识、错误观点结合起来。例如，本地区群众中有一种迷信认识，说什么彗星（俗称扫帚星）出现，必有灾异。《俗话报》就科学地指出，彗星出现是一种常见的自然现象，根本谈不到什么"灾异"。又如，安徽人还有一种陈腐的迷信习俗，每见"日食"，就说是"天狗食日"，于是就"放炮敲锣，赶退天狗"。《俗话报》指出，"天狗若有吃太阳的本领，也就不怕放炮敲锣了"，这种无稽之言，"是断不可相信的"。至于在日食的时候，要拈香跪拜，更是"愚蠢已极，太阳本是一个永远不动的恒星，拜它，它也不晓得"①。

《俗话报》把学习科学知识和国家命运以及个人前途联系起来，认为"当今世界各国的人民，个个都讲求点实在的科学，这地理一门更是人人自幼儿时在学堂里学习的"。"要在这万国竞争的世界上，求个自己站住脚跟的方法，所以地理上的知识，是人人不可缺少的。"为此，《俗话报》"地理"专栏，从第三期起，连续登载"世界地理""中国地理""安徽地理"等有关常识，有些文章由主编"三爱"（即陈独秀）亲自撰写。文章的字里行间渗透着爱国爱乡之情。如谈到扬子江，写道："是现在全国商务最盛、文化最好的地方"，"你看这扬子江是多般可爱呀"。谈到"物产"，指出"我们中国物产富足，各国都比不上"，瓷器、丝绸、茶叶，"更算是世界上有名的物产"②。

科学是迷信的对立物，科学是反对鬼神迷信观念的最锐利最有效的武器。《俗话报》发表了署名"卓呆"的长篇文章《续无鬼论演义》，这是一篇运用近代科学知识驳斥鬼神邪说的战斗檄文。该文批驳的鬼神迷信思想，涉及"偶像""魂魄""妖怪""符咒""方向""谶兆"等六个方面。论者从科学的"生命起源"说谈到人的生死；从"微生虫"传播讲到霍乱、黑死病的传染流行置人于死地，说明"城隍"既不能管人的生死，别的泥塑木雕的神能给人祸福，也是撒谎；论者又从人脑和神经系统的作用看人对外界"光"和"声"的反映，从人体所含磷、碳、氧、氢、氮等元素的组成和分散看人的生

---

① 以上见《俗话报》第 10、11 期，《格致》栏。
② 以上见《俗话报》第 5、7 期，《地理》栏。

死存亡，说明人一旦死去，既没有"魂"，也没有什么"魄"，至于"五行生克"说更是无稽之谈，水是"氢气氧气化合成的，并不是金生出来的。"北方所以冷，南方所以热，是距离赤道远近所致，并不是什么"南方生火，北方生水的缘故"。论者对日食、月食、地震、白虹贯日、风雨雷电等自然"变象"，也都逐一予以科学说明，告诉人们天上"变象"，与人间祸福毫无关系。论者在行文最后部分痛心地说："现在的人，信鬼怪的很多，不信鬼怪的很少，这就是中国人不文明的凭据了。"①

在安徽，迷信"风水"恶俗甚盛。其中，有两桩顶坏的，一是久停不葬，出殡之后，往往要在空野地方停放十年八年才可望入土，还要寻找一个"风水"地，子孙才能很快升官发财。另一是"风水"引起纠纷，影响开矿，说什么开矿破坏"风水"。有的矿山因和几个大家族的"古墓"相连，弄得一州一县都不能开矿，《俗话报》为此发表专论，详细剖析"风水"的迷信，并指出，寻"风水"，求富贵，是靠不住的，靠开矿求富贵，才确有把握。

《俗话报》还用较大篇幅介绍生理卫生常识，他们说，"保养身体"极为重要，有"身"而后有家、有国，"精强力壮"才能"齐家治国"。然而，在中国，迷信鬼神的邪说颇为盛行，"凡有疾病，不说是命运所定，就是妖魔缠身，因此，烧香画符，算命卜卦，驱鬼拿妖"，这都是"不懂得要讲究卫生学的缘故啊！"为了改变这些不良习惯，他们从呼吸、起居、饮食、衣服、房屋等生活各方面，提出符合卫生标准的具体要求，又从人身结构说明烟、酒、鸦片的不良嗜好，对人体的害处。

我们可以这样说，《俗话报》所刊载的上述许多运用自然科学反对封建迷信的文章，虽然还不能说是彻底唯物主义的，但它在宣传无神论和普及自然科学常识方面所起的积极作用，是应该充分肯定的。同时，它也反映了以陈独秀为首的《俗话报》的一批年青编者，开始从唯心主义到唯物主义转变的深刻变化。

---

① 见《俗话报》第11—15期，"卓呆"文。

三

20 世纪初，我国一些具有革命思想的爱国知识分子，"曾有意识地通过诗歌及其他通俗的文艺形式，宣传革命思想"①。陈独秀等人创办的《俗话报》在这方面也有比较突出的表现。它曾设有"小说""诗词""戏曲"专栏，一共发表了三篇小说、三十一首诗词、六篇戏文和一篇《论戏曲》。这些作品从内容到形式，从思想性到艺术性都有一定水平。《痴人说梦》（作者守一）是小说中的典型作品，已见者有八回，分别发表于第一期至第十六期，可以看得出还不是全文，因《俗话报》停刊而中止，但从已见八回中可窥视全文特色。

《痴人说梦》的主要线索是两个"痴人"说"梦"，一个是宋朝朱夫子二十五代的嫡亲孙子、绰号"南痴"的徽州府人朱子觉，另一个是闵子骞七十二代的孙子、绰号"北痴"的南宿州人闵自强。两人的共性特征是，遇到国家兴隆的时候和英雄豪杰得意的事，就欢喜欲狂；反之，遇到国家衰败的时候和英雄豪杰失意的事，就痛苦欲死。一天，"北痴"来到徽州，访问"南痴"，两人情趣相合，结拜兄弟。当俄国占领我东三省的消息传来，"南痴"和"北痴"痛苦至极，他们感到随之而来的英国要占领长江流域，法国要占领云贵两广，德国要占领山东河南，日本要占领闽浙。两人哭一回，叹一回，恨一回，骂一回，相对而饮，"南痴"却一醉不醒。数日以后，"南痴"醒来，高兴至极，原来他在梦中找到了济时良策。

"南痴"在梦中恍惚到了山东曲阜孔庙，巧遇那些"先贤大师"正在议论强国之道。"南痴"与会，得悉强国的"新政"内容是：第一件，中日英美四国同盟，将俄国人逐出东三省以外，这叫做东和孙权、北拒曹操的主义。第二件，大中国国会议院成立，准人民议政举官。第三件，全国学制画一，无论何人，皆应受强迫教育三年。第四件，行全国皆兵制度，以练兵为第一义。兵械、兵学、兵气、兵心，

---

① 赵矢元编：《中国近代史》，辽宁人民出版社，第 581 页。

缺一不可。第五件，大兴农工商矿等实业。讲究理财，民穷财尽是中国致弱的病根。第六件，改变法律，收回一切治外法权。

"南痴"还得到一份"秘册"，封页上写着"造时势之英雄"六个大字，头一页有四句题诗："壮剧生开东大陆，横风死憾太平洋，男儿自负好肩背，愿杀一身称国殇。""南痴"按图索骥，引出了绝世英雄张国威、舞剑少年华勃兴、青衣大汉夏振武、白衣大汉杨国光、女中豪杰张无畏等一批爱国志士。这些爱国志士跟随张国威聚集关外，投效军营，奔赴抗俄前线。

《痴人说梦》的主题思想十分鲜明，那就是浓郁的爱国热情。作者笔下的"新政"大纲，实际上是改造国家、改造社会的政治纲领，作者提出的联合英日美共同抗俄的策略思想是颇有见地的。作者是以说梦的艺术手法，在那里言实，反映了时代的强音。

另外，《俗话报》发表的诗词和戏曲，不仅洋溢着爱国激情，而且还蕴含着革命思想。

诗词《伤国事》《悯国难》《招国魂》《国耻歌》《醒梦歌》，愤怒谴责列强侵略，呼吁国人保国权，争国体，复国仇，扬国威，诗中写道："前几年，黑龙江，俄兵来占。有一班，男和女，性命六千，俄罗斯，乘此机，下了毒手。""当那时，众人都，束手无策，只得叫，苦苦苦，命丧黄泉。""扬子江，浪滔滔，江山可爱；英吉利，久已在，这里垂涎。""黑龙江，扬子江，南北一辙；俄罗斯，英吉利，前后比肩"。"从今后，人人奋发，习武艺，兴实业，猛勇争先；复国仇，扬国威，人人有分。好同胞，四万万，长寿永年。"① 凭敌忾之心，立救国之志，溢于言表。要救国，还要学习外国一切有用的东西。"送郎君送到欧罗巴，走到外洋休恋家，三年耐得风霜苦，学会了真本事整顿国家。""好男儿，万里游，东学日本西美欧，恩仇了了挂心头，含笑看吴钩。看吴钩，痛饮自由酒，一洗奴隶羞。"②

诗人在讽刺鞭挞清政府腐朽统治的时候，还提出自己解救自己的思想，也就是革命的思想。他们写道："皇太后信服了那义和拳，仗

---

① 《悯国难也》，《俗话报》第 4 期。
② 以上见《俗话报》第 1、21—22 期，《诗词》栏。

败了把都迁，迁都迁到长安去，王爷宰相笑呵呵，向各国去求和。"
"求和又要赔洋款，赔款四万万。""抽民膏血赔洋款，金银来把江山
换，太后好回銮。""百姓抗捐官动兵，村庄一扫平。有兵不把国土
保，有炮不把外国征，专打本国人。"有的诗人愤怒地指出："国亡家
破无人靠，官府个个黑良心"，"于今不靠他做主，只要自救自家
苦。"① 正由于《俗话报》蕴含着革命的思想，所以高一涵在回忆安
徽青年学生思想演变的历史时，称《俗话报》在安徽青年学生中起到
了"宣传革命"的作用②。

　　《俗话报》对"戏曲"也很重视。"三爱"写了《论戏曲》的评
论文章，提出了改革意见。他认为戏曲演员是世界上第一大教育家，
他主张多排于世道人心大有益处的戏，不唱神仙鬼怪的戏，不唱淫
戏，除去富贵功名的俗套。《俗话报》先后发表或转载的"戏曲"剧
本有《睡狮园》《团匪魁》《康茂才投军》《新排瓜种兰因班本》《薛
虑祭江》《胭脂梦》。这六个剧本有的写"手弄朝纲二十年"，"只恨
维新党人"的"总管太监"；有的写"杀新党""假维新"的"庸碌
大夫"；有的写英雄豪杰投军报国；有的写忧国忧民之士哭奠东三省
被难同胞，告诫人们覆辙鉴前车；有的写妇女习艺投军，提倡男女平
权平等。可以看出这些剧本各自从不同的侧面，表现一个共同的主
题：鞭挞当朝权贵，讴歌英雄豪杰。

　　从以上介绍和分析中，可以看出《俗话报》的编者和主要撰稿人
的精神风貌和炽热追求，这就是：（1）宗旨纯正，志趣广泛。所谓
"宗旨纯正"，是指他们抛弃个人功名，转向忧国忧民，爱国爱乡，宣
传革命。正如陈独秀所说："我十年以前"，（指1895年以前）"想骗
几层功名，光耀门楣。"到了庚子年，"才知道有个国家"。他们所以
要创办《俗话报》，既不为名也不为利，而是决心做一个"传递信息
的人"，"用顶浅俗的话说"，"教大家好通达学问，明白时事。"③ 如

------

　　① 以上见《俗话报》第4、8期，《诗词》栏。
　　② 高一涵：《辛亥革命前后安徽青年学生思想转变的概况》，《辛亥革命回
忆录》（四），第434页。
　　③ 《开办安徽俗话报的缘故》，《俗话报》第1期。

此纯正宗旨，使得他们对各门各类有用知识都有所追求。刊物虽小，而门类齐全，内容广博。（2）爱国爱乡与开放、革新结合。《俗话报》字里行间洋溢着深切的爱国爱乡之情，但爱国爱乡不是赞同"闭塞""保守"，而是主张开放、革新，学人之所长。他们讴歌留学国外，其本意是"痛饮自由酒，一洗奴隶羞"，"学会了真本事整顿国家"。（3）科学的求实精神，富于开拓的幻想。《俗话报》宣传自然科学知识，实事求是地对待客观事物，其求实精神在反封建迷信、反愚昧落后斗争中得到了发扬和表现。而政治小说《痴人说梦》等，则是作者、编者开拓、幻想的生动写照，小说的英雄群体便是他们自身的刻画，小说的"梦境"，又是他们追求的"理想王国"。

《俗话报》的编者们以其特有的风格，创办了一份颇有特色的刊物。这个刊物，既不同于风行一时的《新民丛报》之类的改良派刊物，这类刊物的国家观与《俗话报》毫无相同之处，也和《游学译编》《浙江潮》《新湖南》等民主革命派刊物有所不同，他们虽把自己看作"中等社会"的代言人，但对"下等社会"却漠然视之。与此不同，《俗话报》能够面向群众，有较深厚的群众基础，其"销路之广，为海内各白话（报）冠"①。如果说，1915 年《青年杂志》的创刊标志着新文化运动的兴起，那么，《俗话报》的大量发行则是安徽新文化运动的前奏和准备。应该说，《俗话报》确实比他们的前辈提供了更多的新的东西。

（与罗超合作完成，原载《安徽师大学报》1986 年第 4 期）

---

① 《本社广告》，《俗话报》第 12 期。

近代中国留学生与耶鲁大学

在近代中美关系的史册中，既有许多使我们愤恨痛心的记载，也有一些友谊的篇章。美国教育界，如耶鲁大学的某些对华友好人士帮助中国学生去美学习，可算是友谊篇章的一页。

1835—1836 年，广州的英、美等国侨民和商人发起组织了"马礼逊教育会"。该教育会成立后，便筹划在中国办学，但没有师资。于是，"马礼逊教育会"写信给英、美教育界人士，呼吁他们派遣教师来华。这一呼吁，在英国毫无反应，而在美国，却得到耶鲁大学几位著名教授的热情支持和赞助。他们推荐热心教育事业的耶鲁大学毕业生塞缪尔·布朗来中国筹办学校。

1838 年 10 月 17 日布朗先生偕同夫人离开美国纽约，于 1839 年 2 月 23 日到达广州，随即前往澳门。在布朗先生的积极筹办下，命名为"马礼逊学校"的中国第一所西式学校于 1839 年 11 月 4 日在澳门正式开办。布朗先生既是这所学校的创办人，又是第一任教师。

1842 年 11 月 1 日，"马礼逊学校"迁往香港。此时的创始班学生有六人，他们是容闳、黄胜、黄宽、李刚、周文、唐杰。学校除教授汉语和英语外，还开设算术、代数、几何、生理学、化学、地理、历史、音乐等课程。"马礼逊学校"是向近代中国传播西学的第一所学校，布朗先生是通过这所学校系统地向中国学生传播西学的第一个人。

布朗先生在"马礼逊学校"任教七年，同中国学生建立了深厚的情感。1846 年 12 月，他因夫人患病，离职回美。行前，他向学生宣布：愿到美国留学者，可获得他的帮助，随他一道赴美。当即有容闳、黄胜、黄宽三人表示愿意去。经布朗先生的多方联系，容闳等三人的留学费用，由香港《孖剌报》编辑等友人资助，限期两年。

1847年1月4日，容闳等三人跟随布朗夫妇从香港启航去美。他们到达美国后，又在布朗先生的帮助下，很快进入马萨诸塞州的孟松学校读高中。容闳等三人可算是中国第一批留美学生，布朗先生是他们留美的促成者。

后来，黄胜因病回国，容闳和黄宽经过两年勤奋学习，都毕了业。两人毕业后，原经费资助者要他们去英国继续深造，黄宽遂至英国，考入爱丁堡大学学医，于1857年学成归国。

容闳决定继续留在美国，1850年，他考取了著名的耶鲁大学。经布朗先生等美国友人的帮助，他的学习费用由乔治亚州萨伐那妇女会资助，不足之额由容闳本人在耶鲁大学图书馆工作挣钱自助。容闳在耶鲁大学经过四年的刻苦学习，以优异成绩毕业。这样，容闳就成了我国第一个留美大学毕业生，而他又恰巧出自布朗先生的母校——著名的耶鲁大学。

1854年11月，容闳回国。他根据自己的体会，深感欲改造中国，非学习西方近代文化科学技术不可，而学习西方近代文化科学技术，选派青年出洋留学是一种好办法。他为此拟定详细的派遣留美学生计划，并在1870年被批准实行。

根据派送计划，有四批留美学生陆续去美，他们是：1872年7月，梁敦彦、蔡绍基、黄开甲、詹天佑、钟文耀等30人；1873年5月，温秉忠、唐元湛、蔡廷干、容揆等30人；1874年10月，唐绍仪、梁如浩、周万鹏等30人；1875年9月，刘玉麟、周传谏等30人。这120名留美学生，为近代中国政府派遣留学生之始，而原耶鲁大学毕业生容闳是其首倡者。

清政府派翰林、刑部主事陈兰彬为留美学生监督，容闳为副监督，但留学的实际事务，都由容闳办理。容闳在第一批学生赴美之前，已于1872年夏季先期赴美，具体联系安排学生的食宿和入学等事宜。留学生到美后，先补习英语，然后入小、中学学习，待中学毕业后，再升入耶鲁等美国高等学校深造。例如，我国近代著名铁路建筑家詹天佑就是耶鲁大学毕业生。他于1872年去美，先后在威士哈芬小学、纽哈芬中学上学，1878年考入耶鲁大学土木工程和铁路建筑专业学习，1881年毕业回国。他的毕业论文《码头起重机的研究》

得到有关人士很高评价，他在毕业考试中，数学取得第一名，成绩优异，被耶鲁大学授予学士学位，1907年清政府特授他为工程进士。

1876年，清政府派吴子登为赴美留学生监督。吴思想守旧，认为中国留学生在美之种种举动与中国旧俗相违，故在1881年借美国颁布华工禁约为由，奏请清政府批准，将所有学生一律提前撤回。

耶鲁大学校长朴德等美国教育界对华友好人士对此甚为惋惜。朴德亲自致书中国总理衙门，历述中国留学生在美之良好表现："贵国派遣之青年学生，自抵美以来，人人能善用其光阴，以研究学术。以故于各种科学之进步，成绩极佳。即文学、品行、技术以及平日与美人往来一切之交际，亦咸能令人满意无间言。论其道德，尤无一人不优美高尚。"他还表达美国教育界友好人士对中国留学生的关注，他说："在学生方面，今日正为最关重要时期，曩之所受者，犹不过为预备教育，今则将进而求学问之精华矣。……某等因对于素所敬爱之贵国学生，见其忽受此极大之损失，既不能不代为戚戚。"但清政府的决定没有改变。此后仍坚持继续留美者尚有容揆、郑兰生等约10人。

自从1881年撤回留美学生后，中国政府派遣留美学生中断了20余年，但在这20余年间，我国仍不断有人自费赴美留学。1909年，清政府复派学生去美留学，著名的耶鲁大学仍然是中国留学生入学的重点大学之一。

（原载《外国史知识》1984年第3期）

69

中国史

我国最早的学生会

——留美中国学生会

我国最早的学生会组织，不是由国内学生发起组织的，而是由留美学生发起组织的留美中国学生会。

近代中国学生赴美留学的历史，大体可分为三期。第一期，即由容闳倡导、曾国藩等奏准实施的派遣 120 名学生官费赴美留学，时间是 1872 到 1881 年。第二期，是从维新变法时期开始，直到 20 世纪初年，根据清廷谕旨，北洋学堂和各省督抚先后派官费生赴美留学。第三期，即利用美国"退还"部分庚子赔款，成立清华学校，派遣学生去美留学，时间是从 1909 年开始，一直延续到 30 年代末。在此期间，国内曾出现一股赴美留学热潮。

第一期派出的 120 名学生都是 16 岁以下的少年，分散于新英格兰的各校就读，并有留学生监督、汉文教习、翻译等人的严格管理，故无学生会的组织出现。

留美中国学生会的组织出现于第二期学生赴美留学期间，也就是 20 世纪初年。自从 1881 年中国政府提前撤回第一期留美学生后，至 90 年代末，除有少数自费生在美留学外，中国政府派遣学生赴美留学几乎中断了 20 年。直到维新变法时期，当派遣留学生之议复起时，才由盛杏荪（即盛宣怀）首先选北洋学堂毕业生王宠惠、王宠佑、陆耀廷等九人官费赴美留学。他们到美后，主要就读于美国西部旧金山附近的伯克莱大学和斯坦福大学。伯克莱大学，即加利福尼亚大学的前身，当时是我国学生在美国西部地区留学的中心。其次是就读于美国东部纽海文的耶鲁大学、纽约的哥伦比亚大学。随后，湖北、江苏、浙江等省省督亦续派学生去美。此外，还有自费生（如康有为的女儿康同璧和梁启超的弟弟梁启勋等）和游学会所派之学生谭天池、王建祖等。

和第一期学生相比，第二期学生年龄较大，一般都在 20 岁左右；文化程度较高，一般都已在国内中学毕业。当第二期学生赴美时，不少华侨子弟也在美国各地学校就读，但他们不懂或很少懂得汉文，其爱国之心比较薄弱。北洋学堂留美学生"有感于斯，欲鼓吹其爱国之诚，为中国栽培有用之士"，首先发起成立中国留美学生会组织，作为中国学生（包括华侨学生）的活动中心。

1902 年，美国西部伯克莱和奥克兰等地学生 23 人，在旧金山的刚纪慎会教堂集会，成立中国留美学生会之第一个组织——"美洲中国留学生会"，其宗旨是"联合各校中国学生，互通音问，研究学问，并协助侨民教授汉文、汉语于其土生之子侄。"1903 年，梁启超曾在旧金山游历 35 天，和留学生有广泛深入的接触，曾记载了一些有关"美洲中国留学生会"的珍贵史料："学生会本内地往美留学诸君所发起，而华商子弟在校者亦加入焉，数纳七十余人，初发达未有会所，借中华会场为议场。"又说："吾国人留学于卜技利（即伯克利——编者注）大学者十余人，大率皆前此北洋大学堂之学生也，每来复日（即星期日）辄渡海来谈，联床抵足，亦一快事也。此间本有一学生会，凡姓名、籍贯、年岁及所在校皆备载于会籍。余携其一册，拟此次游记材料。及理丛稿时，不知何往，今不能备录，至可惜也。今就所记忆者录如下，其非自内地来者不载。"接着，梁启超根据他的记忆，开列了一份在美国各地的 50 名留学生名单。按籍贯统计：广东 29 人，浙江 3 人，江苏 2 人，安徽 8 人，湖北 6 人，福建 1 人，"满洲" 1 人。根据梁启超所记，可以看出："美洲中国留学生会"从开始成立时，就吸收华侨学生为会员；"美洲中国留学生会"虽然成立于西美，但此时的会员也包括东美、中美的中国留学生在内。

从 1903 年起，湖北、江苏等省派遣的官费赴美留学生陆续到达美国。如 1903 年，鄂督端方在湖北各学堂中挑选刘庆云、卢静恒等 10 人赴美留学。"光绪三十三年五月（1907），江督考选男生十人赴美国耶鲁、干尼路两大学，并同期时选女子三人赴美国威尔士利女学"。再加上自费生的增多，中美和东美的中国留学生也日渐增多，还有一些原"美洲中国留学生会"的领导骨干，亦从西美大学毕业，继往东美各大学之通儒院（研究院）进行专门研究。于是，又有中美和东美留学生会组织的出现。

"中美中国留学生会"是以芝加哥为中心于 1903 年成立的，因此时芝加哥是邻近各地留学生活动与联络的中心。其宗旨主要是联络中美各地留学生之间的友谊，主要活动是定期召开大会，讨论会务等事宜。

"东美中国留学生会"是 1905 年在马萨诸塞州的阿默斯特成立的，参加成立大会的有梁振东、周子贻等 36 人。该会的宗旨是："协助中美二邦享受和平幸福；增进中国公共利益；联络各校学生友谊"。"东美中国留学生会"成立后，原于 1904 年以伊萨卡康奈尔大学为中心成立的"伊萨卡中国留学生会"便和"东美中国留学生会"合并，仍称"东美中国留学生会"。两会合并后，人数众多，为各学生会中规模较大、活动较多、影响较深远的留学生会。其活动除每年暑假召开大会、讨论会务和选举领导成员外，还派会员到各地演说，宣扬爱国，如宣传争回粤汉铁路权以及赈济旧金山地震受灾之华侨等。并出版会刊《年报》（汉文）、《月报》（英文），编印留学同名录。

1908 年，美国国会通过西奥多·罗斯福总统的咨文，将我国"偿付"美国"庚子赔款"的半数 1160 余万美元"退还"给我国，作为遣送留学生赴美之用。1911 年，北京设立了一所预备学校，即清华学校，由该校每年选派留学生。此前，我国政府曾利用"退还"庚款于 1909—1911 年通过甄别考试，选取 179 名学生送往美国。从 1912 年起，则由清华学校每年继续派送，此即第三期赴美留学。另外，各省选派之官费生和自费生亦陆续前往，形成了一股留美热潮。

第三期留学生到达后，随着留学生人数的迅速增加，各留美学生会组织感到有成立一个统一的全美中国留学生会之必要。于是，由"东美中国留学生会"首先倡议，并经中美、西美留学生会之同意，于 1911 年合并成立"留美中国学生会"（简称"留美中国学生总会"）。原东美、中美、西美留学生会，均改名为东部、中部、西部留学生会，隶属于总会。但由于东西相距遥远，往返不便，所以在"留美中国学生总会"成立后，仍按东美、中美、西美三部，每年暑假分别召开大会，进行活动。"留美中国学生总会"出版之刊物有英文《月报》和汉文《季报》，主要是报道留美学生情况和介绍美国社会风俗等，特别是汉文《季报》，影响较大。自"留美中国学生总会"成立后，各地之中国学生大都入了会。据统计，到 1911 年，会员人数已达 800 余名。

"留美中国学生会"是我国最早的学生会组织，它的成立、活动及其经验对我国以后的留学生组织和国内学生组织都有影响。特别是他们关心国内大事，宣传爱国主义，密切联系海外华侨，吸收华侨学生入会等，影响更为深远。

（原载《外国史知识》1985 年第 2 期）

73

中国史

清末安徽留日学生

我国清朝政府正式派出学生去日本官费留学，是在光绪二十二年（1896）①。光绪二十四年（1898），清政府又令各省督抚选送学生去日，是为各省官费遴选留日学生之始②。自此以后，各省每年都派学生前去，而自费前往者，也日益增多。

据佚名编《清末各省官、自费留日学生姓名表》③ 一书所列数字，清末光绪三十四年至宣统二年（1908—1910）的三年间，安徽官、自费留日学生在日本各类学校（共 18 个学校）毕业者计 100 人，其中官费生为 41 人，自费生为 59 人，自费生比官费生多 44%。以毕业学校统计，明治大学 21 人，士官学校 20 人，早稻田大学 19 人，法政大学 15 人，四校合计 75 人，占毕业生总数的 75%。值得注意的是，士官学校毕业之官费陆军生，竟占毕业生总数的 20% 和官费生总数的 50%，可见学习军事学生所占比重之大。详见附表（一）。

另据宣统元年（1909），各校在校留学生履历清册所列数字，安徽有留日学生 43 人④，他们分属全省 23 个州县。其中以桐城为最多（9 人），怀宁次之（4 人），再次为定远、霍邱（各 3 人），还有寿州、宿州、铜陵、歙县（各 2 人），庐江、舒城、怀远、黟县、祁门、

----

① 宏文学院编《普通科师范科讲义》第一编杂录，见舒新城：《近代中国留学史》，第 22 页。

② 《总理衙门覆议遴选生徒游学日本事宜折》，见《约章成案汇览·游学门下》。

③ 此书收集在沈云龙主编《近代中国史料丛刊续编》第五十辑，台北文海出版社影印本。

④ 根据《清末各省官自费留日学生姓名表》一书第 7—343 页中之材料辑成。

旌德、休宁、阜阳、全椒、天长、巢县、合肥、南陵、宣城、盱眙（各1人），籍贯不明1人。他们分别在明治大学（8人），东京高等工业学校（4人），帝国大学、东京高等师范学校、长崎高等商业学校（各3人）等19所高等和专门学校学习。详见附表（二）。

附表（一）　1908—1910年安徽留日毕业生简表

姓名	费别	入学年月	毕业学校	给证年月	备注
叶芳桂	自	光绪三十二年七月	同文书院	光绪三十四年十二月	
冯仕骥	自	光绪三十二年九月	宏文学校	宣统元年一月	
马 林	官	光绪三十年九月	士官学校	宣统元年一月	
孙方瑜	官	光绪三十年七月	士官学校	宣统元年一月	
葛光廷	官	光绪三十年九月	士官学校	宣统元年一月	
李乾璜	官	光绪三十年九月	士官学校	宣统元年闰二月	
洪德涌	自	光绪三十二年三月	千叶县立茂原农学校	宣统元年二月	
汪芳绩	自	光绪三十二年三月	日本大学	宣统元年四月	
江忠章	自	光绪三十二年三月	日本大学	宣统元年四月	又毕业于法政大学研究科
施锦淙	自	光绪三十二年六月	日本大学	宣统元年四月	
赵宋卿	自	光绪三十二年八月	早稻田大学	宣统元年五月	
李德瑚	官	光绪三十一年九月	士官学校	宣统元年五月	
丁绪余	官	光绪三十年八月	士官学校	宣统元年五月	
张更生	自	光绪三十二年八月	早稻田大学	宣统元年五月	
范季美	自	光绪三十二年七月	早稻田大学	宣统元年五月	
黄建寅	官	光绪三十二年七月	早稻田大学	宣统元年五月	师范科
张起元	官	光绪三十二年八月	早稻田大学	宣统元年五月	师范科
杜睿川	自	光绪三十二年八月	法政大学	宣统元年六月	
胡 俊	自	光绪三十二年八月	早稻田大学	宣统元年六月	师范科
王淮琛	官	光绪三十一年十月	中央大学	宣统元年六月	
李云汉	自	光绪三十三年九月	早稻田大学	宣统元年六月	师范科
石德纯	自	光绪三十二年七月	中央大学	宣统元年五月	
吴成章	自	光绪三十二年八月	法政大学	宣统元年五月	
凌肇伦	自	光绪三十三年十月	法政大学	宣统元年六月	
徐相斗	自	光绪三十三年八月	早稻田大学	宣统元年六月	
张 倬	自	光绪三十二年七月	明治大学	宣统元年六月	
江洪杰	官	光绪三十二年八月	明治大学	宣统元年六月	
刘文述	自	光绪三十四年九月	明治大学	宣统元年六月	编入三年级
汪宗尧	自	光绪三十二年八月	东亚铁路	宣统元年六月	
孙方尚	自	光绪三十二年八月	早稻田大学	宣统元年六月	
郭恩泽	自	光绪三十二年十二月	明治大学	宣统元年六月	
刘屏周	官	光绪三十年九月	士官学校	宣统元年六月	
周达寿	自	光绪三十四年一月	明治大学	宣统元年六月	警监学校毕业后编入二年级
胡万泰	官	光绪三十年九月	士官学校	宣统元年六月	
孙 荣	官	光绪三十年八月	士官学校	宣统元年六月	
吴和翩	官	光绪二十九年十月	士官学校	宣统元年六月	

姓名	费别	入学年月	毕业学校	给证年月	备注
刘国栋	官	光绪三十年九月	士官学校	宣统元年六月	
龚维疆	官	光绪三十年九月	士官学校	宣统元年六月	
叶 良	自	光绪三十一年八月	明治大学研究科	宣统元年八月	早大预科未毕业
吴长赢	自	光绪三十二年四月	警监学校本科	宣统元年八月	振武学校毕业
王天培	官	光绪三十一年九月	宪兵练习所	宣统二年一月	大阪高等预备学校未毕业
章家骏	官	光绪三十三年二月	长崎高等商业学校	宣统二年三月	又明治大学研究部毕业
徐 观	自	光绪三十二年八月	明治大学法科	宣统二年三月	
吴隆巽	自	光绪三十三年七月	同文学校普科	宣统二年三月	
孙象震	官	光绪三十一年九月	士官学校	宣统二年三月	振武学校毕业
张鼎勋	官	光绪三十一年九月	士官学校	宣统二年三月	振武学校毕业
陆绍武	官	光绪三十一年九月	士官学校	宣统二年三月	振武学校毕业
张寿熙	官	光绪三十一年九月	士官学校	宣统二年三月	振武学校卒业
宋邦翰	官	光绪三十一年九月	士官学校	宣统二年三月	振武学校卒业
江 煌	官	光绪三十一年九月	士官学校	宣统二年三月	振武学校卒业
郭照澜	自	光绪三十一年八月	日本妇人美术造花学校高等科	宣统二年四月	上海天足会习艺科毕业
姚 震	自	光绪三十一年八月	早稻田大学法科	宣统二年五月	成城学校毕业
姚 憾	自	光绪三十三年八月	早稻田大学政科	宣统二年五月	
俞道暄	自	光绪三十二年七月	早稻田大学政科	宣统二年五月	
杨立堂	自	光绪三十三年八月	早稻田大学政科	宣统二年六月	
程仲沂	自	光绪三十三年七月	早稻田大学政科	宣统二年六月	宏文学校未毕业
谢家鸿	自	光绪三十三年八月	早稻田大学政科	宣统二年六月	宏文学校未毕业
郑象塈	官	光绪三十三年九月	明治大学法科	宣统二年六月	东京警务学校
方时简	官	光绪三十三年六月	东京高工电气化学科	宣统二年六月	高工预科、同文普科毕业、正则未毕业
光 升	自	光绪三十三年八月	早稻田大学政科	宣统二年六月	早大预科毕业
光 晟	官	光绪三十三年八月	早稻田大学政科	宣统二年六月	经纬普科毕业、正则未毕业
周鸿熙	自	光绪三十三年九月	法政大学法科	宣统二年六月	法政大学速成科
郑衡之	官	光绪三十三年八月	明治大学法科	宣统二年六月	高等日语学校未毕业
潘光祖	官	光绪三十三年八月	明治大学法科	宣统二年六月	早大预科毕业
陈裹廷	自	光绪三十三年九月	法政大学法科	宣统二年六月	宏道普通毕业
张鸿鼎	自	光绪三十三年八月	明治大学法科	宣统二年六月	早大预科未毕业
张家亨	官	光绪三十三年八月	明治大学商科	宣统二年六月	铁道、正则未毕业
后大经	官	光绪三十三年七月	明治大学商科	宣统二年六月	宏文学院毕业
徐梦兰	官	光绪三十年十月	帝大农大材科	宣统二年六月	毕文普科毕业
李作宾	自	光绪三十三年九月	明治大学商科	宣统二年六月	同文书院毕业
江忠淦	自	光绪三十三年四月	法政大学法科	宣统二年六月	
凌肇沦	自	光绪三十三年七月	法政大学研究科	宣统二年六月	高等日语学校毕业
吴志莘	自	光绪三十四年一月	明治大学法科	宣统二年六月	铁道学校毕业
郭恩泽	自	光绪三十二年十二月	明治大学法科	宣统二年六月	预备学校未毕业
李鹤经	官	光绪三十二年七月	法政大学法科	宣统二年六月	早大预科毕业
汪行恕	官	光绪三十三年七月	千叶医专医科	宣统二年六月	宏文普科未毕业

姓名	费别	入学年月	毕业学校	给证年月	备注
李宜吉	自	光绪三十三年十月	法政大学法科	宣统二年六月	法大速成科毕业
张　武	自	光绪三十三年	测量部修技所制图科	宣统二年十一月	振武学校毕业
李振钧	自	光绪三十二年一月	铁道学校业务科	宣统二年十一月	经纬未毕业
金鼎彝	官	光绪三十一年十月	士官学校	宣统三年四月	振武学校毕业
郑退济	官	光绪三十一年十月	士官学校	宣统三年四月	振武学校毕业
杨立奎	官	光绪三十三年三月	东京高师	宣统三年五月	宏文肄业
姚　昂	自	光绪三十四年八月	早稻田大学政经科	宣统三年六月	宏文及早中未毕业
姚禔昌	自	光绪三十三年十二月	中央大学经济科	宣统三年六月	宏文未毕业
吴嘉钧	官	光绪三十二年八月	千叶医学校医科	宣统三年六月	同文未毕业
郭廷康	官	光绪三十一年九月	测量修技所三角科	宣统二年十月	振武毕业
单启训	自	光绪三十三年八月	明治大学商科	宣统三年六月	经纬毕业
潘赞化	官	光绪三十四年八月	东京帝大农大兽医科	宣统三年六月	成城毕业
张立常	自	光绪三十三年九月	明治大学法科	宣统三年六月	明治预科毕业
胡寅勋	自	光绪三十四年八月	法政大学法科	宣统三年六月	宏文毕业
朱应中	自	光绪三十四年七月	法政大学法科	宣统三年六月	铁道学堂毕业
胡寅旭	自	光绪三十三年八月	法政大学法科	宣统三年六月	法大速成科毕业
吴秉谦	自	宣统二年八月	明治大学法科	宣统三年六月	经纬毕业
程策勋	自	光绪三十四年八月	早稻田大学政经科	宣统三年六月	早大预科毕业
刘畹蘅	自	光绪三十四年一月	明治大学法科	宣统三年六月	东京实科学校毕业
方在瀛	自	光绪三十四年八月	法政大学法科	宣统三年六月	法大速成科毕业
顾维藩	自	光绪三十四年八月	日本大学法科	宣统三年闰六月	宏文未毕业
李宜吉	自	光绪三十三年十月	法治大法学科研究所	宣统三年闰六月	法大速成科毕业
李长连	自	光绪三十四年十一月	法政大学政科	宣统三年闰六月	高等日语学校未毕业
李长泳	自	光绪三十四年九月	明治大学法科	宣统三年七月	高等日语学校未毕业

附表（二）　　1909 年安徽留日在校生简表

姓名	年龄	籍贯	费别	入学年月	学校及科别	年级	备注
杨立奎	21	怀远	大学堂	光绪三十二年四月	高师理科	2	
程承迈	28	黟县	邮传部	光绪三十二年八月	明治商科	3	现属江苏
吴汝震	28	盱眙	奉天	光绪三十三年三月	实践女校工艺科	2	
方时简	32	桐城	安徽	光绪三十一年一月	高工电化科	3	①
张贻惠	23	全椒	安徽	光绪三十三年三月	高师数理科	3	
徐世蕃	29	庐江	安徽	光绪三十三年七月	帝大农大实科	3	
潘赞化	25	桐城	安徽	光绪三十四年九月	帝大农大兽医科	2	
潘光祖	30	铜陵	安徽	光绪三十三年八月	明治法科	3	②
丁象谦	33	阜阳	安徽	光绪三十三年八月	早大政科	3	

---

　　① 附表（二）中之方时简及其后潘赞化、章家骏、光晟、后大经、张家亨等人，因系 1910 年才毕业，故和附表（一）中之姓名重复。

　　② 潘赞化的去日年月为光绪二十八年九月，又为光绪二十九年三月，说法不一。

姓名	年龄	籍贯	费别	入学年月	学校及科别	年级	备注
张家亨	32	桐城	安　徽	光绪三十三年四月	明治商科	3	
康尚黄	14	祁门	安　徽	光绪三十年四月	庆应高等小学	3	
王盛铭	24	怀宁	安　徽	光绪三十四年九月	正则英语	2	
马君干	25	桐城	安　徽	光绪三十三年一月	女子大学理科	2	
余之凤	22	寿州	安　徽	光绪三十四年四月	工科学校	1	今寿县
吴志萃	25	宿州	安　徽	光绪三十四年八月	工科学校	1	
石安仁	21	寿州	安　徽	宣统元年三月	大阪农科	1	今寿县
黄于汉	25	舒城	安　徽	光绪元年三月	蚕讲所制丝科	1	
吕烈炳	27	旌德	安　徽	光绪三十四年三月	大阪农科	2	
李敏安	25	宿州	安　徽	光绪三十四年十月	工科学校	1	
郑　璠	25	桐城	安　徽	宣统元年七月	帝大农大兽医科	1	
汪行恕	34	歙县	安　徽	光绪三十二年七月	千叶医科	4	
章家骏	28	铜陵	安　徽	光绪三十二年二月	长崎高商	3	
吴家钧	28	怀宁	安　徽	光绪三十二年七月	千叶医科	4	
光　晟	31	桐城	安　徽	光绪三十三年九月	早大政科	3	
后大经	29	天长	安　徽	光绪三十三年九月	明治商科	3	
沈许虔	27	南陵	安　徽	宣统元年九月	明治商科	1	
徐光炜	31	宣城	安　徽	宣统元年三月	长崎高商	1	
余荫昌	27	怀宁	安　徽	宣统元年八月	仙台医科	1	
张季乡	28	定远	安　徽		明治法科		
方震甲	28	桐城	山　东	光绪三十三年八月	明治法科	3	
吴长岭	30	定远	山　西	光绪三十三年九月	中央法科	2	
方庚源	30	霍邱	湖　北	光绪三十三年八月	法政法科	3	
王定国	35	霍邱	湖　北	尤绪三十三年九月	明治法科	3	
邹赓昌	25	休宁	湖　北	光绪三十三年九月	东京音乐学校	3	
金兰子	24	桐城	湖　北	光绪三十年三月	高师博物科	1	
张　珽	21	定远	五　校	光绪三十四年三月	第五高等法科	1	①
周龙光	27	休宁	五　校	宣统元年八月	山口高商	1	
佘　熊	21	怀宁	五　校	光绪三十四年三月	山口高商预科		
扬允楷	20	歙县	五　校	宣统元年	山口高商预科		
曹金銮	21	巢县	五　校	宣统元年	东京高工		
欧阳麟	22	桐城	五　校	宣统元年	东京高工		
黄少仲	23	合肥	五　校	宣统元年	长崎高商	1	
高　越			安　徽	宣统元年		1	

（与吴徽英合作完成，原载《安徽史志通讯》1985年第2期）

---

① 光绪三十四年，清政府和日本文部省商定，日本高师、高工、山口高商、千叶医专、第一高等五校，每年招收中国官费留学生165名，其经费由各省分摊。见舒新城：《近代中国留学史》，第65—68页。

驻美中国留学局

——我国最早的驻外留学机构

　　1847 年，由于一个偶然的机会，容闳得以跟随"马礼逊学校"美国教师塞缪尔·布朗去美留学。1854 年，他以优异成绩毕业于耶鲁大学，成为近代中国最早赴美留学、并取得大学毕业文凭和学士学位的人。

　　容闳回国后，主张"遣多数青年子弟游学美国"，以将"西方之学术，灌输于中国，使中国日趋于文明富强"，并为此拟就了派遣"颖秀青年，送之出洋留学"的计划。1870 年，计划经曾国藩奏准实行。随后，容闳又建议设立驻美中国留学局，作为领导留学工作之办事机构，"酌设监督二人，汉文教习二人，翻译一人。"李鸿章同意，并正式奏派"陈兰彬为正委员（监督），容闳为副委员（副监督），常川驻扎美国经理一切事宜"；又命曾恒忠充翻译，叶源濬充出洋教习，同正、副委员一并前往美国。这样，我国最早的驻外留学机构——驻美中国留学局就正式组成了。根据派遣赴美留学生计划，我国首期 120 名学生于 1872—1875 年分四批赴美。在学生启程之前，容闳已于 1872 年夏先期去美，安排学生住宿和就学事宜。容闳抵美后，即前往康涅狄格州会见州教育司长拿德鲁布。拿氏建议"将学生分处于新英格兰之名人家，每家二三人，但愿相去不远，庶便于监督。俟将来学生程度已能入校直接听课时，乃更为区处"。容闳采纳拿氏意见，将学生分散安排在新英格兰省的美国居民家里寄宿，就读于附近的学校。为便于管理学生，又在斯不林菲尔租赁一处房屋，作为"中国留学局"办事处。不久，留学局办事处迁至康涅狄格州首府哈特福特（即哈佛）之森孟纳街。这样，哈特福特就成了首期中国留美学生的中心。梁启超先生在 1903 年游历美国时，曾到哈特福特游览访问，他写道："哈佛者中国初次所派出洋学生留学地也，于吾国亦一小小纪念。容先生导余游其高等学校，实全美国最良之高等学校云。……其校长出二十年前校中记录事，言及中国学生者见示，余为歇歔久之。"

1874 年，根据中国留学局的请求，李鸿章授权容闳在哈特福特克林街购地建筑一所三层楼房的馆舍，作为中国留学局永久办公之地，以供办事人员办公、居住和学生轮流回馆补习汉文与居住之用。馆舍价值美金七万五千元，宏伟宽敞，可容监督、教习、翻译及学生 75 人居住。楼中有一大课堂，专备教授汉文之用，此外还有餐厅、厨房、浴室、卧室等。馆舍门前挂有中国留学局匾额字样。容闳后来回忆说，他请求李鸿章批准建造此坚固之物，"初非为徒壮观瞻，盖欲使留学事务所在美国根深蒂固，以冀将来中国政府不易变计以取消此事。"可见其用意之深远。1875 年春，容闳迁入中国留学局馆舍，并在同年与哈特福特一位物理学家的女儿凯罗格结婚。后生二子，均随容闳回国。

中国留学局对学生的汉文要求甚严，因为首期出国之学生年龄均在十二三岁，汉文基础不好，在美学习十五年，若不同时学习汉文，难见成效。留学局正式谕告学生"至洋文汉文，更要融会贯通，方为有用。否则不但洋人会洋文到中国者不少，即中人在外国通洋话者亦多，何以国家又令尔等出洋肄业？反复思维，其理易晓矣。现已一面将汉洋文字会通之法，纂集一书，以便印出后，发为尔等程式。尔等当先于学中完毕功课之时，少歇息后，抽出闲谈及作无益诸事功夫，即将'四书'温习，或互相讲论。日计不足，月计有余。总之，洋文汉文，事同一理，最是虚字难用。如有未解之字，或此句有，或别句亦有，当即摘出记录，以便到局请问，或随时写信求益亦可。自能旁引曲征，令尔等明白晓悟也。"由于学生分散在各校学习，到局时间甚少，故汉文学习，主要由学生在校自学，遇有疑难，到局请求汉文教师或写信询问都可以。学习教材，则以"四书"为重点。

为提高学生学习汉文的积极性，中国留学局还具体规定奖励办法及金额。如：奖赏"论"八名，奖赏金额从第一名三元到第八名五角不等；奖赏"解"二十名，奖赏金额从第一名一元到第二十名二角五不等；奖赏"字"二十名，奖赏金额从第一名一元到第二十名一角不等。还具体规定作论和作解学生名单，如有不作者，按月议罚，作业一律用楷书眷正，寄局评阅，草率者不录，过十五日以后寄来者亦不录。

1876年，清政府命吴子登为赴美留学生监督，吴思想守旧，认为中国留学生在美之种种举动，与中国旧俗相违。1880年，吴子登跑到华盛顿向陈兰彬（此时任驻美公使）面称："外洋风俗，流弊多端，各学生腹少儒书，德性未坚，尚来究彼技能，实易沾其恶习，即使竭力整饬，亦觉防范难周，极应将局裁撤"。陈兰彬据以上奏总理衙门批准，决定撤销中国留学局，提前全部撤回留美学生。由此可见，中国留学局的撤销和留学生的提前撤回，主要是封建顽固势力捣乱的结果。但美国当局迫害华工，违背1868年《中美续增条约》，拒绝中国学生进入美国海陆军学校学习，也是重要原因之一。容闳在回忆中说，当他把美国当局的种种作为函告李鸿章时，李鸿章虽然"惟亦无如之何"，但不满和气愤之心情已经表露出来，这对清政府决定撤销中国留学局和撤回中国留学生是有重要影响的。所以说，中国留学局的撤销和首期留学生的撤回，是中国封建顽固势力和美国当局共同扼杀的结果。美国教育界友好人士对清政府撤销留学局、提前撤回留学生之举，甚为惋惜。耶鲁大学校长朴德曾代表美国各大学校长和教育界友好人士致书中国总理衙门，希望为培养人才计，不要裁撤。言语恳切，诚为感人。然而事成定局，无可挽回，中国留学生九十四人，于1881年7月，离开哈特福特去旧金山，取道日本回国。

后来，留学局馆舍出卖，留学局匾额也流落到当地杂货铺中，幸被一爱国华侨以金购回，免成国耻。梁启超先生在游历哈特福特时，曾深有感触地说："市中有一室，昔为留学生寄宿舍者，中国政府所购地也，数年前始出售，其一匾额落杂货肆中，乡人以数金易归，免将来入博物院增一国耻而已。"

据美国著名文学家斯托夫人的外孙女德女士回忆说，中国留学局馆舍系在克林街，为法朗西医院收买。屋已拆毁，其地今并为法朗西医院护士住宅区的一部分。德女士希望能在原地立一中国留学局之碑文，以示纪念。我们也期望德女士这一充满中美人民友谊的良好愿望，终能成为现实。

（原载《外国史知识》1986年第5期）

清末安徽留欧美学生

一

我国留学欧洲的创始人是李鸿章。光绪二年（1876）海防洋教习德国人李励协期满回国，李鸿章派天津武弁卞长胜等 7 人同往德国武学院学习水陆军械技艺。随后，李鸿章、沈葆桢又于光绪三年（1877）、光绪七年（1881）、光绪十二年（1886）三次奏准，从福建船政学堂、北洋水师学堂、福建船政局派遣 78 人赴英法学习海军与制造，此为中国官费派遣的首期留欧学生。

1886 年后，闽广及北洋水师学生停送，留学欧洲可谓一度中止。直到光绪二十八年（1902），清政府在维新运动影响下，才正式谕令各省督抚筹款选送学生去欧美各国官费求学，于是，留学欧洲之风又再度兴起。但安徽风气闭塞，教育落后，派遣留学生较江浙、两广、两湖等省为晚。据《安徽俗话报》所载，安徽首次官费派遣学生出国留学是在光绪三十年（1904），"省城农工商实业学堂派了五个人到日本学习工艺，学费在学堂经费里开销。安徽派学生出洋，这才是头一次哩。"1904 年以后，安徽才陆续派送学生去欧洲留学。据宣统元年（1909）我国驻英监督高逸、驻法大使刘某、驻德大臣荫昌、留俄学生监督章祖申报告的材料及教育部零星资料的不完全记载，清末安徽留欧学生计约 21 人（官费生 18 人，自费生 3 人）；以籍贯统计：怀宁 6 人，合肥 3 人，桐城 2 人，颍州 1 人，全椒 1 人，休宁 1 人，芜湖 1 人，婺源 1 人，县别不明 5 人。现分别开列如下：

龚安庆，二十岁，合肥人，光绪三十二年九月到英，官费，在英国开柏列治大学学习理科，一年级。

丁绪贤，二十五岁，颍州人，光绪三十四年五月到英，官费，在英国伦敦大学学习理科，二年级。

张贻侗，二十二岁，全椒人，光绪三十四年五月到英，官费，在英国伦敦大学学习理科，二年级。

王星拱，二十二岁，怀宁人，光绪三十四年五月到英，官费，在英国国立理科专校学习化学，二年级。

杨吕南，二十五岁，怀宁人，光绪三十四年五月到英，官费，在英国利兹大学学习机械，二年级。

洪　逵，二十三岁，怀宁人，光绪三十四年五月到英，官费，在英国伦敦财政学校学习财政，二年级。

姚　茭，二十六岁，桐城人，光绪三十四年十月到英，官费，在英国国立理科专校学习矿学，二年级。

邵家骏，十九岁，休宁人，光绪三十四年十月到英，官费，在英国国立理科专校学习矿学，二年级。

鲍　朴，二十一岁，芜湖人，光绪三十四年十月到英，官费，在英国国立理科专校学习矿学，二年级。

李寅恭，二十七岁，合肥人，宣统元年九月到英，官费，在英国阿伯丁大学学习文科，一年级。

刘藻彬，二十四岁，怀宁人，宣统元年十二月到英，官费，在英国格兰斯哥大学学习铁路专业，一年级。

刘贻燕，二十五岁，怀宁人，宣统元年十二月到英，官费，在英国格兰斯哥大学学习铁路专业，一年级。

程振钧，二十一岁，婺源人，宣统元年十二月到英，官费，在英国格兰斯哥大学学习铁路专业，一年级。

李国焘，二十二岁，合肥人，光绪三十二年八月到英，自费，在英国剑桥大学学习经济，肄业生。

祖兴让（"讓"的简体），三十岁，怀宁人，在法国中央大学毕业，在学十四年，安徽官费生。

陈芳瑞，在柏林工科大学学习机械，官费生，在德五年。

蒋兆钰，在柏林农科大学学习农务，官费，在德两年半。

沈　刚，在柏林炮工学堂学习武备，官费，在德五年。

李国式，在柏林文科大学学习哲学，自费，在德两年半。

余荫元，在柏林工科大学学习理化，自费，在德四年半。

朱世昌，二十七岁，桐城人，监生升用知县，光绪三十二年闰四月由黑龙江将军程咨送赴俄留学，黑龙江官费，光绪三十三年八月入俄国森堡矿务学堂学习勘苗科，预计六年毕业，曾在天津俄文学堂肄业。

二

清朝政府于同治十一年（1872），派遣首批官费出国留学生30人，在留学生监督陈兰彬的带领下赴美。1873年又派出第二批、1874年派出第三批、1875年派出第四批，每批各30人陆续前往美国。这样，四批共派出赴美留学生120人。学生（全是11—16岁的男童）到美后，先分住于新英格兰各地的群众家里，每家二三人不等，先补习英语，然后就近升入中、小学学习，待中学毕业后，再报考高等学校深造。1874年，清政府授权留学生副监督容闳在康涅狄格州之州治哈特福特（即哈佛）购地建房，设"中国留学局"管理留学生。

在这120名官费留美学生中，有安徽籍学生4人，他们是：

詹天佑，字眷诚，安徽徽州婺源人（寄籍广东南海），第一批，1872年赴美，十二岁，辛酉年生。

吴敬荣，安徽休宁人，第三批，1874年赴美，十一岁，甲子年生。

程大业，安徽黟县人，第三批，1874年赴美，十二岁。

黄祖莲，安徽怀远人，第四批，1875年赴美，十三岁。

此次幼童赴美留学时间，原定15年，"十五年后，按年份起挨次回华。"后来，由于新任留学生监督吴子登思想守旧，对中国学生留学美国，"素目为离经叛道之举"，故在光绪七年（1881）借美国颁布华工禁约为由，奏请清政府批准，将留学生一律提前撤回。据《直隶总督李鸿章奏》，回国学生实为94人（另26名因故留美或已病故和提前回国），由清政府统一分配到电（报）局、船政局、上海机器局、天津水师等处工作。

上述 4 名安徽留学生回国后，对我国的铁路建设事业或抗击外国列强的侵略，曾做过有益的贡献。其情况是：

詹天佑在 1881 年回国时，已在耶鲁大学土木工程和铁路建设专业毕业，成绩优异，获学士学位。他的毕业论文《码头起重机的研究》得到很高评价。回国后，分发到福州海军学校，毕业后留校任教，光绪十年（1884）中法战争时调广州黄埔海军学校任教。旋辞教职，任京沈路工程师。曾任粤汉路总工程师，全国铁路各线工程顾问，并为京绥铁路创建人，1919 年殁于汉口。

程大业、吴敬荣、黄祖莲回国时，直隶总督李鸿章在向清政府奏请照章给奖中，给程大业以从九品，不论双单月遇有缺出即选用，给吴敬荣、黄祖莲以千总尽先拔补的奖励。后来，程大业分发到电报局工作，后任东北满洲里等地电报局长，曾在该地经商，死于满洲里。吴敬荣分发到天津海军学校，任广甲舰舰长，曾参加鸭绿江之役，后任黎元洪（总统）顾问，死于天津。黄祖莲分发到天津海军学校，后任广丙舰舰长，于鸭绿江战役殉职。

自 1881 年清政府提前全部撤回留美学生后，中国学生赴美留学几乎中断了二十年。20 世纪初，又先后有北洋大学堂、南洋公学、上海高等实业学堂、京师大学堂、鄂督、江督、晋抚、两广学务委员等派官费生留美，自费生亦陆续前往。这一时期留学资料很少，不易得到。梁启超在《新大陆游记》一书中记载了 50 名留美学生名单，这确实是一份珍贵的留美史料。因为梁启超 1903 年游历美国时，和留美学生有广泛接触，他所提供的材料是十分可靠的。在梁先生列举的 50 名留学生名单中，有安徽学生 8 人，他们是：

姓 名	籍 贯	年 龄	留学地点
故永其	安徽桐城	24	遏沙加
黄子静	安徽无为	28	遏沙加
黄子静夫人	安徽无为	28	遏沙加
孙多钰	安徽寿州	20	华盛顿
孙元芳	安徽寿州	19	华盛顿
孙季芳	安徽寿州	17	华盛顿

| 孙裕芳 | 安徽寿州 | 17 | 华盛顿 |
| 孙霞芳 | 安徽寿州 | 16 | 华盛顿 |

据梁先生说，安徽几位留美学生，都十分好学，很有发展前途。"华盛顿除使馆外，有中国学生八人，寿州孙氏居其五，皆沈实向学，有用才也"。

安徽留学生不仅"沈实向学"，而且怀有爱国之心。《安徽俗话报》1904年第四期所发表的《清人贱种》一文中说，安徽寿州一位姓孙的留美学生，由于不堪忍受美国排华分子对中华民族的污蔑和辱骂，竟悲愤而死。他在临死的时候，还痛心疾首地呼喊，"贱种！贱种！！贱种！！！"以表示他对美国排华分子辱骂中国人为"贱种清人"的抗议和愤懑。

孙多钰回国后，成绩优秀，在宣统三年（1911，孙多钰30岁）清政府举行的第四届廷试留学毕业生考试中，名列一等（清学部考验，名列最优秀之列），获工科进士，授职翰林院检讨。

在这一时期的留美学生中，还有一位周姓安徽人，名贻春，字寄梅，休宁人。他在上海圣约翰书院毕业后，曾协助颜惠庆编《标准英汉双解大辞典》，上海商务印书馆印行，为我国英汉字典之巨制。嗣后赴美留学，入威斯康星及耶鲁两大学学习，获学士及硕士学位。辛亥革命时，任南京临时政府外交部秘书，旋任清华学堂副校长（1912年），1913年继任清华学堂第二任校长，直至1918年辞职他任。

周贻春在任期间，对清华学堂的建设曾做出有益的贡献。例如，他曾用清华经费，资助马寅初先生等人，完成留美学业（马寅初先生原为北洋大学官费留美学生，后北洋官费中断，改由清华资助）。1922年，马寅初先生来清华演讲，对此还表示感谢不至。1958年，周贻春病逝于贵阳。

1908年，美国政府为了加强对我国精神文化侵略，决定将我国清政府偿付美国庚子赔款的半数"退还"给中国，作为遣送留学生赴美留学之用，还决定在北京设立一所预备学校（即清华学堂），先后三批，共录取学生180人，送往美国留学（第一批，47人，1909年去美；第二批，70人，1910年赴美；第三批，63人，1911年赴美）。

在这180名留美学生中，有安徽籍学生7人，他们是：

金邦正（仲藩），安徽黟县人，1909年第一批赴美，入康奈尔大学学习森林专业，还入李海大学学习过。1914年毕业，获林科硕士和理学学士学位，1914年回国。返国后，曾任安徽及北京农业学校校长，1920—1922年，任清华学堂校长，后参与创建秦皇岛耀华玻璃厂。

殷源之，安徽合肥人，十九岁，江南高等学堂毕业，1910年第二批赴美，入麻省理工学院学习机械工程专业，1914年毕业，获理学学士学位，1915年回国。

胡适，安徽绩溪人，十九岁，中国新公学毕业，1910年第二批赴美，入康奈尔大学和哥伦比亚大学学习农学和哲学，先后于1914年和1917年毕业，获文学学士和哲学博士学位。1917年回国。

李锡之，安徽合肥人，十九岁，安庆高等学堂毕业，1910年第二批赴美，入麻省理工学院学习机械工程专业，1915年毕业，获理学学士学位，1915年回国。

黄宗发，安徽人（县别不明），1911年第三批赴美，入哥伦比亚大学和密西根大学学习法律，1915年毕业，获法律学士及法学硕士学位，1918年回国。

梅光迪（观庄），安徽人（县别不明），1911年第三批赴美，入哈佛大学学习文学，毕业时获文学学士学位。

崔有濂，安徽人（县别不明），1911年第三批赴美，入科罗拉多矿业专门学校及麻省理工学院学习矿业工程及地质学，1915年毕业，获矿学工程师职称，1917年回国。

综上观之，安徽这七位留美学生的学习成绩都比较好，毕业时，均获有学位，特别是胡适，竟获博士学位。

（与吴徽英合作完成，原载《安徽史志通讯》1985年第3期）

略论清末民初留学毕业生考试

留学生毕业归国，无论留学何国、毕业何校、获有何种学位、均须经过国家统一考试，始能授以出身，给予官职，这是清末民初一种特有的考试制度。清末政府和民初北京政府为什么要举办留学毕业生统一考试？留学毕业生考试有哪些特点？其影响是什么？本文试图作一些探讨。

一

清政府向外国派遣公费留学生始于1872年，派遣目的是学习外国的军政、船政和科学技术，以图国家的"自强"。留学生最先是被派往美国的，随后又向欧洲和日本派遣。

"中国自明以来即以科举取士，科名之虚荣心深入人心，人民之受教育均以获得科名为目的，游学去国万里，较之国内求学更为艰难，无特殊奖励，自难鼓舞。"① 清政府为鼓励留学毕业生学成后为国效力，决定通过考试授予科名和官职。此种被称为"留学奖励"的政策，最早见于1871年曾国藩、李鸿章《挑选幼童前赴泰西肄业章程》："十五年后，每年回华三十名，由驻洋委员胪列各人所长，听候派用，分别奏赏顶戴官阶差事"②。1899年总理各国事务衙门在《奏遵议出洋学生肄业实学章程》中提出，对毕业回华得有文凭之学生应"甄别优劣，分发委用，量予官职，以资鼓励"。还规定，凡同文馆派出的学生，毕业回国后，由总理衙门考试，各省派往的，由各省督抚

---

① 舒新城：《近代中国留学史》，中华书局1927年版，第179页。
② 《筹办夷务始末》同治朝，卷八十二。

考试，以"评定优劣，量材委用"①。在此仅提出留学生回国考试及实官奖励问题，但还没有规定授予科名。

随着归国留学生人数的增多，而留学生水平的参差不齐，清政府便决定通过考试，根据成绩，授以不同的科名和官职。张之洞于1903 年奉旨拟定《奖励游学毕业生章程》，规定奖励的科名分为"拔贡、举人、进士、翰林"四种，并"分别录用"或"给以相当官职"。至于考试，则由钦派大臣，"按照所学科目，切实详加考验"，然后"咨送京城由管学大臣复试"②。但此章程并未提出具体实施办法，直至1904 年，直隶总督兼北洋大臣袁世凯始奏准由学务大臣统一举办留学毕业生考试③。根据原奏分析，可以看出其目的有三：一是为了网罗留学毕业生为清政府所用，以收国家"富强之效"；二是为了给留学毕业生以"进身之路"，诱使他们"感激驰驱"，不去从事反清活动；三是为了促进留学生"敦品励学，不染嚣张习气"，成为国家有用之材。袁世凯的观点，反映了清政府对留学毕业生"实行奖励政策"的真实目的。

根据袁世凯的奏折，学务处拟订了清末第一份留学毕业生考试章程——《奏定考验出洋毕业生章程》，并依此章程，于1905 年举办清末第一届留学毕业生考试。

学务处举办第一届考试时，科举还未废除，学部尚未成立，应考者仅14 人，皆为留日毕业生，且一榜及第，授予7 人进士、7 人举人出身和相应的官职④。其方法和旧式科举并无多大差异，封建色彩十分浓厚，而且办法也不完善。

1905 年11 月，学部成立后奏准从1906 年起，每年举办一次留学毕业生考试，又于1906 年和1909 年制订两份《考验游学毕业生章程》⑤。根据章程，从1906 年至1911 年，共举办六届留学毕业生考

---

① 《约章成案汇览》乙编，卷三十二上。
② 《张文襄公奏稿》卷三十七。
③ 《东方杂志》第 1 年，第 10 期。
④ 《光绪政要》卷二十 。
⑤ 此两份章程，见《学部奏咨辑要》卷二、《学部官报》第 95 期。

试，连同第一届在内，及格者共 1,388 人：最优等的 161 名，授予进士出身；优等的 315 名，中等的 898 名，均授予举人出身①。同时，清政府还举办了四届廷试，分别对上一年参加学部留学毕业生考试并获得出身的人，通过廷试，授予与其等第相应的官职。四届廷试，共录取及第学生 824 名②。

清末留学毕业生考试在它发展过程中形成了一个明显特点，它参照外国文官考试制度，将学成考试和入官考试分开，学部举办的考试是学成考试，只授科名，不授官职，须再通过廷试（入官考试），才能授予实官，而廷试又是仿照旧式科举办法举行的，因此，清末留学毕业生考试，实际上是外国文官考试制度和中国科举考试制度的混合产物。学部认为，将学成考试与入官考试分开，可使国家教育进步，政治修明。"臣等详考外国制度，大都学成试验与入官试验，分为两事，而条理实相贯通。故当其就学，初未尝有得官之心，及其入官，亦未闻有不学之士，教育之所由精进，政治之所由修明，胥基于此"③。

清末留学毕业生考试的另一个特点，是学部举办的学成考试，方法比较完善，要求严格。如规定：（1）毕业生赴考时，须由出使大臣或各省督抚或各部院堂官备文咨送，出具切实评（考）语，方能应考。（2）应考学生，须在外国大学堂及各种高等专门学堂毕业。如所习学科不及四分之三，以及只有中等程度或专为中国学生特设班次学堂之学生，均不得报考。（3）应考各生，无论有无毕业文凭，均须先进行预试（甄录试），预试平均成绩不满 50 分，不得参加正场考试。（4）正场考试三天。第一天考中外文字，作中国文一题，外国文一题，作一题为完卷。第二、第三天考各项科学，按考生所学专科，分门命题，每科限考 6—8 门，每门限出 1—2 题，按题全做。（5）考试

---

① 据（台）《近代史研究集刊》第 2 期第 79 页统计材料统计。

② 数据源于刘真主编《留学教育》（二）有关内容，台湾书店 1980 年印行。

③ 学部《奏定考验游学毕业生章程折》（光绪三十二年八月十五日），《学部奏咨辑要》卷二。

总平均分数满80分以上为最优等，满70分以上为优等，满60分以上为中等，不足60分不在录取之列。最优等奖给进士出身，优等与中等奖给举人出身，并在出身的前面加上所学学科的名称，如学文科的称文科进士、文科举人，学医科的称医科进士、医科举人等。（6）主试官命题阅卷，襄校官分拟各科试题，分校各科试卷。主试官与襄校官一经派定，均须于当日赴学部住宿，发榜之前，不得外出，形同入闱。各项试卷，非经主试官评定分数，不得开拆弥封。

正由于要求比较严格，通过预试（甄录试），一大批符合报考条件的考生，由于预试平均成绩未达50分以上，不能参加正场考试。如1908年，京外衙门咨送学部的考生共178人，经预试合格，准予参加正场考试的仅127人。1909年共咨送383人，经预试，准予参加正场考试的仅285人。1910年共咨送721人，经预试，准予参加正场考试的仅560人。1911年共咨送587人，经预试，准予参加正场考试的仅526人①。可见，淘汰率还是比较高的，预试要求之严可见一斑。

清末留学毕业生考试的再一个特点是毕业文凭须评定分数，并占考试总分的一半。根据规定，留学毕业生的考试分数，包括毕业文凭分数和考试试卷分数两项。毕业文凭（须合格文凭）分数由学部评定，计分五等。第一等为100分，第二等为90分，第三等为80分，第四等为70分，第五等为60分。试卷的分数，每卷最高为100分，将各卷实际分数相加，以卷数除之，求出试卷平均分数。然后再将毕业文凭分数与试卷平均分数相加，以二除之，即为毕业考试总平均分数②。

清政府通过举办清末留学毕业生考试，曾授予1,388人进士、举人出身，授给838人各种官职，从而使他们踏入仕途。这些人受过系统的资本主义教育，与旧官吏相比，他们具有新的知识、新的思想，踏入仕途，无疑给腐朽的清政府增添了新的活力，对改变清末官吏结

① 据（台）《近代史研究集刊》第2期第79页统计材料统计。

② 数据源丁刘真主编《留学教育》（二）有关内容，台湾书店1980年印行。

91

中国史

构，刷新清末政治是有作用的。

二

1911 年辛亥革命爆发，清朝封建统治被推翻。民国建立后，科名被取消，实官奖励制度废除，清末那种以赏给科名和实官为内容的留学毕业生考试，按理也应取消，然而袁世凯为首的北京政府却又举办过一次，史称民初留学毕业生甄拔考试①，而且这次考试还是袁世凯以大总统名义申令举办的。

1912 年 3 月 10 日，袁世凯就任临时大总统，北京政府正式建立。1913 年 1 月 9 日，北京政府仿照资本主义国家文官考试制度，公布了《文官考试法草案》《典试委员会编制法草案》《文官任用法草案》，决定举办文官高等考试（由中央政府主持，在首都举行）和文官普通考试（在首都和地方分别举行），考试及第的考生，即可按照等第的高低，依文官任用法叙补做官②。但直到 1915 年 9 月，上述草案才正式修订重新公布施行③，于 1916、1917 年分别举行文官高等考试和文官普通考试，计录取 194 人和 295 人④。

由于好几年都没有举办文官考试，应知事考试及格的人也为数极少，致使民国以来陆续回国的大批留学毕业生，深感进身无路，求官无门，纷纷投书《教育杂志》，对北京政府表露出不满情绪，舆论界对此深表关切⑤。正是在这一特定历史条件下，袁世凯为首的北京政府，不得不决定仿照清末留学毕业生考试办法，举办归国留学毕业生甄拔考试，合格者，授以出身与官职，以使那些怀才欲试的留学毕业生，能够有所归宿⑥。也就是说，要给留学毕业生一个通过考试进入仕途的机会。

---

① 刘真主编：《留学教育》（三），台湾书店 1980 年印行，第 154 页。
② 《政府公报》第 243 号。
③ 《政府公报》第 1221 号。
④ 《考选制度》民国三十六年九月行政院新闻局印行。
⑤ 《教育杂志》第 6 卷，第 9 号。
⑥ 《教育杂志》第 6 卷，第 9 号。

1914年9月17日，袁世凯以大总统名义发布命令，规定归国留学毕业生，均应至政事堂报名①，参加留学毕业生甄拔考试。申令说："本大总统就任以来，本求贤若渴之素怀，延揽英才，唯恐不及。特是登进者固多佳士，沉沦者岂乏真才。况近年风气渐开，游学日盛，大抵皆重瀛负笈，学擅专长，倘弃而不用，或用违其才，致使抱璞怀奇，无由表见，将何以扶持士气，激励人心！嗣后凡留学外洋，曾在大学或专门学校毕业领有博士学士文凭者，均应于归国后，径赴政事堂公所报名，详加考验，以觇学识，而备任使。加之历练，蔚为通才，庶几髦俊咸登，共匡大局，用副本大总统储育人才之意。"②袁世凯申令中所说的"求贤若渴""延揽英才""学擅专长""髦俊咸登，共匡大局"，只不过是他希望网罗学有专长的留学毕业生，使其忠心耿耿地为北京政府服务的代用名词。

许多事实表明，袁世凯虽然早在1905年就领衔奏请清政府停罢科举，推广学校③，但他对科举名目还是很感兴趣的。他不仅在奏请清政府举办清末留学毕业生考试的奏折中，建议给予及格学生以进士、举人出身，还奏请清政府直接赏给资深望重的名家、留美毕业生詹天佑、吴仰曾、邝荣光等人以各科进士出身④。民国成立后，旧科举名目虽然取消，但他又搞了卿、大夫、士以及俊士、选士等特殊名目⑤，实际上是一种变相科举名目。他还在申令公布的学绩试验条例及其施行细则中，规定清末的贡生、廪生、增生、附生，均可以"相当资格"或"同等学力"，参加道试和省试⑥。袁世凯之所以有这样的兴趣，是和他复辟帝制的愿望相一致的。他申令举办留学毕业生考试，也具有同样的目的。

例如，民初留学毕业生甄拔考试办法规定，考试等级分超、甲、

---

① 1914年5月1日，袁世凯公布《中华民国约法》，改责任制内阁为总统制，废国务院，设政事堂于总统府。

② 《教育杂志》第6卷，第7号。

③ 《养寿园奏议辑要》卷三十五。

④ 《学部官报》第24期。

⑤ 舒新城：《近代中国留学史》，中华书局1927年版，第191页。

⑥ 《东方杂志》第13期，第4号。

乙、丙四个等级，考列超等的授以上士，甲等的授中士，乙等的授少士，丙等的授同少士等官秩①。其中超等、甲等及第毕业生，还仿照清末引见皇帝、恭候钦定做法，须根据《觐见条例》，觐见大总统后，始能分发工作②。这一规定的明显目的，是想通过举办留学毕业生考试制造封建气氛，为其复辟帝制的阴谋服务。

民初考试由政事堂组织留学毕业生甄拔考试委员会负责实施，甄拔考试委员会组织报名、审查考生资格、评定文凭分数、分科出题和举办考试。文凭分数的评定办法是，凡在西洋等大学及日本官立大学卒业之学士文凭80分，在日本官立大学选科、私立大学本科及官立高等专门毕业者70分，在日本官立专门及私立大学专门部卒业者60分。其试题则按照报名学生所学科目，分别命题，分场考试③。

民初留学毕业生甄拔考试只举办过一届，初试时间是1915年2月12日，后经复试和两次口试，于3月19日录取正式揭晓。报名准考的249人④，实际参加考试的192人，落第的41人，只录取151人⑤，分属法科、文科、理科、医科、农科、工科、商科、矿科等八科，计超等8人、甲等44人、乙等52人、丙等47人，分别授以上士、中士、少士、同少士等官秩⑥。

考试及第后的任用，均由铨叙局负责，类似文官考试任用办法。铨叙局将151名及第毕业生，根据考试及第留学生分部暂行办法分发使用或学习。暂行办法规定：超等及第学生分部以荐任文职或技术职尽先使用；甲等及第各生分部学习，一年期满后有成绩者，以荐任文职或技术职使用；乙等及第各生分部学习，两年期满后有成绩者，以荐任文职或技术职任用；丙等及第各生分省学习，以荐、委任相当各职酌量任用。凡及第各生已在各官署任职，不愿另行分部、分省，但

① 《教育杂志》第7卷，第5号。

② 《政府公报》1052号。

③ 舒新城：《近代中国留学史》，中华书局1927年版，第191页。

④ 《政府公报》第1001号。

⑤ 陈学恂：《中国近代教育大事记》，上海教育出版社1981年版，第265页。

⑥ 《教育杂志》第7卷，第4号。

办事著有成绩者，由各该长官尽先任用。

依此暂行办法，考列超等、甲等、乙等及第的 104 名毕业生，分往外交、内务、财政、陆军、司法、教育、农商、交通等八个部及审计院，以备任使。考列丙等的 47 名及第毕业生，则按照考生本人所请省份，分往直隶、奉天、吉林、山东、河南、山西、江苏、安徽、江西、福建、浙江、湖北、湖南、四川、贵州等省。分省以后，再由各省长官按考生所学学科，分往各机关练习，以裨实用①。

民初留学毕业生甄拔考试，在计分、觐见、授秩、任用等许多方面，都有仿照清末考试的明显痕迹，因此，也可以说它是清末留学毕业生考试的继续。北京政府曾将这次甄拔考试，吹嘘为"开国以来之旷典"②，但它的范围和规模却远远小于清末留学毕业生考试。当然，民初甄拔考试，将一批受过近代资产阶级教育的知识分子选入中央和各省为官，对改变民初官吏结构和扩大资产阶级知识分子的社会影响是有积极作用的。

随着袁世凯复辟帝制美梦的破灭，由政府统一组织留学毕业生考试也随之消失，故民初留学毕业生甄拔考试，也是中国近代教育史上最后一次留学毕业生统一考试。

（原载《安徽师大学报》1992 年第 2 期）

中国史

---

① 《政府公报》第 1071 号。
② 《政府公报》第 1071 号。

论清末留学毕业生考试

　　清末留学毕业生考试是清末留学教育史上一项重要内容，始于光绪三十一年（1905），迄于宣统三年（1911），先后举办过七届，并举办过四届廷试①。这一政策的源头，最早可以追溯到同治十年（1871）曾国藩、李鸿章的《挑选幼童前赴泰西肄业章程》。根据此章程，当十五年后这些学生学成回国时，给予顶戴和官职，其后留欧学生也以此法奖励，但不授予科名。在那个十分重视科名出身的时代，仅有官衔而没有正式科举名分是不足以吸引这些留学生的。为此，光绪二十七年（1901）即谕令由督抚、学政以及外务部对留学生进行初试、复试，然后再给予进士、举人各种出身以备任用。不过，此时还没有完整的实施章程。两年后，张之洞奉旨拟定《奖励游学毕业生章程》，将留学生科名分为拔贡、举人、进士、翰林四种。在给科名的同时分别录用，或给予相当的官职。可是，这个章程没有制定出具体的考试办法。光绪三十年（1904），学务大臣根据袁世凯的要对留学生按照新章分别考验的奏折，制定出了《奏定考验出洋毕业生章程》共8条。至此，才使出洋回国毕业生考试及授官有了完整的章程可循。

　　综上所述，清末举办留学毕业生考试，是清政府留学奖励政策发展的自然结果。而这种奖励政策的实质，即是以科名和官职为诱饵，并通过考试网罗留学毕业生为其所用的一种重要手段。本文拟就清末留学生考试的目的、方法及其影响等作一探讨。

---

　　① 《留学教育——中国留学教育史料》，只收五届留学毕业生考试资料，未收全。见刘真主编的该书第二册，台湾书局1980年版。

一

　　《奏定考验出洋毕业生章程》规定：考试分两场进行，第一场按照所学科目，分门发问，第二场以经史命题，作论说两篇。每场各记分数，然后两场合计计算。考试等第分为三等。考试后，按照等第，带领引见，请旨录用。其应得何项奖励，均查照定章，于排单内分别注明。恭候钦定①。

　　学务处据此章程，于光绪三十一年（1905）五月举办第一届留学毕业生考试。第一场由学务处会同京师大学堂总监张亨嘉，按照毕业生所学科目，进行初试。并将初试成绩和应列等第，造具清册，咨送礼部。第二场由礼部按乡会试复试之例，奏请钦定日期（六月初一），在保和殿举行复试（殿试）②。

　　复试结果，分别授予金邦平、唐宝锷、张锳绪、曹汝霖、钱承志、胡宗瀛、戢翼翚七人进士出身，陆宗舆、王守善、陆世芬、王宰善、高淑琦、沈琨、林启七人举人出身，并分别授以翰林院检讨、主事、内阁中书、知县等官职③。

　　学务处举办第一届留学毕业生考试时，科举还未废除，学部尚未成立，应考者仅14人，皆为留日毕业生，且一榜及第，分别授以科名和官职，其方法和旧式科举并无多大差异，实际上是一种变相科举，封建色彩十分浓厚。而且等第尚未明定，办法还不完善，要求也不严格，仅是一种权宜之计。

　　关于复试和引见情况，参加考试的曹汝霖曾有很生动的回忆："……越数日，即行殿试，悉循科举例。黎明，应考者即集左角门，各携考试用具，并肩一可折的矮几，点名后入保和殿，殿铺藏毡，将

　　① 《考验出洋毕业生章程》，《东方杂志》第2年，第3期教育，第35—36页。
　　② 刘真主编：《留学教育——中国留学教育史料》第二册，台湾书局1980年版，第770—771页。
　　③ 《光绪政要》卷三十一。

矮几展开，席地而坐。有顷，监试大臣二人入场，少顷，钦派阅卷大臣三人手捧钦命试题同试卷，分各生每人一份。分发后，阅卷大臣即退，只留监试大臣。午膳各带点心。到申刻，监试大臣即说快交卷了，不能继烛。有的早已交卷。越二日发榜，张于左角门外。""吏部定日引见，在颐和园仁寿殿，御案移近殿门，引见者站在阶下，上下都能看见。每人高声自背履历，慈禧太后坐中间，光绪皇帝坐于左侧。"①

光绪三十一年十月十日，学部成立，此时科举业已废止。学部考虑，为使留学毕业生考试办法更臻完善，决定改变学务处考试留学毕业生"援照乡会试复试旧例"，仿照外国高等文官考试制度，将学成考试与入官考试分为两事。学部组织的考试只是学成考试。学成考试及格，只授予科名，不授官职。须由京外衙门和各部院，就考生所分之科，分别调用，加以试验后，再奏请录用实官。学部认为，采用这种办法，可使国家教育进步，政治修明。学部还奏准，此后每年八月五日为归国留学生考试时间②。

光绪三十二年八月学部举办废科举后第一次（总第二届）留学毕业生考试，但遭到一些在朝大臣和留学毕业生的反对。光绪三十三年九月初三日御史孙培元便在《奏请考试游学毕业生择优录用折》中指责此法，主张仍按照旧科举成例，"考试及格，宜随时就职。"③

迫于舆论压力，学部一方面申述参照东西各国考试制度，将学成考试与入官考试，分为两事，此制并无流弊；另一方面也考虑到，目前各省保送的举贡均授职有差，各高等学堂毕业生，亦都奖授实官，他们的入官途径与考试及格的留学毕业生相比，有明显差异。为解决这一矛盾，学部又主张仍照光绪三十一年学务处考试留学毕业生办法，即仿照旧科举办法，凡经学部考试（学成考试）及格，赏给科名

---

① 曹汝霖：《一生之回忆》，香港 1966 年版，第 43—45 页。

② 学部《奏考试游学毕业生期限片》（光绪三十二年四月二十二日），《学部奏咨辑要》卷一。

③ 刘真主编：《留学教育——中国留学教育史料》第二册，台湾书局 1980 年版，第 848—849 页。

的毕业生，再通过廷试（入官考试），授予实官。

学部为举办学成考试，先后于光绪三十二年和宣统元年制定了两份《考试游学毕业生章程》①，简称"光绪三十二年章程"和"宣统元年章程"，后者是对前者的补充和修订。为具体实施这两个章程，学部还拟定了《考验游学毕业生计算分数简章》（光绪三十三年八月）、《考验游学毕业生考场规则》（宣统元年八月）、《游学毕业生考试内场办事章程》（宣统元年八月）等三份规章性的文件②。上述两个章程和三个文件的主要内容有：

（1）报名程序。留学毕业生应由出使大臣或留学生监督，将该生等履历、入学年月、所习学科及预定毕业年限，以及有无旷课等，预先列表，报学部立案。其赴考时，再由出使大臣或各省督抚或各部院堂官备文咨送，出具切实评（考）语，方准应考。准考各生，还须将留学监督处证明书及毕业文凭、笔记、译述等，呈送学部审察。

（2）考生资格。由中学堂毕业，得有奖励后出国者，须在外国高等以上学堂肄业三年以上，方能与考；未由中学堂毕业出国者，须在外国普通学堂预备一年以上，并在高等以上学堂肄业三年以上，方能与考。凡在外国大学堂及各种高等专门学堂毕业，即可与考。所习学科不及四分之三及只有中等程度，或专为中国学生特设班次学堂之学生不得报考。

（3）预试。留学毕业生，无论有无毕业文凭，均须先进行预试（甄录试），考外国语文和与所学专科所需之相关知识（如法政文科的地理、历史，格致工科的理化、算学），其平均不到 50 分者，不得参加正场考试。

（4）科目与场次。正场考试分为二项，三天考完。每天午前七点二刻点名给卷入场，午后五点二刻交卷，不许继烛。第一项考一天，

---

① 三十二年《考试游学毕业生章程》，见《学部奏咨辑要》卷二；宣统元年《考试游学毕业生章程》，见《学部官报》第 95 期。

② 《考验游学毕业生计算分数简章》和《考验游学毕业生考场规则》，见刘真主编《留学教育——中国留学教育史料》第二册，第 776—777，777—778 页；《游学毕业生考试内场办事章程》，《学部官报》第 103 期。

试中外文字，考中国文一题、外国文一题，作一题为完卷。第二项考两天，试各项科学，按考生所学专科，分门命题，每科限考 6—8 门，每门限出 1—2 题，按题全做。

（5）计分与奖励。留学毕业生的考试分数，包括毕业文凭分数和考试试卷分数两项。毕业文凭分数由学部评定，计分五等，第一等为 100 分，第二等为 90 分，第三等为 80 分，第四等为 70 分，第五等为 60 分。试卷分数，每卷最高为 100 分，求出各卷平均分数，即为试卷分数。毕业文凭分数与试卷分数的平均分数，即为毕业考试总平均分数。毕业考试总平均分数 80 分以上为最优等，奖给进士出身；70 分以上为优等，60 分以上为中等，奖给举人出身；不足 60 分不在录取之列。出身的前面，还要加上所学学科的名称，如学文科的，称文科进士、文科举人，学医科的称医科进士、医科举人等，均由学部开单带领引见请旨。

（6）主考与评卷。主试官由学部奏请钦派，襄校官由学部遴选奏派。主试官命题阅卷，选定襄校官所拟试题，复核襄校官所拟分数。襄校官分拟各科试题，分校各科试卷。主试官与襄校官一经派定，均须于当日赴学部住宿，发榜之前，不得外出，形同入闱。每份试卷末页的左角内填弥封红号，卷面的浮签上填写考生姓名及坐号，收卷后由弥封官揭去浮签，交提调官分送主试官或襄校官评阅。各项试卷，非经主试官评定分数，不得开拆弥封。

由上述可知，学部举办的考试，方法严密，要求严格。例如，光绪三十四年，京外衙门咨送学部的考生共 178 名，经预试及格，准予参加正场考试的 127 名；宣统元年共咨送 383 名，准予参加正场考试的 285 名；宣统二年共咨送 721 名，准予参加正场考试的 560 名；宣统三年共咨送 587 名，准于参加正场考试的 526 名①，淘汰率还是比较高的。

学部从光绪三十二年（1906）起至宣统三年（1911）止，共举办六届留学毕业生学成考试，及格的共 1,374 名（第二届 32 名、第

---

① （台湾）《教育部档案——考试游学毕业生案》教育部档案室藏。见（台湾）《近代史研究集刊》第二期，第 79 页。

三届 37 名、第四届 107 名、第五届 255 名、第六届 450 名、第七届 493 名）。按等第统计，最优等的 161 名（其中欧美毕业生 68 名），优等的 315 名（其中欧美毕业生 46 名），中等的 898 名（其中欧美毕业生 22 名）[1]。

至于廷试（入官考试），则是根据学部和宪政编查馆合拟的《游学毕业生廷试录用章程》（光绪三十三年十二月二十日）[2]、《游学毕业生廷试事宜》（光绪三十四年三月二十五日）[3] 举办的。这两份规章的主要内容有：

（1）廷试对象。凡经学部考试合格，奉旨赏给进士、举人出身的留学毕业生，均可于次年春天（四月）在保和殿参加廷试。

（2）命题与制卷。钦派深明中国文学及科学、外国文之大员数人为阅卷大臣，并派明通科学及外国文之京、外官数员为襄校官，撰拟科学题目。试题为经义一篇，科学论说一篇。倘医、工、格致、农科学生，仅以科学见长，不工中国文字，可不做经义，仅试科学论说。经义题由钦命，科学题由阅卷大臣按学科门类拟题，每门各拟二题，仿殿试例，恭候钦定。廷试试卷由学部备办，各给中文卷一本，其科学论说愿用西文书写者，先期呈明给西文卷。均即日交卷，不许继烛。

（3）阅卷与列等。阅卷大臣将试卷评定后，分为三等。中文、科学兼优列一等，中文平妥、科学优长列二等，科学优长、未作中文卷列三等。一律由学部带领引见授官。

（4）授官。进士（指学部赏给的进士）廷试一等，授予翰林院编修或检讨；进士廷试二等，授予翰林院庶吉士；进士廷试三等与优等举人（指学部赏给的举人）廷试一等，授予主事，按所学科目分部学习；优等举人廷试二等与中等举人廷试一等，授予内阁中书；优等举人廷试三等，以知县分省即用；中等举人廷试二等，授予七品小京官；中等举人廷试三等，赏给知县分省试用。

（5）严密关防。阅卷大臣与襄校官在派定后，即赴内阁值宿，并

---

[1] 据（台湾）《近代史研究集刊》第二期，第 79 页统计材料。
[2] 《游学毕业生廷试录用章程》，《学部奏咨辑要》卷三。
[3] 《游学毕业生廷试事宜》，《学部官报》第 52 期。

须在内阁拟题，在文华殿阅卷。阅卷日，阅卷大臣、襄校官、监试御史及收掌各官，均住宿文华殿两厢。其门启闭，交护军看管。

从光绪三十四年（1908）起至宣统三年（1911）止，清廷共举办四届留学毕业生廷试，共录取廷试及第学生824名，均授予与其等第相应的官职①。计第一届（光绪三十四年）录取廷试及第章宗元等40名；第二届（宣统元年）录取黄德璋等102名；第三届（宣统二年）录取项骧等238名②；第四届（宣统三年）录取江古怀等444名。

宣统三年（1911）四月第四届廷试，与试人员很多，获七品小京官的人竟达300多人，分配各部，拥挤不堪。于是学部又酌拟《交通廷试录用章程办法》，将廷试录用的七品小京官，改为即用知县，分发各省，以备任使③。七月，各高等学堂实官奖励停止。八月，学部虽然举行了第七届学成考试，授予493人以进士、举人出身，但他们还未来得及参加廷试，清王朝就灭亡了。留学毕业生的科名与实官奖励亦随之结束④。

根据以上所述，可以看出清末留学毕业生考试，虽然是参照外国文官考试制度，将学成考试与入官考试分为两事，学部的考试只是学成考试，只授科名，不授官职。但入官考试，即廷试，却又是仿照旧科举办法举行的。因此，清末留学毕业生考试，实际上是外国文官考试制度和中国科举制度的混合产儿，是废科举后的一种变相科举。

二

尽管清末留学毕业生考试，特别是光绪三十二年起学部举办的考

① 刘真主编：《留学教育——中国留学教育史料》第二册，台湾书局1980年版，第861—954页。

② 刘真主编：《留学教育——中国留学教育史料》第二册，第887页，将第三届廷试日期写为"宣统元年九月"，有误，应为宣统二年四月。

③ 刘真主编：《留学教育——中国留学教育史料》第二册，台湾书局1980年版，第954—956页。

④ 民国四年（1915），袁世凯担任大总统时，还举行过一次留学毕业生甄拔考试。

试和光绪三十四年起举办的廷试，方法比较完善，要求比较严格，但由于这种考试本身所具有的特点和局限性，也存在一些难以克服的弊端。

（1）考试目的。清政府举办留学毕业生考试，含有明显的网罗人才和笼络人心的用意。关于网罗人才，学部和宪政编查馆在《会奏游学毕业生廷试录用章程折》中讲得很明白："现在科举停罢，归重学堂，此后量能授官，自应以学堂为取材之所。惟入官试验，一时尚无善法，而百官内司，推行新政，需材孔殷。此项游学毕业人员为数又属有限，争先罗致，亦理势之自然，往往负笈初归而剡章已列，则与其私相廷揽，以辟召而得官，不如明定章程，俾因材而任使。"① 至于笼络人心，考生颜惠庆曾一针见血地指出，"政府一面很想利用我等所受的现代教育，和具有的新知识为国家服务，同时又怕我们变为革命分子，推翻'满清'。"② 在这种矛盾心理支配下，清廷便企图通过考试，授予出身，赐予官职，使留学毕业生为其所用。从这个意义上说，时人责备应考各生是"应虏试"，并非完全出于讥讽。

（2）学非所用。清末留学毕业生考试，授给的官职与毕业生所学专业，很不一致，多数学非所用。宣统元年九月，御史赵熙就在《奏试学入官宜名实相副折》中说，授给那些习工、习农、习医、习格致的最优等毕业生以翰林职位，是以"专门实业之士充文学侍从之臣，责以撰文之任，所习非所用，彰彰明矣。即优等、中等内凡农、工、商、医诸科，以之为内阁中书、为知县、为不相当之主事，亦与立法之意相悖。"③ 建议因所学科目录用。但因当时商务不振，实业未兴，虽有各项专门人才，却无用武之地，若仅安置于农工商部办理行政，与用为翰林中书并无多少差异。学部只得奏请变通办法，主张廷试"仍照等第分别授职，一面由臣部将农、工、商、医各科人员，除有

---

① 《会奏游学毕业生廷试录用章程折》（光绪三十三年十二月二十日），《学部奏咨辑要》卷三。

② 《颜惠庆自传》，转见刘真主编：《留学教育——中国留学教育史料》第二册，第796页。

③ 赵熙《奏试学入官宜名实相副折》，见刘真主编：《留学教育——中国留学教育史料》第二册，台湾书局1980年版，第958页。

授职知县者，应令遵章赴省，不得援请留京外，其余汇为一册，分咨各省督抚，查明学堂局场，及官私已经成立之公司，遇有需用此项人员，开列人数，电知臣部，即由臣部请旨发往该省委用。"① 此仍是一种不得已之权宜之计，不可能根本解决学非所用的矛盾。

（3）无法统一评分标准。由于应考各生，所习学科分门别类，中外文程度差异极大，肄业学校学制又各不相同。在这种复杂情况下，考、校官对于应考人毕业文凭和试卷分数的评判，很难划一标准，准确无误地评定出应考人的真实成绩。而主考官的好恶往往影响某届考生成绩的总趋向。如光绪三十二年考试，主考官为唐绍仪，副主考官（同考官）为严复（实际负责办理考试工作），他们都是美、英留学生，重视对考生外文水平的要求，以致出现哲学学科考试的"试题及答案，均系英文"的怪现象②，并出现有"获得进士出身各人，竟有人不能解读政府所颁学位文凭上中文字句"的笑话③，而光绪三十三年考试的主考官是张之洞，他很欣赏考生的中文水平，规定此次考试须作中文论说一篇，故此届中试者，多属擅长中文的留日毕业生④。

虽然清末留学毕业生考试存在一些弊端，但它在刷新清末政治，谋求国家学术独立以及促进留学生水平的提高等方面还是起了积极作用的。

清政府通过举办留学毕业生考试，先后赏给他们进士、举人出身，授给各种官职，从而使他们进入仕途。这些人受过系统的资本主义近代化教育，和旧官吏相比，他们具有新知识、新文化、新思想，并且较有才能。他们进入仕途，给腐朽的清廷增添了新的活力，对改变清末官吏结构、刷新清末政治是有作用的，特别是对教育、文化、

---

① 学部《奏议复御史赵熙奏试学入官宜名实相副折》，见刘真主编：《留学教育——中国留学教育史料》第二册，台湾书局1980年版，第959页。

② 《颜惠庆自传》，转见刘真主编：《留学教育——中国留学教育史料》第二册，第795页。

③ 刘真主编：《留学教育——中国留学教育史料》第二册，台湾书局1980年版，第786页。

④ 刘真主编：《留学教育——中国留学教育史料》第二册，台湾书局1980年版，第796页。

外交、经济改革，发挥了较为重要的作用。

清末通过考试选用留学生的办法，既提高了国家的学术地位，又对谋求国家的学术独立产生了积极影响。

清末根据考试成绩的高低，确定不同等第，授予不同科名和官职的办法，对于提高留学生的竞争意识和本身素质，不无促进。

（原载《历史档案》1995 年第 2 期）

中国史

近代安徽留学生

近代（1840—1949）安徽学生出国留学，可分为两个时期，即清末时期（1872—1911）和民国时期（1912—1949）。在这两大历史时期内，又可以各分为两个阶段。

清末时期的第一阶段，是从 1872 年清政府派遣第一批幼童赴美公费留学起，至 1898 年清政府命令各省选送学生以省公费赴日留学前。这一阶段，安徽并未直接派遣学生出国留学，只是在清政府和中央大臣派遣的留学生中，有安徽籍学生。

1872—1875 年，清政府分四批共派遣 120 名幼童赴美留学，所需经费，由江海关（上海海关的旧称）洋税项下开支，从而开创了近代中国公费留学的先河。在这 120 名留美学生中，有安徽籍学生 4 人：詹天佑（徽州婺源①人）、吴敬荣（休宁县人）、程大业（黟县人）、黄祖莲（怀远县人），他们创造了近代皖籍学生出国留学的最早记录。

从 1876 年起，直隶总督兼北洋大臣李鸿章又先后奏准，从天津武弁、福州船政学堂、北洋水师学堂、天津武备学堂中，派遣 90 人赴欧洲学习军事、船政。在这 90 名早期留欧学生中，有安徽籍学生 3 人：段祺瑞、周畅亭、吴凤岭②。他们是皖籍最早的留欧学生。

清末时期的第二个阶段，是从 1898 年清政府命令各省遴选学生赴日留学起，至 1911 年辛亥革命前。这一阶段安徽已开始派遣省公费生出国留学，此外，庚款留美甄别生中，也有安徽籍学生。

根据清政府的谕令，1899 年，安徽首次以省公费派送周祖培和金

---

① 婺源县，原属安徽。
② 段祺瑞等 3 人是 1889 年去德国学习的。

邦平2人赴日留学。自此以后，安徽每年都派学生公费留日，而且自费留日生也日益增多。据1908—1910年3年间的统计数字，安徽公、自费留日学生在日本各类学校毕业者共计100人，其中公费生41人，自费生59人，方时简、潘赞化、王天培、刘希平（畹蘅）、张更生等，都是这3年的留日毕业生。

1902年，清政府在维新运动影响下，又谕令各省筹款选送学生去欧美各国公费留学。但安徽风气闭塞、教育落后，派遣留欧、美学生较江浙、两湖、两广为晚，直至1908年，安徽才开始向欧洲派送公费留学生，第一批考录正取生丁绪贤等6人，副取生鲍朴等6人。1909年又选送10名学生留美。此间，也有人自费赴欧、美留学。据1910年我国驻英、法、德、俄等国外交使节报告材料统计，清末安徽留欧学生计21人，其中公费生18人，自费生3人，他们是：龚安庆、丁绪贤、张贻侗、王星拱、杨昌南、洪逵、姚炎、邵家骏、鲍朴、李寅恭、刘藻彬、刘贻燕、程振钧、李国焘、祖兴壤、陈芳瑞、蒋兆钰、沈刚、李国式、余荫元、朱世昌等。

1908年，美国政府为加强对我国的精神侵略，决定将部分庚子赔款"退还"给我国，以资助中国学生赴美留学。1909—1911年清政府曾举行三届庚款留美甄拔考试，从全国各地的考生中，择优录取了180名学生，先后送往美国，此即庚款留美生。在这180名庚款留美生中，有安徽籍学生7人：胡适、金邦正、殷源之、李锡之、黄宗发、梅光迪、崔有濂。

民国时期的第一个阶段，是从1912年民国政府成立起至1943年教育部举办第一届自费留学考试前。这一阶段教育部直接派遣的公费留学生为数很少，主要是各省根据教育部分配的名额举行留学初试，录取后送教育部复试合格，以省费派出留学。从1917年起，安徽便陆续派送省费留学生，如朱光潜、程振基、丁彝馨、陈泰柱、庆承道、杨善基等，即是以省公费出国留学的。

第一次世界大战结束以后，留法勤工俭学运动在我国各地陆续开展。据统计，从1919年3月起至1920年12月止，我国先后有1500名青年学生踏上了留法勤工俭学道路，其中有安徽籍学生43人，如怀宁陈氏二兄弟——陈乔年、陈延年①，以及沈宜甲、李慰农、尹宽等即是留法勤工俭学学生。

第一次国共合作期间，我国还有一批进步青年受中国共产党或共青团组织的派遣，到苏联莫斯科中山大学学习②。例如，1925 年芜湖共产主义青年团组织便派汪菊农、廖麟、陈原道、陈维琪、贾斯干等 5 人去莫斯科中山大学学习。我省革命家王稼祥、方运炽都是莫斯科中山大学学生。

这一阶段还有清华学堂选派庚款留美生、清华大学考送留美公费生以及中英庚款留英公费生等。上述留学生中，也有一些安徽籍学生，如朱湘是清华学堂庚款留美生，杨振宁是清华大学考送的留美生，鲍觉民是中英庚款留英生等。

除公费留学外，这一阶段安徽的出国留学生，大部分都是自费留学生。迄至 1943 年教育部举办第一届自费留学考试前，我国自费出国留学，无严格限制，也无须考试，只要有一定学历（起初是中学毕业，后改为大专毕业），自筹留学费用，经教育部核准，发给留学证书，即可出国留学。杨亮功、吕碧城、查谦、朱仲玉、詹天觉等许多人，都是安徽自费留学生。

民国时期的第二个阶段，是从 1943 年教育部举办第一届自费留学考试起，至 1949 年中华人民共和国成立前。这一阶段的出国留学生，无论公费或自费，一般均须参加教育部举办的出国留学统一考试，并经考试合格，始有资格出国留学。

此间，教育部共举办两届自费和一届公费留学考试，其报考人数和录取人数都是过去所无法相比的。在这三届录取的留学生中，也有一批安徽籍留学生，如我省著名科学家邓稼先就是通过了赴美研究生考试，于 1948 年进入美国印第安纳州的普渡大学研究生院学习。

近代安徽出国的众多留学生中，不少人在国外、国内或省内，都曾有重要贡献。他们或者在科学技术上有重大发明、创造，或者在文学艺术上有杰出造诣，或者在教育战线上辛勤耕耘结出硕果，或者直

① 1923 年，陈乔年、陈延年又和赵世炎、王若飞等一起赴苏留学。
② 莫斯科中山大学是以孙中山先生的名字命名的，又称莫斯科孙逸仙大学。

接投身于旧民主主义革命和新民主主义革命。但也有极少数人走上了阻碍革命发展的道路，为人民所不耻，如日伪汉奸王揖唐等。

现将有重要贡献或重要成就的留学生，分类略举于后：

科学技术方面有：核物理学家杨振宁和邓稼先，数学家杨武之，纺织学家陈维稷，冶金专家孙德和，物理学家查谦，古生物学家俞建章，铁路建筑专家詹天佑、孙多钰，医学博士房师亮等。

教育方面有：人民教育家陶行知，北京高等工业学校校长洪镕，燕京大学代理校长周诒春，江淮大学校长光升，安徽大学校长姚永朴、刘文典、王星拱、杨亮功、陶因。安徽学院院长刘乃敬、程演生，以及著名中等教育工作者房秩五、刘希平、高语罕等。

社会科学方面有：美学家朱光潜，文艺理论家蒋光慈、叶以群，哲学家胡适、郑昕，社会学家吴景超，经济学家刘半农，历史学家唐德刚，翻译家韦素园、范任，报刊主编高一涵，心理学家谢循初等。

文学艺术方面有：青年诗人朱湘，女诗人吕碧城，散文学家方令孺，电影艺术家王莹等。

参加革命运动的有：受中国同盟会总部派遣回国参加旧民主主义革命的吴春阳、孙毓筠、石宽、张汇滔、程思普等。参加旧民主主义革命的还有程家柽、常恒芳等。

参加新民主主义革命的有陈独秀、陈延年、陈乔年、王稼祥、王明、方运炽、陈原道、王步文、舒传贤、周新民等，还有抗日名将方振武等。

此外，还有著名教授光晟、李辛白、丁彝馨，女权工作者刘王立明，民主党派主要负责人章伯钧、朱子帆等。

皖系军阀首领段祺瑞，皖系军阀重要将领徐树铮，另外曾任北洋监练公所参谋处总办和安徽省省长的聂宪藩，也是安徽近代留学生。

（原载《安徽外事》1994 年第 2 期）

戴安澜和《安澜遗集》

戴安澜，字衍功，号海鸥，安徽省无为县风和村人，1904 年 11 月 21 日生①，家境贫寒。六岁起，先后就读于私塾和公学。由于特别喜读历史和军事书籍，深受传统思想熏陶，未及毕业，便以"救国为念"②，投笔从戎。1925 年，经其叔祖戴端甫介绍推荐，入黄埔军官学校第三期步科学习，曾受到周恩来、恽代英等同志的影响。1926 年，从黄埔军官学校毕业，分配到国民革命军总司令部任副官连长，旋即参加北伐战争，先后担任连长、区队长、营长、团副等职。1932 年，调升国民党第十七军、第二十五师第一四五团团长。1933 年，长城抗日，随军北上，参加古北口战役，杀敌立功，颇著战绩。

1937 年七七抗日战争爆发，戴安澜将军奉命北上御敌。出发前夕，誓以"智慧和生命来维护我们的祖国，以铁血来保卫我们的国土"③。8 月 18 日，升七十三旅旅长。1938 年 4 月，在鲁南台儿庄会战中，戴安澜将军率所部抗日将士，火攻陶墩，智取朱庄，为台儿庄大捷作出了重要贡献，随即调升八十九师副师长兼三十一集团军干训教育长。1939 年 1 月，升任国民党第五军第二百师师长，撰重要军事著作《磨砺集》正、续两篇。同年冬季开始的桂南昆仑关战役，戴安澜将军率机械化师担任正面反攻，重创日寇，屡建战功。1940 年 1

---

① 戴安澜将军的出生年代，芜湖市人民政府为戴安澜烈士墓所立的碑文上为"1904 年生，……不幸殉国，年仅三十八岁"。但戴蔚文《戴安澜将军传略》所记是"民前七年十月十九日亥时生"，民前七年，应为 1905 年，"十月十九日"为农历。按此出生年代，戴逝世时只有三十七岁。见《安澜遗集》第 260 页。

② 戴蔚文：《戴安澜将军传略》，见《安澜遗集》第 260、261 页。

③ 《征倭快录》，见《安澜遗集》第 28 页。

月 11 日，身负重伤，仍带伤坚持指挥战斗。

1942 年 3 月 2 日，戴安澜将军奉命率师出国，远征缅甸。3 月 4 日行军途中，作七绝二首，其一云："策马奔车走八荒，远征功业迈泰皇，澄清宇宙安黎庶，先挽长弓射夕阳"①，抒发他坚决抗击日寇的决心。3 月 6 日到达同古，随即与盟军（英军）师长会晤，并布置全师进入防区。从 3 月 19 日至 29 日，以一师之众与日寇一师团的兵力，血战十二天，杀敌五千余名，扬威海外，盟国咸钦。戴将军在发回祖国的电报中说："当交战之初，敌势之猛，向所未有。尤以 24 日至 28 日，敌机更不断轰炸，掩护其战车纵横驰骋，其炮兵且使用大量毒气弹，更番向我阵地前，遗尸在五千以上"②。此次同古之战（又称东瓜战役）由于戴安澜将军率领全师指战员英勇果敢，浴血奋战，使敌人也不得不承认，这是他们"发动太平洋战役后，首次碰到的硬钉子"③。

同古战役后，日寇又调大军，佐以空军、坦克，分三路猛力北犯，我军驻地棠吉又告失守。戴将军奉命前往支援，"于四月二十四日，首将敌后重要据点棠吉完全攻克，后续之敌无法前进。"④ 此役斩获甚多，使东路战局转危为安。然而，越过棠吉之敌，又进袭腊戌。敌人占领腊戌后，缅甸战局急转直下，戴师又奉命从棠吉转移。"5 月 18 日，在细摩公路郎科地区，与敌展开激战，一日一夜未尝或休。戴每战辄躬自督战，不幸为流弹击中，虽经紧急救治，终因伤重无效，遂于（5 月）26 日在孟关（即毛邦）殉职。"⑤ 终年 38 岁。

戴安澜将军的不幸逝世，全国抗日军民，无不深感悲痛，并深切哀悼。当戴将军的灵柩从缅甸远返祖国时，沿途昆明、贵阳、柳州等

———————————

① （1942 年）三月四日日记，见《安澜遗集》第 158 页。

② 陈正飞编：《二次世界大战史料·缅甸之战》（第三年），大时代书局，第 82—83 页。

③ 陈正飞编：《二次世界大战史料·缅甸之战》（第三年），大时代书局，第 82—83 页。

④ 《解放日报》1942 年 7 月 18 日。（戴蔚文在《戴安澜将军传略》中，将攻占棠吉的日期写为 5 月 25 日。5 月，误，应为 4 月）。

⑤ 《解放日报》1942 年 7 月 18 日。

地，各界群众，曾举行隆重奠祭。如"滇垣各机关长官、城防部队，各界代表万余人郊迎十里，恭送灵柩至城内公共体育场停放。戴氏灵车上复血衣，滇各界（7月）15日举行公祭"①。

同年秋，在桂林行营主任李济深先生主持下，国民党第五军留守处在广西全州召开隆重追悼大会，并追升戴将军为中将。中共中央领导人毛泽东、周恩来、朱德、彭德怀、邓颖超等同志也赠送挽诗和挽词。毛泽东同志的挽词题为《海鸥将军千古》：

外侮需人御，将军赋采薇。师称机械化，勇夺熊罴威。

浴血东瓜守，驱倭棠吉归。沙场竟殒命，壮志也无违。

周恩来同志的挽词是：

黄埔之英，民族之雄。

朱德、彭德怀同志联名题赠的挽联是：

将略冠军门，日寇几回遭重创；

英魂羁缅境，国人无处不哀思。

邓颖超同志的挽词是：气壮山河②！

我党领导人赠送给戴将军的挽诗、挽词、挽联，对戴将军的抗日业绩，给予了高度评价和赞扬。

1947年秋，戴安澜将军的灵柩从广西全州运回安徽芜湖，安徽各界爱国人士将戴将军的灵柩安葬于芜湖市小赭山南麓，并建造园陵，供人民前往瞻仰。

中华人民共和国成立后，中央人民政府内务部于1956年10月3日正式追认戴安澜将军为革命烈士。1983年11月10日，芜湖市人民政府又将戴安澜烈士墓扩修。墓前的石碑上，由王昆仑先生亲笔题写："戴安澜烈士墓"。

戴安澜将军逝世后，1942年12月，戴将军的军校同学，搜其遗著，辑录成编，于1943年1月印成《安澜遗集》③ 一书刊行于世。近年，沈云龙先生主编，台湾文海出版社出版的《近代中国史料丛

---

① 《解放日报》1942年7月18日。

② 见戴安澜烈士墓前的碑文。

③ 姜玉笙：《书戴安澜遗集后》，见《安澜遗集》第283页。

刊》，又将《安澜遗集》收入其中，影印出版①。

《安澜遗集》所收内容分为三大部分。集前有烈士遗像和血衣照片，继有张治中等人题词和李济深的序言。张治中先生的题词是："千城重寄，矫矫雄师；浩气磅礴，发扬宏辞。行间字里，表现瑰奇；卓载三立，系我怀思"。李济深先生在《安澜遗集序》中，称戴安澜将军之所以能够"树德立功，大节炳耀"，"盖由复古正学之所育，而大道之所陶成"和"得于古训"②。

正文部分有：（1）《遗墨》四帧，其一为："人我之际要看得平，平则不忮；功名之际要看得淡，淡则不求；生死之际要看得破，破则不惧。人能不忮，不求，不惧，则无往而非乐境，而生气盎然③。"（2）《遗文》。有《二十七年（1938）元旦告官兵书》《慰劳七十三旅受伤官兵书》《磨砺集序》《磨砺集续编序》《遗书》，日记以及长篇军事论著《痛苦的回忆》和《磨砺集》④ 等等。集后附有戴蔚文著《戴安澜将军传略》、张宇亮著《缅战经过及其教训》、佚名著《缅战中之戴安澜将军》、王耀武著《戴安澜将军遗集书后》和姜玉笙著《书戴安澜遗集后》等五篇文章。

《安澜遗集》内容丰富，是研究戴安澜将军生平事业、政治思想和军事观点的重要史料，现举其要者，作一介绍。

一、"轻裘缓带之儒将"

姜玉笙在《书戴安澜遗集后》中指出，戴安澜将军"从戎以来，恒抽暇读书，任团长时，专聘一师，倥偬之中，不废铅椠"。及任旅长、师长，"则延分两师，中英文并修。秩愈晋而求学愈勤，所求之学亦愈广。在不识安澜者、必以为赳赳桓桓，虎视鹰扬而已，庸知其

---

① 沈云龙先生主编：《近代中国史料丛刊》第九十辑，台北文海出版社出版。
② 李济深：《安澜遗集序》，见《安澜遗集》插页。
③ 《遗墨》，见《安澜遗集》插页。
④ 《自讼》前有杜聿明写的序言，见《安澜遗集》第216页。

为轻裘缓带之儒将哉。"① 综览《安澜遗集》，可以看出，戴安澜不仅是一位"赳赳桓桓、虎视鹰扬"之武将，而且还是一位"轻裘缓带之儒将"。

戴将军在多年的戎马生涯中，刻苦学习，涉猎群书。在《二十六年（1937）之回顾》中，曾开列他全年读书 130 册的书目，其中包括英语、代数、诸子文集和军事学等②。在《二十七年（1938）之新计划》中，则制定了更高的学习目标和计划。为了完成学习计划，他的学习是非常刻苦的，经常读书至深夜，像"夜读元史完""上午读万国史记。……夜读三国演义完"③ 这类记载，在他的日记中颇多。他为什么能这样抓紧时间、刻苦自学呢？这是因为他认识到学习军事、科学文化知识，对提高军队素质，关系至大。他曾说："今日之战争，为知识战争，以大智迎大愚，则未有不胜；以大愚为大智，则未有不败"。故"求学虽为个人之事，但扩而充之，人人为此则兵强，兵强则城固，城固则国坚矣④"。戴安澜将军确是一员学识渊博、见解独到的"儒将"。

二、"为国战死，事极光荣"

我们的祖国历史悠久，古往今来产生了许多著名人物和爱国英雄。从《安澜遗集》中可以看到，我国历史上许多爱国英雄都曾给戴安澜将军以极大的影响，激励他忠于民族，献身祖国。1940 年 6 月 3 日，他想到了林则徐，说："缅想林文忠公除恶务尽，谋国之忠之精神，令人肃然起敬"。1937 年 10 月 10 日，他又"回想总理（指孙中山）及诸先烈，赤手空拳，奋斗革命，造成光复大业。我们今日……如不能奋斗至灭亡，则生何以见子孙，死何以对祖宗"⑤，而当日本

---

① 姜玉笙：《书戴安澜遗集后》，见《安澜遗集》第 282 页。
② 《二十六年之回顾》，见《安澜遗集》第 95—96 页。
③ 见安澜日记。
④ 《二十七年元旦日告官兵同志书》，见《安澜遗集》第 5—6 页。
⑤ 见安澜日记。

侵略者"侵占我土地，杀戮我人民，毁我文化古迹，炸我非战区域"时，爱国主义思想在他身上爆发出巨大力量，他大声疾呼，"我黄帝子孙，怎甘为野蛮民族之奴隶？我莽莽神州，怎忍沦为异域？"①"我们不愿做亡国奴，我们要誓死奋斗！"②尽管当时敌强我弱，国家危急，他仍具有坚定的民族自信心，坚信抗战必胜，日寇必败，认为中国"万无可亡之理"③。正是出于对祖国的热爱，为了报效祖国，他甘愿献出自己的宝贵生命。1942 午 3 月下旬，同古战役打响后，戴将军奉命孤守同古。他为了痛击日寇，"恪尽自己的职责"，"以报国家"，决心战死于同古，并留下了遗书。他在给王荷馨夫人的遗书中写道："余此次奉命固守同古，因上面大计未定，与后方联络过远，敌人行动又快，现在孤军奋斗，决以全部牺牲，以报国家养育！为国战死，事极光荣。……望你自重，并爱护诸儿，侍奉老母④"。

三、"颇负时誉"的军事教育方法

戴安澜将军的军事教育方法是"颇负时誉"的。其军事著作计有《痛苦的回忆》，《磨砺集》正续两部，皆为对干部、战士进行教育和训练而作。他的军事教育的一个重要特点是重视爱国思想教育，使每个干部、战士都能知道自己肩负的"抗日救亡""保国卫民"的重任，从而自觉地英勇奋斗，为国献身。他说，日本帝国主义侵略我国，是要"灭亡我国家，奴役我民族"⑤。在强敌入侵的形势下，"我们军人的责任，就是保国卫民"，他号召每个干部、战士都要"战必胜、守必固、当仁不让、忍人所不能忍、为人所不能为，以国家安危为己任"。并且要"看破生死，以勇往直前的精神从事自己的职务"⑥。

① 《慰劳七十三旅之受伤官兵书》，见《安澜遗集》第 6 页。
② 《战场行》（歌词），见《安澜遗集》第 15 页。
③ 《二十七年元旦日告官兵同志书》，见《安澜遗集》第 4 页。
④ 《致荷馨夫人》（三十一年三月二十二日），见《安澜遗集》第 23 页。
⑤ 《战场行》（歌词），见《安澜遗集》第 15 页。
⑥ 《磨砺集》，见《安澜遗集》第 189—194 页。

为了激励干部、战士的爱国热情，树立为祖国献身的精神，他曾在向全旅发布的一份命令中指出，"国家存亡，在此一举，为求全体必死决心"，特手录"文天祥过零丁洋诗一首……仰我各级官长熟读，以坚定自己的抱负"，并特别注明尤应注重"人生自古谁无死，留取丹心照汗青"两句①，要大家以民族英雄文天祥为榜样，在伟大的抗日民族战争中，"留取丹心照汗青"！

戴安澜将军军事教育的另一个重要特点是"侧重实战基本动作"的训练②。他认为，军队教育要适应战斗需要，要熟练战斗动作。所以他在《磨砺集》中，对战斗程序（包括攻击程序和防御程序）、战斗动作（包括连之攻击、排之攻击、班之攻击等），以及各种射击法则、连营阵地之编成等，都"提一具体实施之办法，以为教练士兵之准绳③"。

由于戴安澜将军重视军队的爱国主义思想教育和侧重于实战训练，所以他率领的第二百师，是一支很能战斗的队伍。

戴安澜将军离开我们虽然已经四十二年，但他那崇高的爱国精神和光辉的抗日业绩，将永远为中国人民所传颂！

（与吴徽英合作完成，原载《安徽史学》1985 年第 3 期）

---

① 《训令》，见《安澜遗集》第 8 页。
② 杜聿明：《磨砺集序言》，见《安澜遗集》第 188 页。
③ 《磨砺集》及其序，见《安澜遗集》第 201—210、10 页。

安澜工业职业学校创办始末

抗日民族英雄戴安澜将军，于一九四二年五月二十六日在缅甸战役中不幸殉职，当时全国抗日军民，无不深感悲痛①。同年秋天，在桂林行营主任李济深先生主持下，国民党第五军留守处在广西全州召开隆重追悼大会，中共中央领导人毛泽东、周恩来、朱德、彭德怀、邓颖超等同志都赠送了挽诗和挽词，对戴安澜将军的抗日业绩，给予高度评价和赞扬②。

一九四二年冬，原国民党第五军军长杜聿明在云南昆明举行记者招待会时提出倡议："我想办一所学校，永远纪念戴将军的精神不死，并将他的英勇和功绩，给中国有为青年以无限鼓励。"杜聿明的倡议，得到许多军界、政界知名人士的响应和支持。一九四三年春，在广西正式成立了永久纪念戴安澜将军的安澜学校董事会，以募集资金和筹备建校工作，并推举徐庭瑶为董事长，杜聿明等为常务董事。

关于校名，杜聿明建议叫"安澜纪念学校"，还建议把"安澜纪念学校"办成一个完全学校，意即包括小学部、中学部和大学部。徐庭瑶也同意叫"安澜纪念学校"，但主张先办中学部，尤其是工业职业部，因为将来国家的建设，特别需要工业技术人才。原广西省政府主席黄旭初同意徐庭瑶的意见，并表示广西省政府愿意帮助开办学校。于是，校名和办学内容就这样定下来了。戴安澜将军的夫人王荷馨女士对兴办"安澜纪念学校"（工业职业部）非常感激，并把政府赐发的特恤金，全部献出充作学校开办费用。

建校筹备工作于一九四三年四月正式开始，决定先办土木、机械

---

① 戴蔚文：《戴安澜将军传略》，见《安澜遗集》（附录）第261页。
② 见戴安澜烈士墓碑。

和汽车修理三科，另设一班初中普通科，设备、经费由各校董分别筹募，并请准有关部门同意，令陆军机械化学校第五集团军军工厂代制实习机器五十余套，可以行驶的汽车三辆，及报废汽车与模型四十六辆。戴安澜将军生前遗书二千八百余套，捐充学校图书。校址除全州地方政府划拨的一所湘山寺公园作为扩充发展外，并另盖了平房六幢，计四十八间。在举行奠基典礼时，李济深主任欣慰地说："安澜将军并没有死，他的精神长驻人间，我希望'安澜纪念学校'，像一个英勇抗战的青年英雄，前途永无疆。"

一九四三年九月，"安澜纪念学校"正式开学，一百多名学生和教师为建校卫国上进，学校办得颇有起色。一九四四年春，为生产养校的目的，"安澜纪念学校"还着手和经济部联系，准备承包产品和采购原材料。不久，湘桂战争开始。五月间，广西省政府下令"疏散"，刚创办还不满一年的"安澜纪念学校"，也只得泣别全州，开始转移。从全州到金城江，又从金城江到都匀，最后转到贵阳。在贵阳，除了做些善后收拾工作外，复校上课已经是不可能的了。

一九四五年八月，日本无条件投降。在举国欢庆的热烈气氛中，九月间，戴子庄①校长在徐庭瑶、杜聿明等常务董事的鼓励下，从重庆前往安徽，进行"安澜纪念学校"的复校工作。起初，国民党政府于一九四六年春天批谕伪国防部将芜湖赭山脚下的日本宪兵团部住址，拨给"安澜纪念学校"，作为永久性的校舍，但事实上这只是一纸空文。后来伪安徽省政府又将芜湖东门外前省立二农校址划拨给"安澜纪念学校"，作为复校之用，但也只是一片瓦砾，无法利用该址复校。最后，在不得已的情况下，只得权且赁就一座临时校舍（在芜湖环城路罗家闸井巷），计房屋七十余间，尚够大约十个班级使用。这样，"安澜纪念学校"终于在徐庭瑶董事长的领导下，在朱子帆等社会热心人士的赞助下，由戴子庄校长苦心孤诣、多方设法、东挪西凑才得以恢复（复校后改称安澜工业职业学校）。

但由于经费困难（学校的校产虽然不少，但只是新垦之地，产量

---

① 戴子庄是戴安澜将军的堂弟，见《安澜遗集·致子庄》。

不高，又受地方人事牵制，收益方面，不能得到预定的概算）一切只得因陋就简，勉强维持，直到一九四七年下半年，学校的实习工厂还无法开办，从贵阳运到的十五部机器也未能开箱使用。学校的班级也只有高工一班，初中一班，合计学生仅有八十余名，大都来自农村，而来自戴安澜将军的故乡——无为县的约占总数的三分之二。尽管学校困难，学生人数不多，但这些学生，进入"安澜工业职业学校"后，都能在戴将军爱国主义精神的昭示下，勤奋学习，孜孜不倦。每天清晨，操场上、教室内，都是一片读书声。即使在星期例假，也很少有人涉足市街。这种校风，在战后的学生中，是很难见到的。正是有这样好的校风，所以，"安澜工业职业学校"曾为国家培养出一批有用的人才①。

（原载《芜湖市志通讯》1986 年第 1 期）

中国史

---

① 该文内容主要参见《安徽教育通讯》第一卷第十期《芜湖安澜高级工业职业学校概况》。

戴安澜将军在援缅作战中的光辉战绩

1941 年 12 月，太平洋战争爆发后，日本法西斯对泰国、菲律宾、马来亚和香港等地的占领，严重威胁英属缅甸的安全。美国总统罗斯福、英国首相丘吉尔都希望中国能派军队到缅甸去，支援英军在缅甸对日作战。中国政府认为，由于太平洋战争的爆发，中国单独抗日的局面已经结束，中国的抗日战争除继续巩固国内原有抗战基地外，还应设法"保持仰光海口和滇缅公路的军事补给线"①，故同意英、美政府的要求，决定组织中国远征军赴缅。1942 年初，中国远征军（援缅军）正式组成：以第 5 军杜聿明部和第 6 军甘丽初部为主干，并任命杜聿明为远征军副司令长官，4 月初，又派罗卓英任司令长官，并增派 66 军张轸部入缅。

日本法西斯从发动太平洋战争伊始，便决定侵占缅甸，以切断援蒋公路（滇缅公路），促使印度脱离英国。1942 年 1 月上旬，日军第 15 军派第 33 和 55 两个师团从泰南越过泰缅边境，向驻缅美军发动进攻。从 1 月 19 日至 3 月 4 日，日军取土瓦、占毛淡棉，强渡萨尔温江，突破英军在锡唐河和米邻河的防御，进抵勃固。英军濒临崩溃，仰光危急。在日军迅猛进攻面前，丘吉尔急忙电促驻印英军司令魏菲尔（驻缅英军直属魏菲尔指挥），命他转请中国政府速派第 5 军入缅。在魏菲尔的敦促下，中国政府遂令中国远征军开赴缅甸，配合英军对日作战。

一

1942 年 3 月 1 日深夜，戴安澜师长奉命率领第 5 军第 200 师约

---

① 参见《文史资料选辑》第 29 辑，第 2—3 页。

10,000人，作为中国远征军先头部队，从云南畹町乘车赴缅，决心"扬威国外，籍伸正义"①。

3月3日，戴安澜率师途经腊戍，先期飞抵腊戍的盟军"中国战区"最高统帅蒋介石命令他"前往同古（亦译东瓜），去占领阵地"②，并问他能否坚守得住？他坚定地回答说："此次远征，系唐明以来扬威国外之盛举，虽战至一兵一卒，也必死守东瓜"③。3月4日，他再率师从腊戍向梅苗（又译眉谬）进发，3月7日夜，抵达目的地。

同古是仰（光）曼（德勒）铁路和公路干线上的第一大城，军事位置极其重要。它南距仰光262公里，城东有锡唐河，河上一座大桥，是交通要道。仰光陷落后，同古成为阻止日军北进的一道屏障，是日军必争的战略要地。驻守这里的英缅第1师全体官兵，对200师的迅速到达，非常兴奋。一位翻译官曾说："在英军俱乐部中，（我们）遇见了戴师长。……他们相信戴师长的到来，会使敌人寒心，而一挫其所向无敌、横冲直撞的气焰。戴师长的脸上也露出坚定的笑容"④。

3月8日，戴安澜便带领全师官兵，以战斗姿态进驻同古布防和构筑阵地，并派骑兵团和598团第1连到同古以南50公里处的皮尤河畔接替英军防务。他们根据日军骄横、轻敌、冒进的特点，在河南岸构筑阻击阵地，在河北岸修建警戒哨所，并在皮尤河大桥下面安放炸药，做好炸桥准备。另外，又派兵前往阿克春（在同古南）建筑前沿阵地。他还和团营长一起，"研究作战方案"，"指示作战要领"，分别向各团"训话"⑤，进行战斗动员。

戴安澜在同古，曾分别会见驻缅英军司令亚历山大、英军参谋长

---

① 戴蔚文：《戴安澜将军传略》，见《安澜遗集》（附录），台北文海出版社，第262—263页。

② 戴安澜：《日记》，见《安澜遗集》第158—164页。

③ 《戴安澜将军》，安徽人民出版社出版，第39页。

④ 佚名：《缅战中的戴安澜将军》，见《安澜遗集》（附录）第275—279页。

⑤ 戴安澜：《日记》，见《安澜遗集》第158—164页。

胡敦、英缅第 1 师师长阿考特，和他们研究共同对日作战的战略部署。当他向阿考特询问敌情和敌人的作战方法，阿考特讲不清楚。他在日记中写道："今赴同古，与英军第一师长 Scott 晤见，询以敌情，则不明了，询问敌战法，则亦不知，苦恼之至，今后非由我国军队负起全责不可"①。

中国远征军指挥部原计划由 200 师在同古阻敌北进，掩护远征军主力集中，然后，在同古与日军会战，进而协同西线英军收复仰光。同古会战计划虽然得到了蒋介石和史迪威②的批准，但并没有能够实现。其主要原因是：第一，英军频频后撤。驻守同古的英缅第 1 师，甚至在中国军队还没有完成布防的情况下，便于 3 月 17 日深夜匆忙撤离，向曼德勒方向集中，以使在情况危急时，从曼德勒向印度英帕尔转移，放弃缅甸，退守印度。这样，英军既不打算，也没有力量支援和配合同古会战，从而削弱和分散了会战力量，动摇了远征军指挥部对会战的信心。第二，中国远征军主力未能及时集中。第 5 军虽派新 22 师前去增援，但始终没有到达同古。第三，日军急速推进，于 3 月 8 日占领仰光后，便兵分三路，迅速向北挺进。中路一线第 55 师团沿仰曼铁路直扑同古。同古会战未成，不仅直接打乱了远征军指挥部的战略部署，而且造成戴安澜孤军坚守同古的被动局面。

二

同古保卫战是从 3 月 19 日皮尤河畔前哨战开始的。这天清晨，跟踪追击英军的日军第 55 师团搜索部队 200 余人，骑着摩托车通过皮尤河大桥时，桥下的炸药突然爆炸，大桥陷落，埋伏在大桥南北两岸的我军一齐向慌乱的敌人猛烈射击。经过 3 个多小时的激战，"敌遗尸 20 余具及步枪 11 支，轻机枪 2 挺，摩托车 19 辆，仓皇撤逃"③。

---

① 戴安澜：《日记》，见《安澜遗集》第 158—164 页。

② 史迪威是美国将领，时任盟军"中国战区"参谋长。1942 年 3 月，蒋介石命令中国远征军归史迪威指挥。

③ 郑庭笈：《气壮山河》，见《戴安澜将军》，安徽人民出版社出版。

3月20日，戴安澜派出接替骑兵团防地的某营，又在皮尤河畔和日军激战，取得"毙敌上尉以下军官百余人"①的胜利，缴获了地图、作战日记等文件。戴安澜在日记中兴奋地写道："午后派某营前往接替，而最令人快意者，即王若坤排长于敌进攻时，击毙敌中少尉各一名。在该死尸身上，搜出敌作战部署全图，极其可贵"②。皮尤河畔前哨战，规模虽然不大，却挫折了日军的气焰，成功地掩护了英军撤退。

3月21日，在皮尤河畔吃了亏的日军第55师团，以主力沿仰曼路向同古城推进，当他们抵达阿克春前沿阵地时，使用炮火连续不断地猛烈轰击，多次派出飞机，轮番轰炸同古城。在一场恶战已临眉睫的紧急时刻，远征军指挥部只是命令戴安澜坚守。为报答国家，服从命令，支援友军，阻敌北进，他决心率领全师与同古共存亡。他在日记中记道："昨夜，因上令死守孤城，援军根本不至，为了恪尽职责，决心战死于同古"③。并在给夫人王荷馨的绝命书中表示："余此次奉命固守同古，因上面大计未定，与后方联络过远，敌人行动又快，现在孤军奋斗，决以全部牺牲，以报国家养育"④。

大敌当前，戴安澜沉着、果敢地部署御敌之策，亲自领导在各交通要道修筑堡垒，派598团一营增援阿克春，并在干部会上指出，敌人如果正面进攻受挫，必然要从左翼迂回袭击飞机场，切断我师与第5军指挥所之间的联系，然后再回师夹击同古城。他要求全师必须做好在敌人重兵包围下独立作战的准备。

3月22—23日，日军第55师团以两个联队的兵力，在炮兵、装甲车和飞机的掩护下，向阿克春阵地不断发起进攻，战斗异常激烈。激战至23日黄昏，阵地岿然不动。阿克春阻击战，共毙敌300余人，200师伤亡140余人，副团长黄景升阵亡⑤。

---

① 张宇亮：《缅战经过及其教训》，见《安澜遗集》（附录）第270页。
② 戴安澜：《日记》，见《安澜遗集》第158—164页。
③ 戴安澜：《日记》，见《安澜遗集》第158—164页。
④ 戴安澜：《致荷馨夫人》，见《安澜遗集》第23页。
⑤ 郑庭笈：《气壮山河》，见《戴安澜将军》，安徽人民出版社出版。

3月24日，日军在强攻阿克春不下时，便以大量步、骑、炮兵，在空军的掩护下，绕过阿克春，从城西开阔地带和城北飞机场迂回。200师机场守军力量薄弱，经过激烈战斗，机场失守，200师与军部指挥所之间的交通线切断。戴安澜果断下令放弃阿克春，集中兵力守同古。此时的同古城，在敌机连日狂轰滥炸下，几成废墟，给200师的守卫带来极大困难。当晚，他召开团营长会议，说明形势的险恶，带头立下遗嘱："如师长战死，以副师长代之，副师长战死，以参谋长代之"，"并令各级长官，各立遗嘱，指定战死后人选"①。因此，全师上下，皆抱必死决心。

3月25日，日军以三个联队的优势兵力，从南、西、北三面围攻同古城。戴安澜指挥全师沉着应战，奋勇杀敌，用集束手榴弹、汽油瓶与日军坦克搏斗。

3月26日拂晓（25日深夜），敌主力突破同古城西北角，企图将守军分割成南、北两块，然后再占领城东锡唐河大桥，堵住退路，围歼200师。200师在与敌人激烈巷战后，撤至城外铁路以东，继续阻击敌人。戴安澜在日记中写道："25日夜，敌大举进攻，是夜同古城不守，遂撤至城外街市与敌相持，激战至28日，阵地屹然不动"②。

3月28日，敌又增派第56师团以五比一的悬殊优势向200师阵地发动大规模进攻，并施放毒气，企图一举歼灭200师。当天晚上，敌军从同古东南渡过锡唐河，攻击200师部指挥部。戴安澜临危不惧，指挥守军与敌搏战，终将敌人压至大桥东南，重新控制了局势。

3月29日，苦战经旬的200师，虽给敌人以重大杀伤，但自己也有很大伤亡，而且补给中断，面临全军覆没的险境。在这严峻时刻，第5军军长杜聿明不顾史迪威的反对，果断命令戴安澜率部队于29日晚突围转移。突围转移时，他亲往河边指挥守城部队撤退。3月30日晨，全师官兵（包括伤员）撤出。美军战史赞扬说，200师"是缅

---

① 戴蔚文：《戴安澜将军传略》，见《安澜遗集》（附录），台北文海出版社，第262—263页。

② 戴安澜：《日记》，见《安澜遗集》第158—164页。

甸战役中防御最久的部队，后撤时也是全师而退，很有秩序"①。

戴安澜对同古保卫战的战况和战绩，在 3 月 29 日发出的一份电报中概括说："敌与我接握，始自 19 日，……激战至 29 日，我仍固守东瓜市铁路以东之阵地。当交战之初，敌势之猛，向所未有。尤 24—28 日，敌机更不断轰炸，掩护其战车纵横驰骋，其炮兵且使用大量毒气弹，昼夜更番向我阵地猛攻。然我军皆预有准备，敌终未得逞。"敌在我阵地前"遗尸在五千以上，我军亦多伤亡"。②

同古保卫战是第一次缅甸战役中作战规模最大、时间最长、日军损失惨重的一次战斗。同古保卫战最后所以失败，主要原因是由于英方对中英军事合作消极，直到日军大举入侵，英军节节败退，魏菲尔才要求中国远征军赶快入缅。而这时候，中国远征军已在云南集结了两个月，也就是说，入缅时间整整推迟了两个月。第 200 师刚入缅，便被推上同古第一线，部署还未完成，日军已经赶至。在此后的战斗中，英国方面力图利用中国兵力接替英军防线，掩护英军撤退，根本没有考虑如何配合中国军队作战。再者，中国远征军孤军作战及日军占有绝对优势，也是造成同古保卫战失败的原因。日军占领仰光后，仅以第 33 师团一部分兵力尾追向曼德勒方向撤退的英军，而以主力与 200 师作战，造成 200 师以一师之众，与日军两个师团以上兵力作战的局面。日军不仅在数量上和装备上占有绝对优势，而且自从 3 月 23 日占领勃生英军机场后，驻缅英国空军已基本被歼，美国空军志愿队也早就撤到滇缅边境，日本空军遂得以横行无阻，有力地支援和配合了日本陆军的作战。

同古保卫战最终是失败了，但它在反法西斯的第二次世界大战战史上却具有重要意义：

第一，使日军遭受重大伤亡。同古保卫战是盟军在太平洋和远东地区对日本法西斯的重要一战。这次战役，戴安澜率领 200 师同日军激战 12 天，歼敌 5000 余人，大灭了日军的嚣张气焰。日本电台也不

① 吴相湘：《第二次中日战争史》，台湾综合月刊社，第 811 页。
② 曹聚仁、舒宗侨：《中国抗战画史》，联合画报社 1947 年版，第 338 页。又陈正飞：《二次世界大战史料（缅甸之战）》，大时代书局，第 83 页。

得不承认，同古之战，是日军所遇到的最艰难的战斗之一。

第二，迫使日军推迟发动全面进攻时间。日军占领仰光后急速北进，原计划尽快在棠吉（亦译东枝）、梅铁拉、仁安羌一线发动全面进攻。但由于在同古遭到200师的有力阻击，不得不将全面进攻的战线收缩到乐可、央米丁、仁安羌一线，并把时间推迟到4月1日①。

第三，掩护了英军的安全撤退。同古保卫战一结束，魏菲尔和亚历山大便乘飞机前去慰问，他们对200师在同古掩护英军安全撤退，表示诚挚谢忱。

第四，高扬了中国远征军的声威。同古保卫战中表现出来的中国军队的大无畏英雄气概，和所取得的辉煌战斗业绩，使中国远征军扬威海外，盟国同钦。重庆报纸指出，同古保卫战"无论在中国抗战史上或世界大战史上均有其不朽的价值"②。英国《泰晤士报》说："东瓜之命运如何，姑可不论。但被围守军，以寡敌众与其英勇作战之经过，实使中国军队光荣簿中增一新页"③。美国则认为戴安澜和200师"赢得了巨大的荣誉"④并把这种高度评价载入美国战史中缅印战区的史册。

三

戴安澜率领200师从同古安全撤出，奉命在叶卡西集结，休整待命。他一面奖赏负伤不退官兵，一面召开干部会议，研究继续作战方针，他还主动向军长请求任务。他说："我兵力少，可是还能担任前线警戒的任务。前方要人，我不敢偷懒"⑤。

4月19日，史迪威和罗卓英根据亚历山大的要求，命戴安澜率

---

① ［日］服部卓四郎：《大东亚战争全史》第2册，商务印书馆中译本，第472、478、479页。

② 《戴安澜将军》，安徽人民出版社出版，第57页。

③ 《戴安澜将军》，安徽人民出版社出版，第48页。

④ 《戴安澜将军》，安徽人民出版社出版，第49页。

⑤ 佚名：《缅战中的戴安澜将军》，见《安澜遗集》（附录）第275—279页。

200 师和新 22 师开往西线乔克巴当（又译胶勃东），充当英军后卫，而置已处于险境的东线远征军于不顾。由于东线空虚，日军第 15 军司令部便命令第 56 师团向棠吉、腊戍突进。"第 56 师团 20 日到达乐可（即罗衣考），然后充分发挥汽车部队的特点，以每天 110 公里的速度向前推进"①。4 月 22 日，日军进窥棠吉。守卫棠吉的中国远征军虽奋勇抵抗，终因寡不敌众于 23 日被日军占领。

棠吉是南珊邦的首府，是毛奇至腊戍、梅铁拉至景栋两条公路的交汇点，战略地位重要。日军如若占领该地，实际上便打开了通往中国远征军司令部所在地腊戍的门户。故当棠吉告急时，杜聿明不顾史迪威的反对，于 4 月 21 日，急忙抽调正在开往乔克巴当的 200 师，命令他们"转移东路，反攻棠吉"②，阻止日军向腊戍方向推进。

戴安澜接令后，率领 200 师，星夜兼程，向棠吉开发。然而，由于从平蛮纳开往乔克巴当，再由乔克巴当回师东上，往返多跑了几百公里，直到 24 日，才赶到棠吉城郊，而敌人已抢先占领了。

25 日拂晓，戴安澜指挥全师向棠吉发动进攻。他命令 600 团沿公路向棠吉正面攻击，599 团从侧面高地包围棠吉的侧背。激战至下午 4 时，599 团一营占领棠吉至雷林的公路，二、三两营占领了公路四周的高地，完全控制了棠吉城。600 团进入城内与敌人巷战。黄昏时分，全城收复。598 团随即对城内残敌进行了扫荡。到深夜，在棠吉东南隘路凭险据守的敌人也被肃清。在收复棠吉的战斗中，戴安澜一直亲临前线，指挥部队冲锋陷阵，随从副官孔德宏负伤，卫士樊国祥牺牲，足见战况的激烈和戴安澜的勇猛。

收复棠吉，是戴安澜在缅甸战役中又一次立下的重大战功，它不仅给中国远征军以巨大鼓舞，而且使东线战局又有转危为安的可能。某翻译官曾说，"大家都鼓舞着、庆贺着，深信棠吉的克复足挽颓势，

---

① ［日］服部卓四郎：《大东亚战争全史》第 2 册，商务印书馆中译本，第 472、478、479 页。

② 戴蔚文：《戴安澜将军传略》，见《安澜遗集》（附录），台北文海出版社，第 262—263 页。

缅境盟军又可站定，而戴师长又再度完成了一次光荣的战斗"①。中国最高当局和远征军司令部对200师收复棠吉的战绩，曾予表彰和嘉奖。

然而，出乎意料的是，日军占领棠吉后，已有一部分越过棠吉，于4月25日抵达雷林，配合从泰缅边境景栋方面赶来的4000日军，分股北犯，直指腊戍。于是，戴安澜又奉命于4月26日放弃棠吉，向八莫和密支那撤退。撤退过程中，要通过敌人的"五道包围线（两条河流，三道公路），将军一秉大无畏精神，强行通过，每突包围，辄经苦斗。5月18日，行经细摩（细包通摩哥）公路之郎科附近，与敌两联队以上之伏兵相遇"②。为了全师安全和迅速通过起见，戴安澜奋不顾身，亲赴第一线指挥作战，不幸被敌人机枪子弹所中（胸腹两部，连中两弹）。5月26日，在孟关（即茅邦）殉职③，年仅38岁。

戴安澜牺牲后，美国总统罗斯福曾代表美国政府将美国军团功勋勋章授予他，以表彰他对国际反法西斯战争的贡献。罗斯福总统在签署颁发勋章的命令中写道："戴安澜将军于1942年同盟国缅甸战场协同援英抗日时期，作战英勇，指挥卓越，圆满达成所负任务，实为我同盟国军人之优良楷模"④。这是对戴安澜将军援缅抗日功绩的最好评价。

（原载《安徽史学》1988年第4期）

---

① 佚名：《缅战中的戴安澜将军》，见《安澜遗集》（附录）第275—279页。

② 戴蔚文：《戴安澜将军传略》，见《安澜遗集》（附录），台北文海出版社，第262—263页。

③ 《解放日报》1942年7月18日。

④ 《戴安澜将军》，安徽人民出版社出版，第58页。

二战时期的缅甸同古保卫战

同古（亦译东瓜）是缅甸古都之一。

1941 年 12 月，太平洋战争爆发后，日军迅速占领了泰国、菲律宾、马来亚、香港等地，并积极准备侵占缅甸①。

缅甸是英国的殖民地，英国由于在欧战中的失利，远东军事力量薄弱，驻缅英军只有英缅第 1 师、英印第 17 师和英国第 7 装甲旅，共约 3 万多人②，而且主要是由缅甸人和印度人组成的雇佣军，战斗力比较弱，分别集中在毛淡棉、仰光和曼德勒三处。

1942 年 1 月上旬，日军第 15 军（军司令官饭田祥二郎）派第 33、55 师团从泰南越过泰缅边境，向驻缅英军发动进攻。在日军大举进攻面前，英军接连丧师失地。从 1 月 19 日至 3 月 4 日，日军迅速占领了土瓦、毛淡棉和勃固。3 月 8 日，几乎没有经过什么战斗，日军就夺取了缅甸首都仰光。英军开始向曼德勒方向实行战略转移，以便在情况危急时，从这里沿经一条新近赶修的山路向印度英帕尔（亦译曼尼普尔）撤退③，以放弃缅甸，退守印度。

一

在仰光危急的时刻，英国首相丘吉尔电促驻印英军司令魏菲尔

---

① ［日］服部卓四郎：《大东亚战争全史》第二册，商务印书馆中译本，第 472—473 页。

② 服部卓四郎估算驻缅英军"大约有兵员 4 万人"，见《大东亚战争全史》第二册，第 473 页。

③ ［英］利德尔·哈特：《第二次世界大战史》，上海译文出版社，第 325—326 页。

（驻缅英军也属他指挥），转请中国国民党政府"速派第 5 军入缅"①。中国国民党政府遂命中国远征军赴缅，支援英军，共同对日作战。

1942 年 3 月 1 日，中国远征军先头部队、戴安澜师长率领的第 5 军第 200 师（第 5 军摩托化骑兵团和工兵团也配属该部），肩负"加强中英军事合作""保卫缅甸人民"的重任，英姿飒爽地从云南畹町乘车出发，越过中缅边界，进入缅甸国土。

戴安澜师长是著名的抗日爱国将领，曾在古北口、台儿庄、昆仑关等对日作战中多次立功。他所指挥的第 200 师是中国第一支机械化部队。这支部队，爱国热情高涨，实战经验丰富，战斗力很强。师下辖 598、599、600 三个团，加上军部骑兵团和工兵团一部，共约 1 万人。

1942 年 3 月 3 日，第 200 师途经腊戍时，先期乘机抵达腊戍的盟军"中国战区"最高统帅蒋介石召见了戴安澜，命令他前往南距仰光 262 公里的战略要地同古，阻止日军北进。3 月 7 日夜第 200 师经急行军抵达同古。当时后续部队虽然仍在国境内，而第 200 师全体官兵却以高昂的战斗姿态在同古积极构筑阵地，并派骑兵团副团长黄先宪率领骑兵团和 598 团步兵第一连，到同古以南 12 公里处的皮尤河畔接替英军防务。他们根据日军骄横、轻敌冒进的特点，在河的南岸构筑埋伏、阻击阵地，在河的北岸修建警戒阵地，并在 200 公尺长的皮尤河大桥下面安装炸药、做好炸桥准备。另外，戴安澜又派兵在阿克春（也在同古南）建立牢固的前沿阵地，并分别向各团训话，进行战斗动员。

3 月 17 日深夜，驻守同古的英军，在第 200 师还没有完全完成布防的情况下，便全部匆忙撤离。这样，坚守同古，阻敌北进，掩护英军安全撤退的任务，完全落到第 200 师的肩上。

二

同古保卫战是从 1942 年 3 月 19 日皮尤河前哨战开始的。这天拂

---

① 转见《戴安澜将军》，安徽人民出版社，第 37—57 页。

晓，跟踪追击英军的日军第55师团搜索部队约200人，骑着摩托车向皮尤河畔前进，待他们通过皮尤河大桥时，事先安装的炸药爆炸，大桥陷落。埋伏的第200师部队一齐向慌乱的日军猛然射击。"经过三个多小时的激战，敌遗尸20余具及步枪11枝，轻机枪2挺，摩托车19辆，仓皇撤逃"①。

3月20日，戴安澜派出接替骑兵团防地的某营，又在皮尤河畔和日军激战数小时，毙敌上尉以下军官百余人。还从被击毙的敌军官身上，缴获到地图、作战日记等文件，文件上记载着日军的作战计划。

在皮尤河畔吃了败仗的日军，便以骑兵和步兵联合组成五六百人的先头部队，谨慎地沿着仰曼公路向同古城推进。当他们到达阿克春时，便用炮火向第200师前沿阵地进行轰击。同时，还多次派出飞机，轮番轰炸同古城。

在此危急时刻，戴安澜决心率领全师与同古共存亡。他在日记中写道："昨夜（按：指21日夜），因上令死守孤城，援军根本不至，为了恪尽职责，决心战死于同古。"②并给夫人王荷馨留下了一封绝命书："余此次奉命固守同古，因上面大计未定，与后方联系过远，敌人行动又快，现在孤军奋斗，决以全部牺牲，以报国家养育！"③他沉着、果敢地部署御敌之策，首先命令在各交通要道修筑堡垒，用轻重武器组成交叉火力网。接着，召开干部会议，指出敌人在正面攻击受阻后，将从左翼（右翼有锡唐河为依托）迂回袭击城北飞机场，切断200师与第5军指挥部之间的联系，回过头来夹击同古城。最后，又派598团副团长黄景升率领该团一营增援阿克春，以牵制日军前进。

3月22、23日，日军55师团以两个联队的兵力，在炮兵、装甲车和飞机的掩护下，向阿克春第200师阵地连续发起进攻，战斗异常激烈。坚守阿克春阵地的吴志坚营长、赵立斌团副，率领守卫部队英

① 郑庭笈：《气壮山河》，转见《戴安澜将军》，安徽人民出版社，第82页。

② 戴安澜：《日记》，载《安澜遗集》。

③ 戴安澜：《致荷馨夫人》，见《安澜遗集》第23页。

勇阻击。至 23 日黄昏，先后击退日军组织的六次大规模进攻。阿克春阻击战，共击毁日军战车、装甲车各 2 辆，击毙敌人 300 多人。第 200 师也伤亡 140 多人，副团长黄景升光荣阵亡①。

3 月 24 日，日军在强攻阿克春不下时，另以 1000 多名步兵，在骑兵和炮兵配合下，绕过阿克春，从城西开阔地带向城北飞机场迂回前进。因机场守军力薄，当天晚上，机场为日军所占。第 200 师与军指挥所之间的联系被切断，戴安澜遂下令放弃阿克春，集中兵力，守卫同古城。此时的同古，在日机连日狂轰滥炸下，几乎成为废墟，给第 200 师的守卫工作造成极大困难。

这天晚上，戴安澜召开全师营长以上干部会议，说明形势的险恶，号召全体干部与同古共存亡。他带头立下遗嘱："如师长战死，以副师长代之。副师长战死，以参谋长代之。""并令各级长官，各立遗嘱，指定战死后人选"②。全师兵官都抱着必死之决心，士气特别高涨。为确保与军部的联系，他将师指挥所迁往城东，城内的三个步兵团，由步兵指挥官兼 598 团团长郑庭笈负责指挥。

3 月 25 日，日军第 55 师团以三个联队的优势兵力，在 30 多架飞机配合下，从南、北、西三面围攻同古城。第 200 师全师官兵，沉着坚定，他们"以集束手榴弹、汽油瓶与日军坦克搏斗"，大量杀伤敌人。又用"火烧森林的办法"，阻敌前进。

3 月 26 日拂晓，日军主力突破同古城西北角第 600 团阵地，进入城内。城内守军在与日军激烈巷战后，退至铁路以东继续抵抗。

3 月 27 日，日军又继续向铁路以东第 200 师守军猛扑，200 师与日军短兵相接，逐屋相争，粉碎了日军打算占领锡唐河大桥和堵住200 师退路的企图。

3 月 28 日，日军集中兵力，以五比一的悬殊优势，再次向 200 师阵地发动进攻，并向 599、600 团阵地施放糜烂性毒气。晚上，日军渡过锡唐河，攻击第 200 师师指挥所。戴安澜毫无畏惧，指挥守军与日搏战，终将日军压至大桥东南，重新控制了局势。

---

① 转见《戴安澜将军》，安徽人民出版社，第 37—57 页。
② 戴蔚文：《戴安澜将军传略》，第 262、263 页。

3月29日，苦战了12天的第200师，虽给敌人以重大杀伤，但自己也有很大伤亡，而且补给中断，救援不至，面临全军覆没的险境。在此严峻时刻，第5军军长杜聿明不顾盟军"中国战区"参谋长、美国将领史迪威的反对，断然命令戴安澜在29日晚，"向锡唐河东岸撤退，然后转移到叶达西集中待命"①。

戴安澜命令郑庭笈具体负责指挥撤退工作。郑庭笈先派599团步兵营通过锡唐河大桥，对敌人实行佯攻，同时掩护598、600两个团渡河。到3月30日清晨，全师官兵及伤员均已有秩序地渡过锡唐河。当敌人发觉时，200师已经完成了撤退工作。激战12天的同古保卫战，就这样奇迹般的结束了。当戴安澜率师抵达叶达西时，杜聿明军长亲自夹道欢迎，他紧紧握着戴安澜的双手，激动地说："仗是打得好的"②。

戴安澜在3月29日发出的一份电报中，概括地介绍了同古保卫战的激烈战况和辉煌战绩："敌与我接握，始自19日……激战至29日，我仍固守东瓜市铁路以东之阵地。当交战之初，敌势之猛，向所未有。尤24至28日，敌机更不断轰炸，掩护其战车纵横驰骋，其炮兵且使用大量毒气弹，昼夜更番向我阵地猛攻，然我皆预有准备，敌终未得逞。"敌"遗尸在五千以上"③。

日本电台也承认，同古之战，是日军"最艰难的战斗之一"④。被击毙的日军大佐横田在日记中也写道："南进以来，从未遭遇若是之劲敌，劲敌为谁？即支那军也。"⑤ 重庆《中央日报》和《扫荡报》指出，戴安澜率领第200师"以少击众，使中国军人的革命精神高扬于国境以外"，"无论在中国抗战史上或在世界大战史上，均有其不朽的价值"⑥。英国《泰晤士报》则说："东瓜之命运如何，姑且不论，

----

① 转见《戴安澜将军》，安徽人民出版社，第37—57页。
② 转见《戴安澜将军》，安徽人民出版社，第37—57页。
③ 曹聚仁、舒宗侨：《中国抗战画史》，联合画报社1947年版，第338页。
④ 转见《戴安澜将军》，安徽人民出版社，第37—57页。
⑤ 郑庭笈：《气壮山河》，转见《戴安澜将军》，安徽人民出版社，第84页。
⑥ 转见《戴安澜将军》，安徽人民出版社，第37—57页。

但被围守军，以寡敌众与其英勇作战之经过，实使中国军队之光荣簿中增一新页。"①

（原载《历史教学》1988 年第 6 期）

---

① 转见《戴安澜将军》，安徽人民出版社，第 37—57 页。

"苏埠教案"

清光绪二十二年（1896）二月，六安城内塘子巷法国天主教堂驻堂教士戴尔第，前往六安直隶州苏家埠借山陕会馆"讲经"（传教），有车夫姚凤仪与看守会馆的褚金魁发生口角，互相争打，戴尔第教士出来"观看"，也被姚凤仪和围观群众扭逐碰擦，身受微伤。

事情发生后，苏家埠董保当即进行排解，戴尔第表示，此事系因车夫"愚蠢"所致，不予追究，并立"和息字据"，以示了结。

然而，"和息字据"的墨迹刚干，戴尔第便向六安知州提出，"车夫姚凤仪滋闹，由武生朱家振、职员于长发纠唆，六邦商董亦从中主谋，请拿朱家振等究办，并罚商董在该埠公置基屋一所，为天主教公业。"并言明建堂工料估计需银一千四百八十两，须照此数罚缴。另外，还提出他在被扭逐时"遗失"的衣物，也要给予赔偿。六安知州没有答应他的索赔要求，"互商"未成。

尔后，戴尔第又回到省府安庆，安徽巡抚福润命洋务局派员与之商谈，并提出四条处理办法：（1）照斗殴例，惩办朱家振、于长发二人；（2）查六邦商董，如有指使情事，询问姓名提究；（3）严谕车行夫头禁约散夫，嗣后不准滋事；（4）戴教士遗失物事，当时未据开单报案，无从查究，从优姑如所请，照数筹给。但对索取赔款要求，未予同意。

戴尔第知需索不遂，又潜回上海，通过法国驻上海总领事向南洋大臣刘坤一施加压力，刘派黄道（黄遵宪）与法驻沪总领事交涉，黄道指出，此事不过口角吵闹，戴教士已立"和息字据"，安徽地方官吏已将"滋事人"照例惩办，给地索款，实属不妥。至于教堂租地购物，应由教堂自出费用，只要民间自愿出售，地方官自应助之使成。法驻沪总领事亦称戴教士索款为无理，"曾有撤去之言"。

但是，法国在华天主教会和法国驻华公使施阿兰并不愿意就此了结，他们一方面另派费善寿教士代替戴尔第，随法国炮船管带西孟乘坐法国炮船前往安庆，向安徽巡抚进行威胁；另一方面，又更换法国驻沪总领事人选，派白某为驻沪总领事，意在推翻前议，重提偿地索款要求。而此时黄道已销差禀辞，安徽巡抚福润亦由邓华熙所代。

在经过上述一番人事变动后，南洋大臣刘坤一终于在施阿兰的压力下，重新委派金陵洋务局总办蔡道台与白总领事在上海谈判，并于光绪二十二年十月二十三日签订协议七款，其主要内容有：赔银一千五百两；护送教士复回苏家埠；将主使两董事革去功名，将州官开缺等。协议签订后，蔡道台除于十月二十四日，将赔款如数交给了白总领事外，"并声明其余条款，亦必妥速照办。"施阿兰对勒索成功非常高兴，例如他在致总理衙门的照会中写道："查六安一事现既销案，颇承南洋大臣及蔡委员和衷持平，大助于案之妥结。"

随后，法国教士费善寿便在洋务总局派员护送下来到六安，六安直隶州知州祺厚则督饬苏家埠董保朱兆鹏等，帮助费教士用二百五十两银子，在苏家埠购买了郭定山家地基一块（面积五斗零半升，坐落在保东头大街）和房屋十六间，作为建堂之用。至此，苏家埠教案才算"了结"。

（原载《皖西史志通讯》1985 年第 2—3 期）

入籍合肥的外国人

根据史料所见，在安徽近代史上，入籍合肥的外国人，大概只有毕乃尔其人了。

毕乃尔，原系法国兵丁，清同治元年（1862）在上海投效李鸿章，被派到刘铭传部下教练枪炮，并委以记名总兵，管带炮营。曾随刘铭传镇压太平军，转战于江阴、无锡、常州等地，颇为"卖力"，清政府赏给三品顶戴。

毕乃尔自参加李鸿章、刘铭传的淮军以后，便"冠带薙发"（穿戴中国衣帽，剃去法国长发），"学为中国语言"（学讲中国话），并娶有中国妇女为妻。自此，便产生了加入中国国籍的愿望。

随后，毕乃尔又跟随刘铭传的部队西上攻打捻军，途经合肥（庐州）时，停留了一段时间。毕乃尔对合肥的印象很好，认为合肥"人情朴厚"，故"乐其风土"，要求就在合肥县入籍定居，并在县境略微购置了田产和房舍。

李鸿章和刘铭传对毕乃尔要求入籍合肥，极表赞同。李鸿章还为此事，于同治五年正月二十五日（1866），正式向清廷上了题为《毕乃尔隶籍合肥片》的奏疏，请求清朝政府给予批准。

（原载《合肥晚报》1986 年 1 月 8 日）

中国史

吴芝瑛捐产办学

吴芝瑛（1867—1933），安徽桐城唐钱庄（今属枞阳县）人。清末著名学者吴汝纶侄女，工诗文，以书法艺术和慈善爱国名噪中外。

芝瑛一生值得称颂的事迹颇多，除如人们所熟知的营葬女革命家秋瑾烈士于杭州西泠桥畔，以及多次筹款救济安徽、江苏灾民外，捐产办学也是其中重要的一项。

清光绪三十一年（1905）芝瑛苦于其家乡"僻在桐城东乡……读书识字之人颇居少数"，故秉承父、母遗命，上书两江总督周馥，愿将家中价值万两银子的遗产（田产、房屋），悉数捐出，在其家乡唐钱庄（一名鞠隐山庄），兴办一所鞠隐初等小学堂（鞠隐是其父名），"以裨乡梓后生，共被教育"，乞求准予立案。

为办学之需，她还草拟了一份《鞠隐初等小学堂章程》，规定学堂"以留意儿童身体之发达，而授以道德教育及国民教育之基础，及生人必须之智识技能为宗旨"。在学科中规定，本学堂共开设修身及讲经、读经及国文、算术、体操、图画、手工等六门课程。前四门为必修科，后两门为随意科。

周馥对吴芝瑛捐产兴学之举，甚为赞赏。然而安徽巡抚恩铭顽固守旧，囿于成见。一再坚持必须先给吴家议立男嗣，然后才能分拨数成遗产办学，否则"此事在吾手中必不能力"，加以阻挠。另外，吴姓宗族也有少数无赖之徒，更以改办族学为名，谋夺芝瑛所捐之产。芝瑛深知捐产兴学已属无望，只得忍痛收回捐产，不再言办鞠隐小学事。

虽办学未成，但芝瑛此举，精神可嘉，实堪赞叹。

（原载《安徽师大报》1985 年 9 月 10 日）

刘疙瘩起义始末

1898 年底到 1899 年初，安徽省涡阳县境内，爆发了一次规模较大的以刘疙瘩为首的农民起义①。

刘疙瘩起义是由于盐店苛虐、水旱灾害和官吏催征引起的。"涡阳盐引，旧分南北两纲。曹市集、石弓山，龙山、新兴集一带为芦盐引地，地官派消，店伙恃财凌人，时以运盐短少，勒令车户加倍赔偿，车头牛师秀积不能平"②。由于盐店恃财，苛虐运盐车户，使运盐车户愤不能平，故聚而谋反，抢掠盐店，这是起义爆发的重要原因之一。其次是"连年水旱为灾，涡河两岸，十室九饥。"③ 特别是 1898 年大水之后，继以大旱，饿殍载道。为了不致饿死，饥民们只得铤而走险，打财主，夺粮食。再就是"地方官毫无抚恤，追呼银粮，枷打锁押，日甚一日。"④ 正是在地方官严催征科的逼迫下，更加激起各地饥民，纷纷起来，反对官府，举旗起义。

起义是从 1898 年 12 月 30 日（清光绪二十四年十一月十八日）⑤ "柴村庙会盟"开始的。这一天，刘疙瘩、魏德成、牛师秀等率众八十余人，在涡阳城东北五十里的柴村庙举行集会，"歃血为盟，同谋起事"⑥。起义爆发，远近响应。1899 年 1 月 7 日，牛师秀首先率领起义群众，在"曹市集起首"，冲击盐店，并得矛杆数百根及抬枪等

139

① 《近代史资料》编者称刘疙瘩领导的这次农民起义，为"安徽北部民变"。（见《近代史资料》1983 年第 1 期）。

② 黄佩兰撰：《涡阳风土记》卷十五，兵事。（下称黄书）。

③ 袁大化撰：《戊戌定乱平粜记略》，见《近代史资料》，1983 年第 1 期。

④ 袁大化撰：《戊戌定乱平粜记略》，见《近代史资料》1983 年第 1 期。

⑤ 袁书作 11 月 29 日（十月十六日）。

⑥ 袁大化撰：《戊戌定乱平粜记略》，见《近代史资料》1983 年第 1 期。

中国史

物。1月9日，周德怀（大太）等，也借盐店苛虐为名，在石弓山聚众起事。

攻破龙山营，是这次起义的重大胜利。1月10日，刘疙瘩、魏德成等乘龙山营游击何师承前往寿春为寿春镇总兵郭宝昌祝寿、守卫空虚之机，合股攻打龙山。"饥民冀得升合粟，携囊响应，四面云集"①，势大威震，一鼓作气，破垒闯入。俘千总吴有谋，杀财主、圩长张德馨，尽获"营存枪械弹药"，势力大增。

1月11日，刘疙瘩与魏德成于丹城圩争盟主（起义的领导权）。席间，魏德成（其父曾参加捻军起义，家中还藏有捻军旗帜）以盟主之资格，首居上位，刘疙瘩不服，手执德成杀之，自立为盟主，号大汉。刘疙瘩起义之名即自此始。刘疙瘩称盟后，分旗记为五色，并派立首领，各地纷起响应。自1月11日至1月20日，各地起而响应的主要有：燕怀军起于牌坊集；孙志隆起于众兴集；邵大发起于郾家集；周大太、冯东鲁、孙仲一起于楚店集；李韶、赵学宗起于李门集；王俊工、邓怀修起于张村铺。起义群众共二万余人。

各地起义军分途出击：冯东鲁由张村铺西出王家桥，入阜阳界，破王家寨，杀财主、圩长王三哭。燕怀军出张村铺，破周家寨，杀杨忠贤。邵大发由李门集南走洮河，破冯家寨。孙仲一由李家桥出发，破关家寨，杀关凤羽。影响所及，达阜、宿、蒙、亳、涡、永（城）、太等州县，声威大振。

面对轰轰烈烈的农民大起义，涡阳县知县欧阳霭惊恐万状，急忙"分电各路乞援"②。先后"应援"，并派军前来镇压起义的计有：安徽省寿春镇总兵郭宝昌（进抵蒙城县小涧集，徘徊不前）；河南省归德镇总兵武殿承（进抵马家桥，距义门集三十五里）；江苏省徐州镇总兵刘青煦（进抵宿州之临焕集）③。其外，还有亳州统领靖威军张云松率两营、寿州卓胜军王凤台率一营，以及凤阳、颖州的救兵，分

---

① 黄佩兰撰：《涡阳风土记》卷十五，兵事。
② 黄佩兰撰：《涡阳风土记》卷十五，兵事。
③ 黄书作刘煦。

别抵达涡阳县城，以加强涡阳县城的守卫。除官兵外，阎家集武举阎栋选、大袁庄地主袁大侁等①，则举办团练，配合官军，攻打起义军。

临焕集受挫，是起义军由盛转败的关键。1月19日，刘疙瘩率起义军主力，由义门集回军龙山以东，会合周德怀、刘化远、马景芳所部，约期20日，谋袭临焕集。适逢袁大化②、刘青煦带兵赶至临焕，与起义军相对峙。1月20日，袁、刘率军出击，与起义军激战于道竹桥，起义军败退，损失惨重。1月21日，起义军与袁、刘军复战于青町集西段家营，再败，袁、刘军乘势追杀数十里，杀戮千余人，大多是饥民，他们衣衫褴褛，"目不忍睹"③。

起义军被击溃后，刘疙瘩于1月22日，败逃青町集，匿于刘元珍家，为圩长刘秉忠所执④，缚送高炉集郭宝昌处。1月23日，被郭宝昌所杀。其他主要起义首领，如葛怀玉、邵大发、牛师秀、燕怀军等人，亦先后被乡团杀害或被搜捕缚送郭宝昌处处死。"其余各匪首，或阵毙，或擒杀，或捆送，百有余名，皆先后就戮"⑤。轰轰烈烈的刘疙瘩起义，终于被镇压下去，首尾共25天。

刘疙瘩起义虽然失败了，但其却迫使安徽巡抚邓华熙嘱令涡阳等地"停征筹赈"，"采购粮米豆饼"，在"小涧、高炉、涡阳、临焕、孙町、龙山营、石弓山七处减价平粜"⑥，使农民从中受益，以缓和尖锐的阶级矛盾。

（与吴徽英合作完成，原载《安徽史志通讯》1986年第4期）

---

① 袁大侁，袁大化之弟。

② 袁大化，涡阳人，时在直隶任职，闻涡阳受灾，饥民遍野，禀商李鸿章，携赈金三千，带兵回籍赈济。

③ 袁大化撰：《戊戌定乱平粜记略》，见《近代史资料》1983年第1期。

④ 袁书作刘长太，并说为刘长太所缚送。"（刘疙瘩）匿于青町刘长太家，长太亦无敢隐匿，缚献疙瘩于涡阳太守。龙山游击何师承闻之，飞马要诸城外，转献高炉集郭宝昌处正法"。

⑤ 袁大化撰：《戊戌定乱平粜记略》，见《近代史资料》1983年第1期。

⑥ 袁大化撰：《戊戌定乱平粜记略》，见《近代史资料》1983年第1期。

清末安徽外国教堂

天主教、耶稣会传教士最早到达安徽建立教堂并进行传教活动的地方是五河县，时间是 17 世纪末期，"一个比籍的耶稣会神父卫方济被许甘第大的一个侄子邀请到五河县，并在那里付洗了几百个人。"1720 年，法国遣使会神父又在五河县有了固定的住院①。另外，据《耶稣会会士录》（1701 年）所记，安徽的安庆和池州也有传教士的住院。（安庆有住院一所，池州有本地司铎住院一所②）

1860 年以后，外国传教士，特别是法国和英国传教士，以《天津条约》和《北京条约》为护身符，以本国驻华公使为后盾，肆无忌惮地闯入我国内地，"购买"田地，建立教堂，各省教堂数量迅速增多。安徽外国教堂的数量也有很大发展。

据委办洋务局二品顶戴署安庐滁和道潘汝杰在光绪二十二年（1896）五月四日上报总理各国事务衙门的材料统计③，到 1896 年 5 月止，安徽各州县共有教堂一百五十五所。其中：法国天主教堂一百二十三所，英国二十六所（耶稣会教堂十九所，基督会教堂二所，福音会教堂五所），美国教堂六所（圣公会、福音堂、宣教会教堂各二所）。在一百五十五所教堂中，兼施医药的有二十七处（法国二十四处，英国三处），另美国设医院一处；兼事育婴的九处（全是法国教堂）。驻堂教士合计五十八人，其中：法国人二十四人，英国人二十

---

① ［法］史式徽：《江南传教史》第一卷，上海译文出版社，第 9 页。许甘第大是徐光启的孙女。

② 转自《江南传教史》第一卷，第 8 页注。

③ 见《中国近代史资料汇编教务教案档》第六辑，第二册，台湾 1980 年版，第 944—958 页。

六人，义国人一人，美国人二人，瑞瑙国人二人，中国人三人。这一百五十五所教堂，分布在安徽省的三十五个州县（法国教堂分布在二十九个州县，英国教堂分布在十四个州县，美国仅在二个县设有教堂）①。

现将这一百五十五所教堂，分别简列如后：

安庆府

怀宁县：法国天主教堂六所，分设在东门内黄家狮子、渌水老坟头、受泉乡广保村、大丰乡梅湖保、大丰乡丁家保、钦化乡宝福保。老坟头等五个教堂均为黄家狮子教堂分设，黄家狮子教堂有驻堂教士法国人荣云锦，兼管其他五堂教务。黄家狮子教堂并兼事育婴。英国耶稣教堂二所，分设在西门内县下坡、北门内正街。两堂各有驻堂教士一人，分别是德广余和衡平均，都是英国人。

太湖县：法国天主教堂三所，分设在北门内、南乡徐家桥、南乡洋头山。北门内教堂有驻堂教士孟惟礼（义国人）②和戚世明（法国人），徐家桥、洋头山二堂由孟、戚二人兼管。

宿松县：法国天主教堂一所，设在东门内四甲，驻堂教士是法国人钟洪声。

望江县：法国天主教堂一所，设在北乡赛洛桥，无驻堂教士，由太湖县北门内教堂驻堂教士孟惟礼、戚世明兼管。

徽州府

歙县：英国耶稣教堂二所，分设在城内打箍井街、城内小北街。

---

① 潘汝杰在向总理事务衙门上报材料时，言明据其所属上报，有教堂者"计共三十五州县……再查合肥，潜山二县境内并未设有教堂，仅有洋人所置房产。此外如泗州、桐城、庐江、舒城、无为、巢县、祁门、黟县、太平、旌德、凤阳、怀远、定远、凤台、宿州、灵璧、阜阳、颍上、亳州、涡阳、全椒、盱眙、天长等二十三州县，据称境内并无设有教堂"。见《中国近代史资料汇编教务教案档》第六辑，第二册，第943页。

② 义国人。即意大利人。

两堂各有驻堂教士一人，分别是柯向荣和水固德（女），都是英国人。

休宁县：法国天主教堂二所，分设在西门内五里村、小北门内。五里村教堂有驻堂教士法国人林福恒，兼管小北门内教堂教务。

绩溪县：英国福音教堂一所，设在县署前，无驻堂教士，由歙县教堂柯向荣教士兼管。

婺源县：法国天主教堂一所，设在西乡董门①，驻堂教士是法国人巴学鸿。

宁国府

宣城县：法国天主教堂十八所，分设在城内西坂头、东乡水东镇、东乡禾塘团、东乡青柏茗团、东乡孙村团、东乡三禾团、东乡东冲团、东乡方戴团、东乡白阳团、东乡孙家埠、南乡附城团、南乡九里团、南乡双全团、南乡漕塘团、南乡花田团、南乡柿木团、西乡寒亭镇、北乡湾址镇。城内西坂头教堂驻堂教士是法国人米仰苐，东乡水东镇驻堂教士是法国人云启祥。其他十六个教堂，分别系西坂头和水东镇教堂分设，无驻堂教士，由米仰苐、云启祥二教士兼管。此十八个教堂均兼施医药。英国耶稣教堂三所，分设在西门内、东乡孙家埠、南乡漕塘团。西门内教堂驻堂教士是英国人贝贻士、和为贵、浦源深。其他二堂由贝贻士等三教士兼管。三教堂均兼施医药。

宁国县：法国天主教堂十五所，分设在东乡河沥溪镇、东乡沙铺、东乡梅林镇、东乡刘村、南乡万福村、南乡鸡山坪、西乡东岸镇、西乡刘村坝、北乡小汪村、北乡宗汪村、北乡张刘村、北乡包梅村、北乡港口镇、北乡长虹铺、北乡五里王村。河沥溪教堂无驻堂教士，由宣城西坂头教堂米仰苐教士兼管。其他十四个教堂均系河沥溪教堂分设，亦无驻堂教士。

泾县：法国天主教堂三所，分设在北乡潘村营、北乡袁家店、北乡南湾。此三堂均由法国人莘继仁教士兼管。

---

① 董门。又称东门。

南陵县：英国耶稣教堂一所，设在城内，驻堂教士是英国人李秉钧。

池州府

贵池县：法国天主教堂一所，设在东门内东铺，驻堂教士是法国人笪味德。英国耶稣教堂一所，设在南门内鸡鹅巷，驻堂教士是英国女教士苏淑贞和惠凤英。

青阳县：法国天主教堂五所，分设在东门外、东乡年竹潭、东乡石堰镇、东南乡东堡，北乡洛家潭。此五堂无固定驻堂教士，均由太湖县北门内教堂孟惟礼教士兼管，石堰镇教堂兼事育婴。

铜陵县：英国福音教堂一所、耶稣教堂一所，分设在大通镇和悦洲①。大通镇驻堂教士是英国人岳斯铎，和悦洲驻堂教士是英国女教士姜玉贞和闵安礼。法国天主教堂二所，分设在和悦洲、管山。管山教堂系和悦洲教堂分设，和悦洲驻堂教士是法国人朱宾周，兼管管山教堂教务。和悦洲教堂兼施医药。

石埭县：法国天主教堂一所，设在城内，无驻堂教士，每年间有司铎来堂查察。

建德县②：法国天主教堂十三所，分设在上乡青山桥、上乡港东保、上乡铁炉保、上乡小岭保、上乡新庄保、上乡永丰保、上乡苏村保、上乡畲狮保、中乡尧渡街、中乡仰家桥、中乡抄溪保、中乡分流保、中乡南安保。此十三个教堂，均由法国教士翁继伟兼管，无固定驻堂教士。

东流县：法国天主教堂三所，分设在城内、南乡下隅坂、南乡衢子口。此三堂均由贵池县东铺教堂笪味德教士兼管。下隅坂教堂兼事育婴。

---

① 和悦洲。又称菏叶洲。

② 建德县。贵池县西，唐置至德县，五代改曰建德，清属安徽；民国改秋浦，属安徽芜湖道。

太平府

当涂县：法国天主教堂一所，设在东门内建德坊，驻堂教士是法国人桑必寿。美国福音教堂一所，设在南门外源清坊，驻堂教士是美国人郎登。

芜湖县：英国耶稣教堂二所、基督会教堂二所，分设在城外杜家苑、西门外陡门巷和城外周家山、西门外管驿巷。杜家苑教堂驻堂教士是英国人赖安仁，陡门巷教堂无驻堂教士，有华人杨姓在堂司事；周家山和管驿巷二教堂，由英国人睦兰兼管。美国福音教堂一所、宣教会教堂二所、圣公会教堂二所，分设在西门外状元坊和城外袁家陇、城外新关后及城外河南状元坊，福音教堂驻堂教士是英人华约翰，袁家陇宣教会教堂驻堂教士是美国人聂克思，新关后宣教会教堂驻堂教士是华人冯氏（女）。河南、新关后两个圣公会教堂，分别由华人杨子荃、冯九皋在堂司事。另外，在弋矶山设医院一所，医士是师图尔，美国人。法国天主教堂一所，设在城外鹗儿山①，驻堂教士是法国人滕伯禄，堂内兼施医药。

繁昌县：法国天主教堂一所，设在十八都，由华人周同兴在堂司事。

凤阳府

寿州：英国福音教堂一所，设在正阳关大东门内正街，驻堂教士是英国人东履仁以及英国女教士班凤鸾。

颍州府

霍邱县：法国天主教堂一所，设在南关外，驻堂教士是法国人奚

---

① 鹗儿山。又名鹤儿山。

凤鸣。堂外设民房一所，专事育婴。

太和县：英国福音教堂一所，设在东门内，驻堂教士是英国人余士警、韩思明。法国天主教堂二所，分设在北门内、北乡洮河口，驻堂教士分别是法国人卞良弼和瞿功昭。

蒙城县：法国天主教堂二所，分设在东乡黄隆集、西南乡茆家窝子（堂左另盖一华式女教堂）。驻堂教士分别是法国人白逢清和禄是道。茆家窝子教堂还由太和县北门内教堂卞良弼教士兼管。此两堂均兼事育婴和兼施医药。

广德直隶州

广德直隶州：法国天主教堂十六所，分设在小东门内朝岳坊、西乡月湾街、东乡城坞保、东乡小余保、南乡大桥头、南乡焦村保、西乡黄岑山、西乡丁张村、西乡戈村、西乡桃树塔、西乡誓节渡、北乡杨郝保、北乡芽园保、北乡杭村保、北乡王栗山、北乡涧东村。朝岳坊教堂驻堂教士是华人黄钟，月湾街教堂驻堂教士是法国人雷姓。其他十四堂均系朝岳坊、月湾街二教堂分设，无驻堂教士。

建平县①：英国耶稣教堂二所，分设在南门内，南乡吴村。南门内教堂驻堂教士是英国女教士宓存德、瑞瑙国②女教士何凤霞和汪宝珍。吴村驻堂教士是英国人宓得福。法国天主教堂八所，分设在南乡毕桥镇、东门内、东乡石槽村、南乡姚家塔、南乡欧村湾、南乡徐村、南乡南阳村、北乡花树庙。毕桥镇教堂驻堂教士是法国人刘干贞。毕桥镇教堂还兼事育婴和施行医药。其他七堂无驻堂教士，有华人司事。

滁州直隶州

滁州直隶州：英国耶稣教堂二所，分设在城内、淤河。城内教堂

---

① 建平县。宋置，清属安徽广德州，民国改为郎溪。
② 瑞瑙国。时瑞典、挪威两国联合，称瑞典挪威国。瑞瑙国，又称瑞挪国。

驻堂教士为英国人洪明道、路光邦。淤河教堂由洪明道、路光邦二人兼管。

来安县：英国耶稣教堂三所，分设在西乡缪家营、北乡古城镇保中街、古城镇保西街。驻堂教士是英国人屠福懿，三所教堂均由屠福懿兼管。

和州直隶州

和州直隶州：法国天主教堂一所，设在南门内尚贤坊，驻堂教士是法国人德怀章。堂外设民房一所，专事育婴。

含山县：法国天主教堂一所，设在南门内大街，驻堂教士是华人李守宜。和州教堂德怀章教士，兼管此堂教事。

六安直隶州

六安直隶州：英国福音教堂一所，设在北门内，驻堂教士是英国人窦乐安。法国天主教堂一所，设在城内塘子巷，驻堂教士是法国人戴尔第。

英山县：法国天主教堂一所，设在西北同里栗树嘴，无驻堂教士，由霍山县教堂牧良兼管。

霍山县：法国天主教堂三所，分设在南门内、西乡十八道、西乡深沟铺。此三堂均由法国教士牧良兼管。

泗州直隶州

五河县：法国天主教堂九所，分设在东门外西大街、南乡许家厂、南乡安三里、南乡湾安淮集、四乡钟阳集、北乡武家桥、北乡黑鱼沟、北乡张家滩、北乡耸家圩。法国教士芮效连兼管九堂教事。西大街教堂外设育婴堂一所，并施行医药。

（与吴徽英合作完成，原载《安徽史志通讯》1986 年第 1 期）

关于芜湖租界章程

王铁崖先生编的《中外旧约章汇编》（以下简称《汇编》），是迄今所能见到的同类书籍中，内容最丰富的一部资料书，对研究近代中外关系史具有重要参考价值。但是，我们也和石楠同志有着同样的看法，那就是"随着研究工作的逐步深入，以及国内外有关档案的陆续公布，该书已显露出某些不足之处"①。其不足之处，除了石楠同志指出的情况外，个别地方还有"错收"和"错注"的情况，如《汇编》收录的《芜湖租界租地章程》②，就是明显的例子。

光绪二年七月二十六日（1876）英国驻华公使威妥玛和李鸿章代表英中两国政府签订的《中英烟台条约》规定，中国于湖北宜昌、安徽芜湖、浙江温州、广西北海四处添开通商口岸，还规定在新开各口未定租界的，应从速划定界址。

光绪三年（1877），参与"马嘉理事件"调查的英国驻上海、烟台领事达文波便根据《中英烟台条约》，商请监督芜湖关道刘传祺开办芜湖租界。后经刘传祺"勘定县治西门外，沿江宿、太木商滩地，南自陶家沟，北抵弋矶山脚止，东自普同塔山脚起，西抵大江边止"③，作为芜湖通商租界，任各国商人在界内指段划租。

光绪八年（1882），英国怡和洋行（该行在芜湖设有分支机构）向芜湖关道提出，"拟于界内陶家沟下，租用滩地"④。但界内滨江滩地多属木牌堆置之所，木商不愿迁让，故屡议屡辍，长期拖延未决。

---

① 石楠文章见《近代史研究》1986 年第 2 期。

② 见《中外旧约章汇编》第二册。

③ 冯煦奏编：《皖政辑要·交涉科》，安徽省图书馆藏，稿本。

④ 安徽通志馆编：《安徽通志稿·外交考》，1934 年版，第 3—5 页。

直到光绪二十七年（1901），英国怡和洋行急欲得到租地，英国太古洋行亦急欲承租怡和洋行下段滩地，便通过英国驻芜领事柯陛良、驻京英使窦纳乐，要求开放芜湖为通商口岸。外务部便转咨安徽巡抚聂缉椝，札令监督芜湖关道吴景祺办理。吴奉聂之命，在和洋商会议后，拟就了一份《芜湖通商租界章程》（草稿），又称"商办章程"，并在光绪二十八年五月五日（1902），将这份"章程"（草稿）面交柯陛良"商酌"①。

柯陛良认为"商办章程"有两处不妥："一为英商不得租逾江滩之地三分之一；二为每商在租界内至多只能租（地）六亩。"他要求将这两点"全行删除"，才能和吴景祺"详细商办"②。

此时，适逢英国修约专使（办理商约全权大臣）马凯来华和清政府代表盛宣怀在上海商订《中英续议通商行船条约》。双方在谈判修约过程中，要涉及各通商口岸的税课、航运、租借、免厘等问题。因此，柯陛良便将他对吴景祺草拟的"商办章程"所提的两处"全行删除"意见，报告给马凯，要马凯出面和中国方面交涉。于是，马凯便在光绪二十八年六月二十七日正式照会清政府外务部，提出"如能允将以上所载两条删去"，他即"允令柯领事同吴道（即吴景祺）妥商一切"③。

光绪二十八年六月三十日，外务部复照马凯，向他说明：芜湖"租地章程（即'商办章程'）第三条，不得逾通界江滩三分之一，已改为不得逾通界江滩之半；第五条，不得逾六亩，已改为不得租逾十亩"。并将经安徽巡抚修改后的"商办章程"，用《芜湖租界章程》之名，附列于复照之后④。

据查对，《汇编》所收录的《芜湖租界租地章程》，就是光绪二

---

① 《英使马凯致外部商改芜湖租界章程照会》，《清季外交史料》卷159，第32—33页。

② 《英使马凯致外部商改芜湖租界章程照会》，《清季外交史料》卷159，第32—33页。

③ 《英使马凯致外部商改芜湖租界章程照会》，《清季外交史料》卷159，第32—33页。

④ 见《清季外交史科》卷159，第33—36页。

十八年六月三十日外务部致马凯复照所附的《芜湖租界章程》，但问题是《芜湖租界章程》实际上还只是一个草案。后来又经柯韪良和吴景祺、童德璋"往返磋商"，除将柯韪良原来要求"全行删除"的两处，全部删除外，还作了其他多处有利于英方的修改。修改后的《芜湖租界章程》，最后由英国驻芜领事柯韪良和芜湖关道童德璋于光绪三十年（1904）在芜湖正式签订，名为《芜湖各国公共租界章程》①。后经驻京英公使及清外务部核定批准，定于光绪三十一年四月（1905）开办租界②。据光绪三十一年芜湖口《关册》报告说："公共租界于五月十六日（公历）正式成立"③。但实际承租时间则在光绪三十二年（1906）春，这年二至三月，"英商怡和、太古，德商瑞记洋行遂相继照章缴价，顺次成租"④。

那么，《芜湖各国公共租界章程》（以下简称三十年章程）和《芜湖租界章程》（以下简称二十八年章程）相比，有了哪些有利于英国方面的重要修改呢？现简要对比如下：

（1）二十八年章程第一条，"大清国芜湖通商口岸，前经刘前监督勘定，禀准将西门外，南自陶家沟起，北抵弋矶山脚止，东自普潼山（又名桐家山）脚新安普潼塔起，西抵大江止，应即就此四址界内，作为各国公共通商场。惟沿江十丈地面，须留为往来船只纤路，各允各国商民任便行走，上下货物，系泊船只，并不得在该地面上有所建造，致形窒碍"。

三十年章程，在第一条和第五条中，分别将上述两处改为"此四址界内，作为各国公共通商租界"，和"沿江五丈地面，须留为往来船只纤路。"

（2）二十八年章程第二条，"日后界内兴旺，租居日多，所有巡捕房事宜，由中国地方官会同税务司设立管理。至道路、沟渠、桥梁、码头等项工程，并由中国地方官自办，所需经费及随时修理各

---

① 鲍实编：《芜湖县志·地理志》卷5，1919年刻本，第1—3页。
② 安徽通志馆编：《安徽通志稿·外交考》，1934年版。
③ 《清光绪二十一年芜湖关华洋贸易情形论略》，原安徽通志馆抄本。
④ 安徽通志馆编：《安徽通志稿·外交考》，1934年版。

费，应由中国地方官会同驻芜领事并税务司妥议章程，无论何国居民，凡居住界内停泊码头者，一律公平照章征收。"

三十年章程第六条，则改为"所有巡捕房事宜，由地方官设立管理。至公共道路、沟渠、桥梁工程，并由地方官自办，建造修理费用，地方官与领事官会商章程筹捐，无论何国居民，一体照章征收。"

（3）二十八年章程第三条，"界内地基，准各国正经殷实商民租赁、建造，惟目前在芜英商最多，欲租界内江滩近水之地，不得逾通界江滩之半，庶留余地，以备他用。"

三十年章程第二条，将上述内容改为"界内地基，准各国正经殷实商民，选择合宜应用之地租赁。"其他内容全部删去。

（4）二十八年章程第四条，"界内地基，前经议定有案，每亩租价本洋一百八十元……至应完地税，现在酌中核议，每亩完税钱三千文……由地方官收付粮串，转给收执。设有意外不测之事，事定后仍须补缴，违者议罚。"

三十年章程第二条，则改为"至应完地税，现在酌中核议，每亩每年完税钱三千文。"并将"设有意外不测之事，事定后仍须补缴，违者议罚"之内容，全部删去。

（5）二十八年章程第五条，"凡各国商民在界内租地时，须禀由领事官或兼理各国领事官，将承租人姓名及欲租地若干亩，照会中国地方官委员会同踏勘，该地如无窒碍，始允出租……惟界内地亩无多，每人至多只能租十亩为止。"

三十年章程第三条，则改为"凡各国商民在界内租地时，须禀明领事官，并将该地绘图一纸及丈尺亩数若干，由领事官知照地方委员会同查勘明妥出租。"余删去。

（6）二十八年章程第六条，"若该租主有不得已事故非转租不可之时，须先禀经领事官查实，检同原给租契，照会中国地方官存案，方准换契转租"。

三十年章程第四条，在"方准换契转租"后面，增加了"至承接转租之人，须立有和约之国商民，方为合例"之字句。

（7）二十八年章程第七条，"如彼时商务兴旺，或钱粮增加，应由地方官商照彼时情形，将每年地税酌加"。

三十年章程第七条，改为"或钱粮加增，应由地方官会同领事官，将每年地租酌加。"

（8）二十八年章程第八条，"界内华人房屋，以及堆积木植等项，俟该地有人承租时，由中国地方官导谕迁让。惟拆迁各费颇巨，不在原租额之内，应察核工程大小，会商酌给津贴……至界内向有新关北卡，系中国办公之地，应仍其旧，不得租赁。"

三十年章程第八条，则改为"俟该地有人承租时，限六个月内，由地方官导谕迁让。惟拆迁各费颇巨，不在原租额之内，应酌给津贴，照每亩定价四折，按购地亩数随缴。"也就是说，不论拆迁需费多少，一律照每亩租额（一百八十元）之四折（七十二元），作为拆迁费付给。并将系中国办公之地，不得租赁之内容删去。

最先看到并利用《芜湖各国公共租界章程》的当推道员陈师礼，他在光绪三十三年编纂《皖政辑要》时，就引用了该章程的内容。例如，他在《皖政辑要·交涉科》中写道："各国公共租界……界内地址共六百八十九亩零，每亩议价洋一百八十元，外加四成迁费七十二元，各国商人一律照行"。"外加四成迁费七十二元"，即是《芜湖各国公共租界章程》第八条的内容，而为《芜湖租界章程》所无。

其后，鲍实主编的《芜湖县志》（1919年版）不仅全文刊登了《芜湖各国公共租界章程》，还言明此章程是光绪三十年，由芜湖关道童德璋和英国驻芜领事柯韪良签订的①。

1934年，安徽通志馆编纂的《安徽通志稿·外交考》，虽然也全文附载了《芜湖各国公共租界章程》，但所引用的内容，却又是《芜湖租界章程》中的内容。这种自相矛盾情况的出现，很可能是因为撰写志稿和收录资料并非一人。

综上所述，可以清楚看出，光绪三十年（1904），柯韪良和童德璋签订、并经驻京英国公使和清外务部批准实行的《芜湖各国公共租界章程》，才真正是"芜湖租界章程"，而《汇编》收录的《芜湖租界租地章程》，只是中国方面草拟的"商办章程"，既未被英国修约

① 见该书《地理志》。

专使马凯和驻芜英国领事柯陛良所接受，也未得到驻京英国公使的批准，显然属于"误收"。其所注"1902年8月3日是外部致英国公使照会表示核准的日期"，也属"误注"。

《清季外交史料》的编者王亮，在民国年间编写的《清季外交史料》附刊之三《清季条约一览表》时，也把上述《芜湖租界章程》作为正式签署的章程，误列其中，并把立约地点误注为"北京"，也应改正。

（原载《近代史研究》1988年第1期）

芜湖益新米面机器公司是中外合资企业

芜湖益新米面机器公司（芜湖益新公司），创设于光绪二十四年（1898），与1878年开设的天津贻来牟机器磨坊和1896年开设的广州机粉厂，并为早期中国三大米面机器公司。

关于芜湖益新米面机器公司的企业性质，《芜湖古今》（安徽人民出版社出版）认为是一家"商办工厂"。《芜湖古今》依据什么材料，由于作者未下注脚，故不知所依。其外，《中国近代工业史资料》（汪敬虞编，科学出版社出版）虽未说该公司是商办企业，但却把它列为民族工业。可见，也是把它当成商办企业。然而，遍阅《中国近代工业史资料》第二辑下册所引用的几条资料（《汇报》一条、《中外日报》两条、《捷报》一条、《东方杂志》一条和《芜湖关册》两条），都未涉及该公司的性质。

笔者近阅《湘报》，看到光绪二十四年四月二十六日（1898年6月14日）第86号《湘报》有一篇以《砻坊开办》为题的采访报道，比较详细地谈到了芜湖益新米面机器公司的开办情况和生产情况，包括资金来源、生产规模、官方保护以及纳税抽厘等。

根据该文所记，芜湖益新米面机器公司当是一家中外合资企业，因为它的资金是由在芜"中外官商纠股创设"的。光绪二十四年四月（1898年6月），厂房落成和开机生产时，只有四副碾米机和一副磨面机，日产净米二百五十余石、磨面六十余石。该文还谈到，该公司在开业的前一年，曾禀请英国驻芜领事照会华官（据《中外日报》所记，此时英国驻芜领事是富美基，华官是芜湖关道袁昶）予以保护。袁昶（爽秋）旋即与该公司达成协议，略谓：公司共有机器几副？每日生产米、面多少？应报明立案，著为限制，以后不得再有加增，以免攘夺地方人力砻坊生意；关于保护问题，因公司坐落之处，既非通商租界，且又距城遥远，设有不虞，地方官只能尽力弹压，不能议偿；其机器所成米面出口，应照华民一体纳税抽厘。协议后，袁昶即"通详南洋大臣及各大宪，奉准批示立案"。

从英国驻芜领事照会芜湖地方官，要求对该公司予以保护，以及芜湖地方官与该公司所议定之协议内容来看，该公司创办时，是有外人投资入股的，是一家中外合资企业。否则，英国驻芜领事不可能照会芜湖地方官，对该公司予以保护；芜湖地方官也不可能在与该公司签订的协议中，提到"机器所成米面出口，应照华民一体纳税抽厘"问题。

因此，根据《湘报》的这份材料，似乎可以肯定地说，芜湖益新机器米面公司创办初期，是一家中外合资企业，而不是一家"商办工厂"。

（原载《社联通讯》1988 年第 3 期）

芜湖的外国公墓

芜湖位于长江之滨，水陆交通方便，商人云集，米业兴盛。早在 1840 年鸦片战争前，芜湖便是安徽商业、手工业重镇，1860 年第二次鸦片战争以后，长期是外国人往来和居住的城市。

1874 年，法国天主教传教士在芜湖江边鹤儿山上（今机械学校旁边）租占一块土地，建立了第一所芜湖外国教堂——法国天主教堂。随后，英国基督会传教士、美国圣公会传教士也于 1879 年、1885 年在芜湖建立教堂。至 1896 年，芜湖的外国教堂已达 10 所。美国传教士还在弋矶山设立医院一所。随着教堂的增加，来芜湖定居的传教士便日益增多。

根据《中英烟台条约》的规定，芜湖于 1877 年 4 月正式开辟为对外通商商埠。芜湖商埠一开，外国商人便纷至沓来，外国轮船也不断停靠，1879 年英国太古洋行便在芜湖设立太古航业公司芜湖办事处，其他洋行也陆续在芜湖设立分支机构。

与芜湖开埠的同时，芜湖海关也正式设立，海关税务司、副税务司、帮办税务司亦多由外国人充任，英国还在芜湖范罗山建立了英国领事馆。这样，到了 19 世纪 80 年代，来芜湖定居的外国商人、水手、官员等也日趋增加。

由于定居和往来芜湖的外国人日益增多，一些病死在芜湖的外国人，当时既无火葬，亦难于运回其本国安葬，只得在芜湖选择墓址，就近安葬。

根据《安徽通志稿》转引安庆天主教堂材料，自 1886 年至 1935 年间，死于芜湖的法国天主教传教士就有 19 人，如果再加上死于芜湖的基督教传教士和其他各类人员，其数字会更大一些。

这些死于芜湖的外国人，安葬在芜湖的什么地方呢？笔者曾为此翻查过 1919 年修撰的《芜湖县志》和《芜湖风土志》等史籍，都未见有记载。

前年，笔者在大赭山北麓一条石铺小路上漫步，偶然发现一条铺路石，青石上字迹明晰可辨，上书："西国坟墓地界，光绪十六年三月十五日。"原是一件珍贵文物——芜湖外国公墓地界界碑。真是踏破铁鞋无觅处，得来全不费工夫。

这块外国公墓界碑长约 1 米，宽约 30 公分，"光绪十六年三月十五日"，是公历 1890 年，也就是说，早在 1890 年，在芜外国人已经为死于芜湖的外国人建了一座公墓。根据"界碑"所在地推测，这座公墓当建在大赭山北麓某处。中华人民共和国成立后，修建赭山环山石路时，便将这块"界碑"移作铺路石了。

笔者设想，芜湖文物、旅游主管部门，若能将这块"西国坟墓地界"石碑，从石头路上"请"起来，物还原址，使芜湖外国公墓面貌得以"恢复"，那么，芜湖名山——赭山，不就又增添了一处古迹旅游景点了吗！

（原载《芜湖晚报》1997 年 1 月 26 日）

香港岛的割让

编者按：1997 年 7 月 1 日我国将恢复对香港行使主权，这是我国人民政治生活中的一件大事。为配合香港回归的宣传，加强爱国主义教育，让读者系统了解香港从割让到收回的简要过程，特请历史系老师撰文介绍，本报将分期予以转载。

香港自古以来就是中国的领土，原是广东省新安县的一部分，位于珠江口外东侧，1840 年鸦片战争后，英国政府先后依据和清政府签订的三个不平等条约，将其强行割占和租借。

香港，实际上指的是香港岛（连同附近小岛）、南九龙半岛（包括昂船洲和九龙城寨）、新界（包括周围岛屿）三个地区，总面积约为 1067 平方公里。其中：香港岛的面积为 79 平方公里，南九龙半岛（称九龙地区）的面积为 11.3 平方公里，新界的面积为 976.3 平方公里，占香港总面积的 92%，是香港陆地面积最大的部分。

香港交通条件优越，军事位置重要，很早以前就是英国殖民者窥伺和侵占的目标。1816 年，英国外交使团来华途经香港时，曾对香港岛进行细致的调查，回国后向议会提出详细报告，指出"从各方面来看，无论出口入口，香港水陆环绕的地形，是世界上无与伦比的良港"。此后，英国商人、鸦片贩子、殖民官吏不断上书下院，叫嚣用武力夺取"中国沿海一处岛屿"，建立一个"脱离中国管制"的贸易中心。1834 年，英国首任商务监督律芳卑抵粤，明确向英国政府建议，应从中国手里"占领珠江口东面的香港"，以作为英国的商业和海军据点。

1839 年，清政府派林则徐为钦差大臣，前往广东全面查禁鸦片。林则徐采取有力措施，迫使英国商务监督义律交出鸦片20,283箱，在虎门予以销毁。英国政府以此为借口，派遣远征军从印度侵入中国广东海面，于1840年6月悍然发动侵略中国的鸦片战争，实施其蓄谋已久的强占香港的计划。

1840年11月，腐败无能的清政府在战争中稍受挫折后，便将林则徐革职，另派琦善为钦差大臣，赴广东与英国侵略者谈判。谈判一开始，英国代表义律就以夺取香港岛为主要目标，威逼琦善就范。他初则提出英国要在香港岛"暂屯"军队，继则要求英人在香港岛"竖旗自治"。1841年1月20日，琦善被迫与义律擅自订立《穿鼻条约》（草约），同意割让香港，开放广州，赔款600万银元，其中关于香港岛之割让这样写道："香港之岛及其港口割让于英国，大清帝国对香港商业按黄埔贸易之例，征收一切税钞"。1月26日，英军武装抢占香港全岛。2月2日，义律发布公告，说他已与琦善签订《穿鼻条约》，"将香港全岛割给英国，所有香港海陆地方一切人民财产，统归英国统理。"至此，英军强行割占香港已成事实。

然而，清政府并未批准《穿鼻条约》，也未承认英军对香港岛的占领。英国对香港岛法律意义上的占领，则是由中英《南京条约》确定的。

清道光帝认为琦善与义律擅自订立的《穿鼻条约》，有伤国体，使"天朝"尊严受到损害，将琦善革职解京查办。当他得知英军已事实上占领香港后，大为震怒，转而决定对英国宣战。英国政府收到义律和琦善签订的草约——《穿鼻条约》，也非常气恼，认为此约英方要求赔偿太少，而且香港的地位也很不确定，清政府对割让香港还未正式认可，于是，便将义律撤职，另派璞鼎查来中国进一步扩大战争，以夺取更多权益。

璞鼎查到香港后，指挥英军沿海北上，攻破吴淞口炮台，闯进长江，又溯江西上，攻入镇江，直逼南京。在英军兵临南京城的威胁下，清政府被迫全部接受英国提出的条件，派耆英等登上英舰康沃利斯号，与英国代表璞鼎查正式签订中英之间第一个不平等条约——《南京条约》。该约共13款，其中第4款为割让香港，规定"今大皇帝准将香港一岛给予大英国君主暨嗣后世袭主位者，常远据守主掌，任便立法治理。"这样，英国政府通过侵略战争，迫使清政府以签订不平等条约形式，正式将香港岛割让给英国。英国政府从而完成了侵占香港的第一步——对香港岛的强行割占。

（原载《安徽师大报》1997 年 3 月 26 日）

中国史

百年沧桑

——割让九龙和租借新界

英国殖民者割占香港岛后，便把侵略目光集中到与香港岛隔海相望的九龙半岛南端的尖沙咀一带。1860 年 2 月，英军在尖沙咀登陆，武装占领九龙。英国驻广州领事巴夏礼致函清两广总督劳崇光，要求以他个人名义代英国永久租用九龙半岛南端。2 月 28 日，劳崇光被迫与巴夏礼签署《劳崇光与巴夏礼协定》，同意将九龙半岛南端尖沙咀地区"出租"给巴夏礼，年租银 500 两，"只要英国政府准时交付租银，中国政府便不得要求归还上述土地"。

1860 年 10 月 13 日，英法联军进占北京，10 月 22 日，额尔金在谈判桌上正式向中国代表奕訢提出，要求将上述地区割让给英国。10 月 24 日，中英《北京条约》签订，其中第六款割让部分规定："前据本年 2 月 28 日大清两广总督劳崇光将粤东九龙司地方一区交与大英……巴夏礼代国立批永租在案。兹大清大皇帝定即将该地界付与大英大君主并历后嗣，并归英属香港界内，以期该埠面管辖所及，庶保无事，其批作为废纸。"这样，英国政府再次以战争为手段，以不平等条约为依据，获得了对南九龙尖沙咀地区的割占。

中英《北京条约》割占的地区，其面积最初只有约 7 平方公里，英国殖民者嫌面积太小，于是，又在 1864 年私自将割占地界伸展至深水埗，使其割占的南九龙地区面积扩大至 11.3 平方公里。

1895 年中日甲午战争后，帝国主义列强在中国掀起了瓜分狂潮，英国也趁机扩大其割占的香港地界。1898 年 4 月，英国政府在给其驻华公使窦纳乐的训令中指出，香港扩界的范围应是："所有从深水湾到大鹏湾沿线以南的土地，包括两湾间的水面和靠近的岛屿，均望获得。"于是，窦纳乐便以法国租借广州湾，对香港造成威胁为借口，向清政府正式提出租借九龙半岛作为军事基地的要求。4月28日，中英经过会谈，同意由英方起草协议。6月9日，英方起草的《中英展拓香港界址专条》，由李鸿章和窦纳乐代表中英两国政府正式签署，这是中英间签订的关于割占、租借香港地界的第三个不平等条约。《中英展拓香港界址专条》规定："溯查多年以来，素悉香港一处，非展拓界址不足以资保卫。今中英两国政府议定大略，按照黏附地图，展拓英界，作为新租之地。其所定详细界线，应俟两国派员勘明后，再行划定，以99年为期限。""又议定，所有现在九龙城内驻扎之中国官员仍可在城内各司其事，惟不得与保卫香港之武备有所妨碍。其余新租之地专归英国管辖。"随后根据《中英展拓香港界址专条》黏附的地图，双方派员勘明划界，英国强租了深圳河以南、尖沙咀界限街以北整个九龙半岛地区，以及东起大鹏湾、西至深圳湾、南至南丫岛的辽阔海面和大屿山岛等230多个小岛，陆地总面积为976.3平方公里，租期99年，自1898年7月1日起算。英国方面称这次拓展的地界为"新界"。

　　"新界"是租借，它和割让是不相同的，《中英展拓香港界址专条》曾明言，"九龙城内驻扎之中国官员可各司其事"，也就是说，英国承认中国政府在"新界"租借地内，仍享有部分司法、行政管理权。

　　然而，到了1899年12月27日，英方却发布《城寨敕令》，宣称："鉴于九龙城内的中国官员行使职权，构成与保卫香港之武备有所妨碍"，故将《中英展拓香港界址专条》中"所有现在九龙城内驻扎之中国官员仍可各司其事"之内容作废，从而剥削了中国在租借地内继续行使部分行政、司法管理的权力。不仅如此，英国后来还单方面宣布："新界区将同样地实际地成为女皇陛下政府的香港殖民地的组成部分"，这充分反映了英国政府妄图永远霸占"新界"的野心。

（原载《安徽师大报》1997年4月15日）

百年沧桑

——英国在香港的殖民统治

1841 年 1 月 26 日，英国远东舰队司令伯麦率军在香港岛强行登陆，升起英国国旗，宣布占领香港。起初由英国在华商务监督署设裁判官和政务官负责执行，这便是香港殖民地政制的最初形态。但在法律意义上，香港殖民地政治统治制度的建立是在中英《南京条约》签订之后。

1843 年 4 月 5 日，英国维多利亚女王签署《香港宪章》（又称《英皇制诰》），正式宣布英国在香港殖民地设立香港总督职位，委派璞鼎查为首任总督。4 月 6 日。英国殖民地大臣施坦利致函璞鼎查，命令他按照《香港宪章》和"本训令"组织香港政府，制订香港法律。6 月 25 日，中英《南京条约》换文生效，6 月 26 日，璞鼎查宣誓就职，宣布英属香港殖民地政府正式成立。

1843 年《香港宪章》和施坦利的《致璞鼎查训令》两份文件是香港殖民地政治体制的原则基础。《香港宪章》规定，香港总督为香港首长，总督下设立法和行政两局，两局议员均为委任。港督在两局具有绝对权力：在立法局的协助下，拥有制定法律、条例的权力；在行政局的协助下，拥有管理及处理香港事务的最高权力。《致璞鼎查训令》则具体规定了立法、行政两局的组成及其运行方式。两局均由 3 名议员组成，由港督提名，英皇任命。立法局讨论的内容仅限于港督提交的立法事项，行政局的职责则是咨询性质。

香港作为英国殖民地，不具有主权国家的政治法律地位，因此，香港没有现代意义上的宪法文件，规定香港政府组成及其权力范围的是英皇发布的关于香港殖民地地位的三个重要敕令，即：1843 年 4 月 5 日颁布的《英皇敕令》，1861 年 2 月 4 日颁布的《九龙敕令》，

1898 年 10 月 20 日颁布的《新界敕令》。上述三个敕令都是以英皇名义发布生效的，它们规定了香港殖民地政治统治制度的根本原则，是香港殖民地政府一切权力的渊源和最基本的法律依据，香港立法局制定的法律、条例，均不得与其相抵触，故人们习惯地把这几份文件和敕令称为香港"宪法"。

全面规定现代香港殖民统治制度的是 1917 年英国政府公布的《英皇制诰》和《皇室训令》。1843 年《香港宪章》和《致璞鼎查训令》是 1917 年《英皇制诰》和《皇室训令》的原始蓝本。

1917 年《英皇制诰》公布生效至 1985 年，经过 11 次修改。现行的《英皇制诰》共 21 条，主要规定有：英国女皇是香港的最高统治者；港督以英国女皇代表的身份对香港行使统治权，担任香港行政首长，兼任驻港英军总司令；港督享有制定法律，任免议员、法官和行政官员，赦免、减刑、批地等权力；在香港设立行政、立法两局，两局都向港督负责；港督必须遵守香港法律，执行英皇或英国外交及联邦事务大臣的训令。1917 年《皇室训令》公布至 1985 年，经过 15 次修改。现行的《皇室训令》共 29 条，是对《英皇制诰》的具体化和补充，是《皇室制诰》的实施细则。

现行香港殖民地政治统治架构为：香港总督——英国女皇在香港实行统治的代表；立法局——非独立的立法机构；行政局——政策性的顾问机构；司法部——只对法律负责的司法机构；公务员系统——为公众服务的职业集团；廉政公署和核数署——两个不同于一般行政部门的独立机构；市政局、区域市政局、乡议局——非政权机关的三级地方咨询机构；港九政务署和新界政务署——地方行政机构；区议会——地方性咨询机构。

（原载《安徽师大报》1997 年 4 月 30 日）

165

中国史

百年沧桑

——收回香港的斗争

　　自从英国侵略者割占香港岛、南九龙半岛和租借新界，并在香港实行殖民统治后，中国人民和香港同胞要求香港回归的呼声，一直没有停止。旧中国政府也曾数次通过外交途径，提出收回新界，并为此进行了斗争。但极弱的旧中国政府，还未曾正式提出整个香港回归问题。

　　第一次明确提出收回新界租借地要求的是中国北洋军阀政府。

　　第一次世界大战结束后，战胜国英、法、美、日等 27 国，于 1919 年在法国巴黎召开巴黎和会。中国北洋军阀政府亦以战胜国身份派代表团出席了"和会"，并在会上正式提出收回包括新界在内的所有租借地的提案。此项收回租借地的要求，反映了中国人民的强烈愿望，但控制巴黎和会的英国等国代表，拒绝讨论中国代表团的提案，中国政府第一次要求收回新界的努力，遭到了失败。

　　第二次明确提出收回新界租借地要求的也是中国北洋军阀政府。

　　1921 年 11 月至 1922 年 6 月，美、英、法、意、日、中等 9 国在美国华盛顿召开会议，中国代表团在会议上再次提出收回包括新界在内的租借地的提案，由于列强之间矛盾尖锐，他们不得不在中国租借地问题上作出一些让步。法国声称愿意交还广州湾，日本被迫同意交还胶州湾，英国也声称在别国交还租借地时，也交还威海卫。

　　但是，关于新界租借地，英国代表贝尔福在会上辩解说，英国已把新界的行政事务，归入香港政府管辖。香港若无新界，就不能防卫敌人用新式武器来攻击，而且香港关系着世界各国商务的繁荣，故英国不能放弃新界租借地。

　　针对贝尔福的诡辩，中国代表顾维钧在全委会第 13 次会议上，针锋相对地进行了反驳，指出英国为发展商业，防卫香港埠面，固属重要，但霸占新界，不愿放弃，并非解决香港防务的唯一办法，中国坚持要求收回新界。由于英国得到其他列强的支持，中国要求收回新界的愿望，再次成为泡影。

第三次明确提出收回新界租借地要求的是南京国民政府。

1941 年 12 月太平洋战争爆发后，日本在太平洋战场的胜利，使英、美在远东的利益严重受损。英、美两国为了拖住日本，鼓励中国对日作战，决定与中国签订新约，放弃在华享有的治外法权等权利。1942 年 10 月，中英两国代表在重庆谈判，讨论《中英新约》的内容。谈判之初，中国代表坚持终止《中英展拓香港界址专条》，坚决要求收回新界，否则拒签《中英新约》。英国代表拒绝接受这一条款，谈判一度陷入僵局。

后来蒋介石害怕因此而影响中英关系，最终放弃了收回新界的要求，只是提出中国保留将来再提出讨论这个问题的权利。中国收回新界的愿望再次受挫。

以上事实说明，旧中国政府是没有能力收回新界的，更无法解决整个香港回归问题。解决香港回归的重任落在了伟大的中华人民共和国肩上！

（原载《安徽师大报》1997 年 5 月 15 日）

百年沧桑

——关于香港回归的中英联合声明

中华人民共和国成立后，结束了中国人民受侮辱受奴役的时代。作为一个发展中的强大的主权国家，中国政府多次宣布：过去帝国主义列强同历代中国旧政权签订的不平等条约，包括香港问题上的条约都是不能接受的。香港是中国领土不可分割的一部分，对于这一历史遗留下来的问题，中国政府一直主张，在条件成熟的时候，将恢复行使对整个香港地区的主权。

1979 年 10 月，中国政府领导人在一次外国记者招待会上明确宣布，关于香港的"租约到 1997 年届满，中国将恢复行使对香港的主权。"

1982 年 9 月 22 日，英国首相撒切尔夫人访华，中英两国开始了关于中国收回香港问题的谈判。

会谈之初，英方坚持 20 世纪同中国清政府签订的涉及香港地区的三个条约"有效论"。只主张到 1997 年 6 月底，除将作为 99 年租期的新界归还中国外，英国对香港岛和南九龙半岛的割占仍然"有效"，说明英方还没有下定决心将香港地区全部归还中国。

9 月 24 日，当时担任中央顾问委员会主任的邓小平在会见撒切尔夫人时说："坦率地讲，主权问题不是一个可以讨论的问题。如果中国在 1997 年，也就是中华人民共和国成立 48 周年后还不把香港收回，任何一个中国领导人和政府都不能向中国人民交代，甚至也不能向世界人民交代。如果不收回，就意味着中国政府是晚清政府，中国领导人是李鸿章！"

中国外交部新闻司发言人也就英国方面坚持所谓三个条约"有效论"的观点在答记者问时指出："香港是中国领土的一部分，过去英国政府同中国清政府签订的有关香港地区的条约是不平等条约，中国人民从来是不接受的。中华人民共和国的一贯立场是，不受这些不平等条约的约束，在条件成熟的时候收回整个香港地区。中英双方都希望保持香港的繁荣和稳定，为此中国主张通过外交途径进行商谈。"

经过两年多艰苦的谈判，复杂的斗争，中英双方终于达成了共识。1984 年 12 月 19 日，中英两国政府代表在北京正式签署了《关于香港问题的联合声明》。在《关于香港问题的联合声明》中双方声明如下：

"中华人民共和国政府声明：收回香港地区（包括香港岛、九龙和'新界'，以下简称香港）是全国人民的共同愿望，中华人民共和国政府决定于一九九七年七月一日对香港恢复行使主权。"

"联合王国政府声明：联合王国政府于一九九七年七月一日将香港交还给中华人民共和国。"

《中英联合声明》的签署，标志着英国侵略者通过中英《南京条约》、中英《北京条约》《中英展拓香港界址专条》等三个不平等条约，强加给中国的屈辱，已经洗雪了，中国人民收回香港的愿望已经实现。

（原载《安徽师大报》1997 年 5 月 30 日）

中国史

百年沧桑

——"一国两制"和"港人治港"

"一国两制"的构想是全国人大常委会在 1979 年元旦发表的《告台湾同胞书》中提出来的。1982 年 9 月，邓小平同志在会见来华访问的英国首相撒切尔夫人时，明确提出可以使用"一国两制"的方法，来解决历史遗留的香港问题。

1982 年 12 月 4 日，五届人大五次会议通过的《中华人民共和国宪法》第 31 条规定："国家在必要时得设立特别行政区，在特别行政区内实行的制度，按照具体情况，由全国人大以法律规定。"这就为实行"一国两制"提供了宪法依据。1984 年 5 月，六届人大二次会议通过的《政府工作报告》，正式提出"一国两制"的方针，使之成为我国的一项基本国策。

1990 年 4 月全国人大审议通过的《中华人民共和国香港特别行政区基本法》，用国家法律形式，规定在国家对香港恢复行使主权后，将按"一国两制"的方针来管理香港，在保证国家主权和中国内地实行社会主义制度的前提下，保持香港现行资本主义制度和生活方式 50 年不变。

"港人治港"就是国家根据"一国两制"的方针，为香港特别行政区制定的特殊方针政策。即在香港回归后，由香港人自主管理香港。但"港人治港"必须有个界线和标准，就是必须以爱国者为主体的港人来治理香港。只有这样，才能保证"一国两制"方针的贯彻实施，确保香港的长期繁荣稳定。

根据《中华人民共和国香港特别行政区基本法》，全国人大授权香港特别行政区，依据《中华人民共和国香港特别行政区基本法》的规定，在实行"港人治港"时，享有高度自治权，即享有行政管理权、立法权、独立的司法权和终审权。

在行政管理权方面，除有权自行处理香港行政事务外，自治权广及财政经济、工商贸易、交通运输、土地和自然资源的管理、教育科技、文化体育、社会治安、出入境管理等领域。其中突出的是财政独立：财政收入不上缴中央，中央不在香港征税；自行决定货币金融政策；港币是法定货币，发行权属香港特别行政区。

在立法权方面，香港特别行政区可在不违反基本法的条件下自行立法，继续实行不与基本法相抵触的原有法律。特别行政区制定的法律，只需向全国人大常委会备案；如果不符合基本法，由全国人大常委会将有关法律发回，不作修改，退回即告失效，但没有溯及力。

在司法权方面，除有独立的司法权外，还有终审权。香港特别行政区各级法院是特别行政区的司法机关，独立行使审判权。香港特别行政区的终审权属于特别行政区终审法院。香港回归前，在英国殖民统治下，香港从来没有终审权，终审法院在英国枢密院。《中华人民共和国香港特别行政区基本法》规定香港特别行政区设立终审法院，享有终审权，充分体现了特别行政区的高度自治权。

纵观中国历史和世界历史，香港回归后，我国在香港实行的"港人治港"和高度自治，其自治权不仅比我国各民族自治区的自治权大得多，也比世界上任何一个国家的地方政府或联邦国家成员享有的自治权大得多。这一事实，充分体现了中央政府对 600 多万香港人的高度信任。

在"一国两制"方针指引下，通过"港人治港"，香港一定能保持繁荣和稳定，香港的明天会更好。

（原载《安徽师大报》1997 年 6 月 26 日）

171

中国史

葡萄牙霸占澳门始末

澳门位于广东省香山县（今中山市）南端濒海地区，葡萄牙霸占澳门经历了一段漫长的历史过程。明代嘉靖三十二年（1553）葡萄牙人以货物被风浪打湿为由，要求暂借澳门海滩晒货，得到中国海道副使允准，葡萄牙人遂在海滩搭棚栖息，并从此赖着不走。后来他们又通过每年向明朝政府缴纳地租银500两（此举一直延续到1849年），在澳门站稳了脚跟。

明万历三十五年（1607），他们又借口防备荷兰人入侵澳门，在澳门修筑城墙，建设房舍，扩大其在澳门的实力。中国明、清两代历朝政府一直坚持在澳门行使主权，并不断向澳门派设官吏，加强对葡萄牙人的防范与管制。尽管如此，却并未能阻止葡萄牙人不断在澳门扩张势力。道光二十九年（1849），葡萄牙澳门总督亚马留公然驱逐清政府派驻澳门的官吏及粤海关人员，擅自宣布澳门为"自由港"，激起澳门中国民众的无比愤慨，起而将亚马留击毙。事发以后，葡萄牙人以此事件为借口，宣布停止向中国政府缴纳租金，强行对澳门实行殖民统治。但清政府一直未予承认。直到光绪十三年（1887），清政府始在资本主义列强不断入侵、国势日益衰弱的形势下，被迫与得到英国支持的葡萄牙人签订了不平等的中葡《和好通商条约》，即中葡《北京条约》，共54款。葡萄牙终于实现了对澳门的霸占。1928年，南京国民政府曾宣布废除中葡《和好通商条约》，另订中葡《友好通商条约》5条。但在中葡《友好通商条约》里，并没有涉及收回澳门问题。1987年3月26日，历史终于翻到新的一页，中华人民共和国政府和葡萄牙政府签订了《关于澳门问题的联合声明》，正式宣布中国政府将在1999年12月20日恢复对澳门行使主权，届时澳门将回到祖国的怀抱！

（原载《大江晚报》1999年1月21日）

世界史

马克思和恩格斯反对巴枯宁主义的斗争

19 世纪 60 年代末至 70 年代初，马克思和恩格斯进行了反对巴枯宁主义的斗争。米哈伊尔·巴枯宁（1814—1876）出身于俄国贵族家庭，参加过欧洲 1848 年革命。1864 年，巴枯宁在伦敦会见马克思，表示愿意并保证支持第一国际的事业。但不久，巴枯宁就前往意大利，大肆宣传他的无政府主义。

巴枯宁是无政府主义的著名代表，是马克思主义的凶恶敌人，他的学说是从普鲁东、圣西门等人那里拿来的片断理论杂凑而成的。他主张阶级平等，宣扬所谓均衡社会各阶级，使他们在政治上、经济上和社会上获得平等的地位；他反对任何政治活动，把废除财产继承权作为社会革命的起点；他反对无产阶级专政，主张通过自发的盲目暴动，立即消灭一切形式的国家。巴枯宁又是一个惯于进行宗派分裂活动的阴谋家和野心家。因此，马克思和恩格斯不仅在思想上，而且在组织上同巴枯宁主义进行了坚决的斗争，彻底粉碎了巴枯宁破坏"国际"的阴谋。

1868 年，巴枯宁背着"国际"，组织了"社会主义民主同盟"（简称"同盟"），作为阴谋反对"国际"的中心。"同盟"的纲领是一个彻头彻尾的机会主义纲领。马克思对"同盟"纲领进行了无情的批判，说它是毫无思想的胡说，是空想的花环。马克思特别指出，"同盟"纲领那种"力图使各阶级达到政治上、经济上和社会上平等"的阶级平等思想，是直接违反"国际"章程的，因为"国际"的任务是为了工人阶级的完全解放，最终消灭各个阶级，而"同盟"的纲领则是和资产阶级社会主义者所宣扬的"劳资协调"是一样的。

同年 12 月，巴枯宁写信给马克思，要求"国际"总委员会接受"同盟"加入"国际"，但又要求允许"同盟"保持自己的纲领和组织的独立性。马克思在和恩格斯商量以后，拒绝了巴枯宁的要求。他们认为，如果允许"同盟"这样加入"国际"，那将引起"国际"的自杀。马克思在代表"国际"起草的一份决议中，揭穿了巴枯宁的阴谋。决议指出，在"国际"内部绝不允许进行派别活动，如果"国际"承认一个既在"国际"内部又在"国际"外部进行活动的另一个国际团体存在，那就是彻底地摧毁了"国际"，因此，"国际"不能接受"同盟"加入。于是，巴枯宁只得改变策略，表示接受"国际"的条件，宣布解散"同盟"，混入"国际"，而暗中却把"同盟"保存下来，继续作为阴谋反对"国际"的中心。

1869年9月，"国际"在巴塞尔召开第四届代表大会，巴枯宁在会上提出关于废除财产继承权问题的提案，企图强使大会通过，以破坏"国际"纲领。马克思识破了巴枯宁的阴谋，他在为"国际"起草的、由总委员会代表在大会上宣读的一份报告中，严厉地驳斥了巴枯宁的荒谬说教。报告指出，财产继承权是一个法律，是资本主义经济基础的上层建筑，它并不是造成生产资料私有制的原因，而是这种制度的结果，在资本主义私有制度消灭以后，资本主义私有制的财产继承权也就消灭了。所以，我们的任务在于消灭资本主义私有制度本身，而不是和它的法律的上层建筑斗争。报告还指出，那种把废除财产继承权作为社会革命起点的观点，只不过是使工人阶级离开反对资本主义社会制度的立场，这在理论上是错误的，而在实践上则是反动的。这样，沉重地打击了巴枯宁主义。尽管巴枯宁在会上很嚣张，但他的提案没有被大会通过，他的阴谋又一次遭到失败。

1871年3月18日，巴黎无产阶级举行武装起义，建立了人类历史上第一个无产阶级政权——巴黎公社。在对待这次伟大的划时代的革命上，充分暴露了巴枯宁主义的反动面目。在巴黎公社革命以前，巴枯宁就在法国里昂盲目地组织了一次暴动，占领了市政府，宣布国家已被"废除"，并颁发了废除行政机关、撤销法院、停止纳税等项法令。看来，他的无政府主义"理想"已经实现了，然而，资产阶级政府只派来两连国民警备队，就把巴枯宁赶跑了。马克思讥讽说，里昂事变证实了：为了履行那些美妙的诺言，依靠一张"废除"国家的指令是不行的。巴枯宁虽然口口声声宣传"立即暴动"，宣传实行

"社会革命",而当巴黎无产阶级真正起来革命的时候,他又垂头丧气,胆战心惊,不仅不支持巴黎公社,反而诬蔑巴黎公社革命是"犯罪的"和"愚蠢的"举动,公开表示反对巴黎无产阶级起义。这样,巴枯宁就露出了他的右倾机会主义的反动嘴脸。

就在巴枯宁恶毒诬蔑巴黎公社的时候,马克思和恩格斯却以满腔的革命激情,热烈歌颂巴黎无产阶级敢于斗争的革命英雄气概,并号召全世界无产阶级给公社以精神上和物质上的援助。巴黎公社失败后,马克思和恩格斯又不顾一切威胁,挺身而出,为公社的革命事业进行公开的辩护。马克思和恩格斯还亲自组织一个支援公社人员的特别委员会,帮助幸免于难的人脱离虎口,寻找新的职业。在十分困难的情况下,马克思和恩格斯做了他们所能做的一切,表现出伟大的无产阶级国际主义精神。

巴黎公社失败以后,旧世界一切反动势力联合起来掀起了一次反对"国际"的大合唱,他们企图趁公社失败的机会,一举消灭"国际",把工人运动镇压下去。这时,"国际"比任何时候都更加需要团结一致,共同对敌,而巴枯宁却不以团结为重,反而利用"国际"的困难时刻,变本加厉地搞宗派分裂活动。1871 年 10 月,巴枯宁分子在瑞士松维尔召开他们自己的代表大会,公开发表宣言,诽谤马克思和总委员会歪曲了"国际"的章程,攻击巴塞尔代表大会把"危险"的权力授予总委员会,已经使总委员会变成一个"独裁"机构,扬言要按照未来人类社会模型重新改组"国际",夺取总委员会的领导权。为了驳斥这个宣言,恩格斯写了《松维尔代表大会和国际》一文,揭穿了巴枯宁的阴谋。恩格斯指出,现在,正当我们必须以全力抗击敌人的时候,有人却向无产阶级建议,要他们不要按照当前阶级斗争的迫切要求把自己组织起来,而是按照某些空想家所想象的那种未来社会模型来组织自己,这就等于剥夺了工人的武器,要工人放弃斗争。

巴枯宁对总委员会的猖狂进攻,表明他已经参加了敌人反对"国际"的大合唱,大大助长了敌人进攻"国际"的气焰,给"国际"造成很大困难。于是,马克思和恩格斯再也不能容忍巴枯宁分子留在"国际"内部进行破坏活动了,必须把他们清除出去。

　　1872 年 9 月，"国际"在荷兰海牙召开最后一次代表大会。为了彻底粉碎巴枯宁主义，马克思和恩格斯在会前进行了非凡的准备工作。由于马克思和恩格斯的坚决斗争，大会通过了恩格斯起草的《关于社会主义民主同盟》的报告，在报告中，马克思和恩格斯根据大量调查材料，证实巴枯宁自从 1868 年加入"国际"以来，不是为消灭资本主义制度而斗争，而是一直采取两面手法，阴谋破坏"国际"，夺取总委员会的领导权，企图使"国际"变成他们私人的工具。大会在彻底揭露巴枯宁的阴谋活动后，决定把巴枯宁开除出"国际"。这样，就在思想上和组织上彻底粉碎了巴枯宁主义。

（原载《安徽日报》1963 年 5 月 11 日）

恩格斯在服兵役期间

一八四一年九月底，二十一岁的恩格斯离开故乡德国莱茵省巴门市，到柏林去服为期一年的兵役，被编在库普费尔格拉本广场的第十二炮兵连当炮手。

服役开始时，紧张的部队生活，单调的军事训练，曾使恩格斯精神上感到深受压抑而不愉快。但他这种情绪很快就得到了扭转，因为他希望学到一些军事知识，以便有朝一日为人民进行斗争时能用得上。由于有了这种强烈的愿望和高度的政治责任感，所以在一年的戎马生涯中，他通过严格的军事训练，亲身体验了普鲁士的军事"奥妙"，成了一名名副其实的炮手。同时，他还认真地学习了军事知识，仔细地研究了军事技术，从而对军事科学产生了浓厚的兴趣，并决心把军事科学作为他以后深入研究的对象，这就为他后来创立马克思主义军事理论和指导无产阶级的军事斗争，奠定了良好的基础。一八四九年德国革命时，他还亲自参加和指挥过一次战斗实践，并出色地带领一队人马袭击了敌人的军械库，把缴获的武器分发给起义者。一八五〇年他迁居英国曼彻斯特后，更长期地系统地研究了军事科学，写了许多有名的军事著作，如：《德国维护帝国宪法的运动》《一八五二年神圣同盟对法战争的可能性与展望》《反杜林论》以及为《纽约每日论坛报》《美国新百科全书》写的许多军事论文等等。马克思对恩格斯在军事理论方面的成就曾给予极高的评价，认为他是最著名的无产阶级军事专家，并说今后在制定无产阶级的战略和策略时，曼彻斯特的"总参谋部"① 将在一切军事问题上作为精通业务的顾问。列

---

① 指恩格斯。马克思称恩格斯是曼彻斯特的总参谋部。

宁更把恩格斯的军事理论视为无产阶级的宝贵财富，不止一次地号召无产阶级和布尔什维克党向恩格斯学习军事。

为了努力增进自己的知识，为了参加未来的战斗，恩格斯还在军事训练之余，尽可能地抽出时间到柏林大学去旁听哲学课。当时的柏林大学是"知识分子的大本营"，是"思想斗争的战场"，各种思想派别在这所大学里展开了激烈的论争。恩格斯积极地参加了这场论战。他在听完谢林讲授的《启示哲学》后，一连写了《谢林论黑格尔》《谢林和启示》《谢林——基督的哲学家》等三篇批判谢林的哲学论文。揭露谢林是在为基督教辩护，是在放肆地歪曲黑格尔的辩证法，是妄图把哲学再度降为"神学的奴婢"。这三篇闪耀着思想光辉的论文，轰动一时，许多人都猜测这些作品一定是某某"博士"或"名人"写的，可他们连做梦也未想到，这些文章却是出自一个年青的志愿兵之手。

在服役后期，恩格斯还写作诗歌和文学评论。一八四二年四月，他为了回击普鲁士封建反动势力的围攻和反扑，写了一篇题为《横遭迫害又奇迹般获得解救的圣经》的叙事诗。接着，他又写了文学评论《评亚历山大·荣克的〈德国现代文学讲义〉》。这些诗歌创作和文学评论，反映出恩格斯在文学方面也有很深的造诣，但正如他自己所说，他写作这些作品只是为了参加战斗，他无意要使自己成为一个文学大师。

对恩格斯来说，这短暂的一年，不仅是他学习军事、学习哲学和初次参加论战的一年，而且也是他开始从革命民主主义者向唯物主义者转变的一年。一八四二年十月，恩格斯的兵役期满了，他带着胜利和丰收的喜悦，回到阔别一年的故乡。

（原载《解放军报》1979 年 12 月 3 日）

恩格斯的戎马生涯

　　恩格斯是世界无产阶级第一个伟大的军事理论家,他先后在美国、英国报刊发表过一百多篇涉及军事问题的文章,为无产阶级军事理论奠定了坚实的基础。他不仅在军事理论方面有此杰出贡献,而且还亲自参加了巴登起义的战争实践,从而取得了丰富的军事经验。恩格斯曾十分自豪地把他参加的这次战争实践称为“我在巴登的光荣经历”。

　　1848年革命之后,德意志国民议会于同年5月在法兰克福开幕。1849年3月,国民议会通过帝国宪法,决定成立统一立宪君主国。帝国宪法虽然保留了君主制,但它也规定了德国居民的一些民主权利,并有助于德意志的统一,遭到普鲁士和其他各邦的拒绝。5月,西部和南部地区爆发了由小资产阶级领导的维护宪法的武装起义。在巴登—普法尔茨地区,起义者还成立了临时革命政府,组织志愿军团,和普鲁士王国军队作战。

　　恩格斯积极支持和参加了这次起义。5月12日,他前往革命中心——巴登。在巴登,他根据当时的形势和他以往对武装起义规律的研究,向巴登委员会的小资产阶级民主派领导者建议:第一,要抢先发动进攻并立即把起义扩大到巴登—普法尔茨以外的地区,使起义具有全德的性质。第二,要把起义力量集中起来,要发动农民参加起义。为此,要立即通过“废除全部封建义务来使绝大多数的农业居民愿意参加起义”。但是,目光短浅、胆怯畏缩的巴登起义领导者,既没有勇气和毅力,也没有才智和主动精神,他们对恩格斯的建议置若罔闻,结果错失良机,没有及时把起义扩大到其他地区,这就注定了它的失败。

　　此后,恩格斯又在普法尔茨会见了临时革命政府的委员们,并多次向总参谋部建议把大炮调给包围普鲁士兰都要塞的维利希志愿军团使用，以帮助他们攻克要塞。可是，懦弱无能的总参谋部没有采纳这一建议。由于恩格斯一再批评临时革命政府的不坚决和军官们的无所作为，结果他被逮捕。临时革命政府的倒行逆施，引起了莱茵—黑森志愿军团中的工人们的极大愤怒。他们声称，如不立即释放恩格斯，他们就要退出军团，临时革命政府只得释放恩格斯，并向他致歉。

6月13日，普鲁士军队进攻起义部队，战斗开始了。恩格斯立即拿起武器，腰佩战刀，到维利希志愿军团参加战斗，并任该义勇军团副官。这是一支由共产主义者同盟盟员领导，主要由工人组成的约800人的起义队伍，是起义军中战斗力最强的部队。

恩格斯参加了维利希志愿军团的三次战斗。在战斗中，恩格斯曾率领小分队在密集炮火下从侧翼袭击敌军，曾担任掩护部队撤退的危险任务，还曾负责供应部队弹药和给养。在战斗间歇时，他就组织部队进行军事演习。实践证明，恩格斯不仅是一位卓越的军事指挥员，而且还是一位英勇无畏的战士。对恩格斯来说，这确实是一段难忘的"光荣经历"，他在战斗中表现出来的卓越的组织才能和身先士卒的精神，深受战友的敬佩。"所有在战火中见过他的人，很久以后都还在谈论他那种非凡的镇静和漠视一切危险的气魄。"

7月12日，当维利希志愿军团作为巴登—普法尔茨的最后一支起义部队退入瑞士国境后，起义告终了。恩格斯到达瑞士后不久，就根据马克思的建议，着手撰写一本总结巴登—普法尔茨起义的重要著作——《德国维护帝国宪法的运动》。在这部名著中，恩格斯绘声绘色地记述了他在巴登的经历，也总结了起义失败的经验教训。因此，这部著作既是一部历史名著，也是一部重要的军事著作。

（原载《外国史知识》1981年第12期）

她也是《资本论》的浇灌者

恩格斯说："自地球上有资本家和工人以来，没有一本书像我们面前这本书那样，对于工人具有如此重要的意义。"这本书，就是马克思的不朽巨著《资本论》（第一卷）。

马克思写作《资本论》看了1500多种书籍，前后共花了40年时间，而且写作时的条件常常是十分艰苦的。如果没有他的亲密助手和夫人燕妮·马克思的关心帮助，《资本论》（第一卷）的完成和出版，可能需要经过更加困难和曲折的过程。

马克思写作《资本论》是从1849年流亡伦敦后开始的，这也正是他极端贫困的时期。在伦敦，他本来可以得到一个有固定收入的职业，但是如果真是那样，他就不可能集中精力搞研究和从事《资本论》的写作了。燕妮·马克思完全理解马克思写作《资本论》的意义，她毫不犹豫地同意和支持马克思放弃那个职位，甘愿让家庭经济状况处于朝不保夕的状态之中。

马克思因为没有固定收入，所以只能靠写文章（主要是给美国《纽约每日论坛报》写稿）得来为数不多的稿费维持一家人的生活。贫困和债务如影随形，常常追随纠缠着他们，抵押和典当是常事。燕妮·马克思为了使丈夫摆脱日常琐事，能专心于研究和写作，总是全力挑起家庭生活的重担，操持家务，教养孩子，照顾丈夫，张罗生活。正如她自己所说："在所有这些战役中，我们妇女的负担尽管是次要的，然而是更为沉重的。"不仅如此，她在肩负这副重担的同时，还出色地完成了协助马克思搞科研活动和干秘书工作的任务。

马克思的《资本论》像其他许多重要手稿一样，都是经燕妮·马克思亲手誊抄以后才能付印。马克思写作的时候，思若泉涌，手不停挥，所以字迹潦草，有的甚至连马克思本人事后辨认也感吃力，而燕妮却十分细心地把它抄得准确、清晰而工整。当《资本论》接近完稿时，她写信告诉恩格斯："看到自己面前摆着这样一大堆誊写干净的稿子，心里是多么高兴啊！我的肩上卸下了一个沉重的负担。""我坐在卡尔小房间里抄写他那潦草不清的文章的那些日子，是我一生最幸福的时刻。"燕妮也常常想起她为《资本论》曾何等忧虑和焦心，"恐怕没有一本书是在比这更困难的条件下写成的，我大概可以就这一点写一部秘史，它将揭示出很多，多到无限的暗自的操心、忧虑和苦恼。如果工人们知道，为了完成这部只是为了他们和保护他们的利益而写的著作，曾经不得不作出多大的牺牲，那么他们大概就会表现出更多的关心。"

1867 年 9 月，《资本论》（第一卷）在汉堡出版了。燕妮·马克思以无比激动和喜悦的心情，以马克思秘书的身份，写信给路·库格曼等人，衷心感谢他们对此书的关怀和操劳。她还受马克思的委托，将《资本论》寄给巴枯宁。她和恩格斯等人一起，为冲破敌人对这部巨著的封锁而进行不懈的斗争。她写信给一些老朋友，向他们宣传和介绍《资本论》的内容和伟大意义。例如，她写信给印刷工人约·贝克尔，告诉他，只有在先读有关资本原始积累和现代殖民学说的几章后，才能深刻领会开头几章的辩证法思想。并且说："我相信，您也会同我一样，从这几章中得到极大的满足。"她在写给蓓尔达·马克海姆的信中说，这本具有 50 个印张的洋洋巨著，"将像一颗炸弹落到德国大地上。"

燕妮·马克思还积极参加《资本论》法文版的出版工作。她非常关心译文的质量，并为此和席利、贝克尔等人通了许多信，提出了不少有益的建议。"我刚刚以临时秘书的身份给席利写了信，并且把那个自愿担任翻译的人的信寄给了他。莫泽斯·赫斯通过席利也表示愿意充当译者。"燕妮·马克思的这些活动，都为《资本论》立下了不容低估的功绩。

马克思早就打算把《资本论》写成"一个艺术的整体"。第一卷出版后，他立即从事后两卷的写作，但由于经常生病而一再被迫中断。燕妮·马克思除悉心护理马克思外，还焦虑地写信给一些老朋友说，人们多么需要第二部分，而恰恰在这种时刻，他却被疾病缠住了手脚。后来，死神竟然在后两卷未来得及脱稿时，就无情地夺去了马克思的生命。这后两卷的稿子，经恩格斯整理后才得以完成。列宁说："恩格斯出版了《资本论》第二卷和第三卷，就是替他的天才朋友建立了一座庄严宏伟的纪念碑，在这座纪念碑上，他无意中也把自己的名字不可磨灭地铭刻上去了。"我们是否可以这样说，为《资本论》的写作和出版立下不朽功勋的除了恩格斯外，还有马克思的亲密战友、助手和夫人燕妮·马克思。为了感谢燕妮·马克思对《资本论》所作的贡献和巨大牺牲，马克思生前多次告诉恩格斯，《资本论》第二卷和第三卷是献给他的夫人的。然而，由于死神过早地夺去了他的生命，所以对马克思来说，这竟是一份没有最后完成的献礼。

（原载《外国史知识》1983 年第 3 期）

世界史

恩格斯在爱北斐特起义队伍中

1849 年 5 月 9 日，德国的莱茵—威斯特伐里亚地区爆发了由小资产阶级民主派领导的维护帝国宪法的起义，普鲁士政府派兵前往镇压，在爱北斐特和佐林根等城市，都发生了激烈的巷战和街垒战。

为参与这次武装起义，5 月 10 日，恩格斯离开科伦《新莱茵报》编辑部，前往爱北斐特。在爱北斐特，他向领导起义的"安全委员会"做了形势报告，指出莱茵河左岸地区的起义应该支援右岸地区的起义，因为莱茵河左岸地区的大城市，敌人不是设有坚固的堡垒和炮台，就是驻有重军，因此，在那里起义是无法取得胜利的。而右岸已经起义的地区，都是人烟稠密的辽阔地带，森林茂密，山峦重叠，是进行革命战争的好地方。他说："在要塞和驻有防军的城市中，应该避免无益的发动；在莱茵河左岸的小城市、工厂区和乡村中，应当进行佯攻，以便使莱茵的驻防军保持着紧张的状态；最后，应该把可以调动的力量投入莱茵河右岸的起义地区，使起义更加扩大，并设法在这些地方通过后备军来建立革命军的核心。"（恩格斯：《德国帝国维护宪法的运动》，《马克思恩格斯全集》7 卷，第 144—145 页）但是，恩格斯的这一正确建议，没有能够被领导起义的小资产阶级民主派领袖们所采纳。

后来，"安全委员会"的军事委员会便委派恩格斯领导修筑防御工事的工作，并把起义者的大炮交给他支配。恩格斯接受任务后，立即组织一个工兵连，在该城几个出口处构筑了新的街垒，配置了大炮，他还出席军事委员会的各次会议，提出许多有益的建议。

恩格斯在爱北斐特受到了武装工人的充分信任。他特别注意依靠工人战士进行革命活动，为解除镇压工人运动的"市民自卫团"的武装（"安全委员会"不愿采取暴力这种革命手段），恩格斯就率领武装工人夺取"市民自卫团"存放在市政大厦里的八十支步枪，武装了工人。

恩格斯的革命行动和他在工人起义队伍中的威望，吓坏了胆小如鼠的资产阶级市侩们，他们为有恩格斯这样一位著名的共产主义者、《新莱茵报》编辑在起义队伍中而惶惶不安。于是，他们诽谤恩格斯企图在爱北斐特实行"恐怖统治"。"安全委员会"在资产阶级的压力下要把恩格斯逐出爱北斐特，激起了武装工人和志愿部队的无比愤怒，他们要求恩格斯留下，并保证"用自己的生命来保护他"。但恩格斯考虑到，无产阶级和小资产阶级民主派公开决裂的时间还未到来，于是他到工人当中去，向工人做了解释，安定了工人的情绪，并到郊区进行一次视察，然后把他的职务移交给他的副官，便离开了爱北斐特。

5月15日，恩格斯在返回科伦的途中，还率领一支三、四十人的武装小分队，袭击了格莱弗拉特的军械库。恩格斯身骑战马，腰佩战刀，手持手枪，英勇地出现在军械库门前，值勤的卫兵未敢抵抗。恩格斯带领武装小分队进入军械库，夺取了许多武器和服装。由于武装袭击军械库，警察当局还对恩格斯发了通缉令。

回到科伦后，恩格斯便代表《新莱茵报》编辑部写文，向爱北斐特工人阶级致谢，并要他们相信，在新的无产阶级革命运动到来时，"恩格斯便会——这一点工人们可以相信！像《新莱茵报》的所有其他编辑一样，立刻出现在战斗岗位上，那时世界上再也没有任何力量能使他离开这个岗位了。"（《马克思恩格斯全集》6卷，第599页）

（原载《历史知识》1983年第4期）

世界史

巴黎公社的军官考核制度

　　1871 年 3 月 18 日，巴黎无产阶级举行武装起义，建立了人类历史上第一个无产阶级政权。巴黎无产阶级之所以能取得如此伟大的胜利，主要原因之一是他们掌握了自己的武装，建立了自己的军队——国民自卫军。

　　巴黎公社国民自卫军是世界上第一支无产阶级领导的革命军队。它的前期是武装民兵，后来演变为正规军队。国民自卫军在这个演变过程中，逐步地实行了正规军的军衔制度；公社陆军部在 1871 年 5 月 4 日正式发布命令，决定对各级参谋人员进行军衔考试。经考试合格，才能授予他们担任副官、尉官或高级军官的资格证书。

　　军衔考试由公社中央委员会委员阿尔诺德负责，并由他组织考试委员会，负责具体的考试工作。军衔考试分考查和考试两项，分别进行。考查，以考核应试人员的政治思想和道德品质为主，包括考核他们的领导魄力和对公社的革命事业的信仰，以及他们的骁勇、刚毅和献身精神等；考试，则主要是测验他们的军事技能和对军事条令、作战原则、军事处置的理解等。

　　由于巴黎公社存在的时间很短（只存在七十二天），而且主要是在对敌作战中度过的，因此，军衔考试制度没有充分的时间来实行。尽管如此，公社国民自卫军关于从政治思想和军事技能两个方面考核各级军事领导人员的主张，仍对我们有借鉴意义。

（原载《解放军报》1981 年 3 月 21 日）

詹姆斯一世不是伊丽莎白一世的堂弟

北京大学历史系编写的《简明世界史》（近代部分）（人民出版社 1974 年版）第 13 页中写道：英国"伊丽莎白女王死后（1603 年）无嗣，她的堂弟苏格兰国王詹姆斯·斯图亚特登上王位，开始了斯图亚特王朝在英国的统治。詹姆斯一世（1603—1625 年在位）……"

据查，詹姆斯一世的母亲玛丽·斯图亚特是亨利七世的外曾孙女，也就是亨利七世的女儿苏格兰王后玛格丽特的孙女儿（玛格丽特是苏格兰国王詹姆斯四世的妻子）。

而伊丽莎白一世却是亨利七世的孙女儿，也就是亨利八世第二个妻子的女儿。按辈分计算，伊丽莎白一世应是詹姆斯一世的姨奶奶（姨祖母），怎能说詹姆斯一世是伊丽莎白一世的堂弟呢？

（原载《社会科学战线》1981 年第 1 期）

哈布斯堡王朝世系说明表

帝国或王国	皇帝或国王	在位年代	说　明
神圣罗马帝国 （1273—1291） （1298—1308） （1438—1806）	鲁道夫一世 （皇帝，下同）	1273—1291	神圣罗马帝国，是欧洲中世纪的封建帝国，962年，由鄂图大帝创建；统治中心已转入德意志，故又称德意志神圣罗马帝国。其疆域包括今德意志、捷克、意大利、荷兰、比利时、瑞士、奥地利等国。1273年，领地较少的哈布斯堡家族的五十五岁的鲁道夫伯爵当选为神圣罗马帝国皇帝，开始了哈布斯堡王朝的统治。哈布斯堡王朝是欧洲历史上最长的王朝，因发迹于瑞士（士瓦本）的哈布斯堡，故名。1278年，鲁道夫利用诸侯对捷克国王普舍美斯二世崛起之不满，打败了普舍美斯二世，占领了部分奥地利领地，奠定了奥地利哈布斯堡王室之基础，哈布斯堡家族亦成为具有广大领地的诸侯了。
			1292—1298年，拿骚的阿道弗继鲁尔道夫一世之后，当选为帝国皇帝。在位期间，欲夺取屠林根和迈森，后遭诸侯之反对，战殁。
	亚尔伯特一世	1298—1308	鲁道夫一世之长子。在位期间，曾击败莱茵河诸侯之反抗。1308年，为其侄所杀。
			1308—1313年，卢森堡王朝的亨利七世继亚尔伯特一世之后，当选为帝国皇帝。曾封亚尔伯特一世之子为波希米亚国王。
			1314—1347年，巴伐利亚威特尔斯巴赫家族的路易四世，继亨利七世之后，当选为帝国皇帝。
			1347—1378年，卢森堡王朝亨利七世之孙查理四世继路易四世之后，当选为帝国皇帝。1356年，查理四世颁布"黄金诏书"，确认皇帝由七个选帝侯（三个教会诸侯，四个世俗诸侯）选举，并承认诸侯们在其领地内有绝对独立自主之权。

帝国或王国	皇帝或国王	在位年代	说　明
神圣罗马帝国 （1273—1291） （1298—1308） （1438—1806）			1378—1410 年，查理四世之子瓦茨拉夫四世（即温斯拉夫）继选为帝。1400 年，因支持城市，被选帝侯所废。1400—1410 年间，另有卢森堡王朝三人续为帝国皇帝。
			1410—1437 年，瓦茨拉夫四世之弟西吉斯孟当选为帝国皇帝。在位期间，皇帝已是选帝侯们控制的顺从工具。
	亚尔伯特二世	1438—1439	亚尔伯特一世之第四代孙，1438 年，继西吉斯孟之后当选为帝国皇帝（他是西吉斯孟之婿），帝位再次转入哈布斯堡王朝之手，一直保持到 1806 年。
	腓特烈三世	1439—1493	亚尔伯特二世之堂兄弟，亚尔伯特一世之另一第四代孙。在位期间，皇权极度衰微，德意志人甚至已忘记他们还有一个帝国皇帝的存在。
	马克西米连一世	1493—1519	腓特烈三世之子，娶勃艮第的玛利为妻，因之取得尼德兰之领地。在位期间，企图加强皇权和中央集权制度，提出建立帝国经常税（皇帝税）和帝国常备军，但都遭诸侯之反对而未能实现。 其子漂亮的腓力（尼德兰大公）娶卡斯提女王伊萨伯拉（1474—1504 年在位）和亚拉冈国王斐迪南（1479—1516 年在位）之女胡安娜为妻。伊萨伯拉和斐迪南结婚后，卡、亚两国正式合并，称西班牙王国。
	查理五世	1519—1555	马克西米连一世之孙、漂亮的腓力之子。1519 年，继马克西米连一世之后，被七个选帝侯一致推选为帝国皇帝。早在 1516 年斐迪南死后，西班牙王位已由其继承，在西班牙称查理一世（1516—1556 年在位）。他是斐迪南和伊萨伯拉之外孙，故依此继承西班牙王位，是为哈布斯堡王朝统治西班牙之始。查理五世是欧洲最强有力的君主，统治着德意志、意大利、尼德兰、西班牙和西属拉丁美洲等地。在位期间，曾致力于支配全世界，并四次和法国为争夺意大利而战，法国遭失败。随后，又率西班牙大军击败德意志新教诸侯，力图完全恢复天主教。但遭新教诸侯激烈反对，被迫在 1555 年与新教诸侯订"奥格斯堡宗教和约"，规定各邦诸侯得自由决定本人及其臣民信仰天主教或路德派新教。1555 年隐退，1558 年死于西班牙，神圣罗马帝国之庄严伟大亦随之俱逝。隐退后，西班牙王位由其子腓力二世继承，而德意志神圣罗马帝国皇位和奥地利则落入其弟斐迪南一世之手。由此，便产生了哈布斯堡王朝之两支——奥地利哈布斯堡王朝和西班牙哈布斯堡王朝。

191

世界史

求真集——谢青史学论文选

帝国或王国	皇帝或国王	在位年代	说　明
神圣罗马帝国 （1273—1291） （1298—1308） （1438—1806）	奥地利哈布斯堡王朝：斐迪南一世	1555—1564	查理五世之弟。查理五世隐退后，帝国和奥地利由他统治。在位期间，根据"奥格斯堡宗教和约"，重谋建设宗教上之和平，但却加深了德意志的分裂。
	马克西米连二世	1564—1576	斐迪南一世之子。在位期间。天主教势力很活跃，他的五个儿子中，有三个儿子都曾在西班牙接受天主教的反动教育。
	鲁道夫二世	1576—1612	马克西米连二世之长子。在位期间，天主教势力特别强大。他曾力图用武力限制新教诸侯的权力，遭新教诸侯反对。1608 年，新教诸侯建"新教联盟"。1609 年，天主教诸侯则联合组成"天主教联盟"。"天主教联盟"得到罗马教皇、西班牙国王和鲁道夫二世的支持。
	马提亚	1612—1619	鲁道夫二世之弟。1617 年，他命其堂兄斐迪南二世为捷克国王，斐迪南二世是"天主教联盟"的领袖，因此遭捷克议会的激烈反对。终于在 1618 年爆发了反对哈布斯堡王朝统治的战争，此即三十年战争（1618—1648）之开始。
	斐迪南二世	1619—1637	斐迪南一世之孙、马提亚之堂兄弟。在位期间，正是三十年战争激烈进行期间。
	斐迪南三世	1637—1657	斐迪南二世之子。1648 年，三十年战争结束。订"威斯特伐里亚和约"，规定德意志境内新旧教地位平等，各邦诸侯在领地内享有自主权，从而加深了德意志分裂、割据的局面。还规定巴伐利亚公爵为选帝侯。
	利欧普尔德一世	1658—1705	斐迪南三世之子，其妻玛格丽特·德利撒为西班牙国王腓力四世之女。在位期间，由于三十年战争的影响，皇权进一步衰落，决定帝国政策的是设在雷根斯堡的帝国议会。1663 年以来，帝国议会经常开会，选帝侯起决定性作用。
	约瑟夫一世	1705—1711	利欧普尔德一世第二妻之子，死后无男嗣。
	查理六世	1711—1740	利欧普尔德一世第三妻之子，死后亦无男嗣。

帝国或王国	皇帝或国王	在位年代	说　明
神圣罗马帝国 （1273—1291） （1298—1308） （1438—1806）	玛利亚· 特利莎	1740—1780	查理六世之女，其夫为洛林的法兰西斯一世。查理六世死后，她根据遗诏继承父位。普鲁士、法国、巴伐利亚、撒克逊、西班牙、瑞典、那不勒斯、撒丁反对，企图乘机瓜分哈布斯堡王朝领地。而英国、荷兰和俄国则支持玛利亚·特利莎，因之爆发战争，史称奥地利哈布斯堡王位继承战（1740—1748）。1748年，订《爱克斯—拉—沙贝尔和约》。玛利亚·特利莎继承王位的权利得到承认，普鲁士获得了西里西亚而变成欧洲强国。自此以后，亦称奥地利哈布斯堡—洛林王朝。
	约瑟夫二世	1780—1790	玛利亚·特利莎和洛林法兰西斯一世之子。
	利欧普尔德 二世	1790—1792	玛利亚·特利莎和洛林法兰西斯一世之子、约瑟夫二世之弟。
	法兰西斯二世	1792—1806	利欧普尔德二世之子。同时为奥国皇帝。在位期间，发生拿破仑战争。1806年，拿破仑组织有二十多个德意志诸侯参加的"莱茵联盟"。这些诸侯正式宣告脱离神圣罗马帝国，帝国已名存实亡。同年4月6日，法兰西斯二世正式宣布卸除他作为帝国皇帝的职责，德意志神圣罗马帝国终结。此后，奥地利哈布斯堡王朝的统治仅限于奥地利了。法兰西斯二世在奥地利帝国称法兰西斯一世。
奥地利帝国 （1804—1867）	法兰西斯一世 （皇帝，下同）	1792—1838	神圣罗马帝国终结后，法兰西斯一世作为奥国皇帝继续统治奥地利。奥地利从1804年起，正式称奥地利帝国。在位期间，于1815年参加维也纳会议和反动的神圣同盟。
	斐迪南	1838—1848	法兰西斯一世之子。1848年，奥地利爆发资产阶级革命，三月到十月间，维也纳人民数次举行起义，推翻了梅特涅反动政府，斐迪南也被迫出走。11月，起义被镇压，12月，法兰西斯·约瑟夫一世嗣位。
	法兰西斯· 约瑟夫一世	1848—1867	斐迪南之侄。1866年，奥地利和普鲁士发生争夺德意志领导权的战争，史称普奥战争。奥国战败，订"布拉格和约"，普鲁士获得施勒斯维希—霍尔施坦等地区，奥地利被迫退出争夺德意志领导权的斗争。1867年，还被迫与当时作为奥地利一部分的匈牙利签订协定，建立二元君主国——奥匈帝国。

世界史

求真集——谢青史学论文选

194

帝国或王国	皇帝或国王	在位年代	说　明
奥匈帝国 （1867—1918）	法兰西斯· 约瑟夫一世 （皇帝，下同）	1867—1916	1867年奥匈二元君主国建立后，奥地利帝国皇帝则为奥匈帝国皇帝了。在位期间，与德意志缔结三国同盟，对内实行民族压迫，对巴尔干实行侵略政策。1914年，把奥匈帝国拖入第一次世界大战。奥匈帝国皇太子弗兰茨·斐迪南于1914年6月在萨拉热窝被刺，则成了第一次世界大战的导火线。
	查理一世	1916—1918	法兰西斯·约瑟夫一世之侄孙。第一次世界大战结束后，于1918年被推翻，1922年死。奥地利哈布斯堡王朝统治终结。1918年，奥地利成立共和国，1955年，奥地利宣布为"永久中立"国。
西班牙王国 （1516—1700）	西班牙 哈布斯堡王朝 腓力二世 （国王，下同）	1556—1598	西班牙哈布斯堡王朝自1516年查理一世即位西王时起，到1700年查理二世止，历时184年。腓力二世为西王查理一世（亦即神圣罗马帝国皇帝查理五世）之子，查理一世于1555年隐退后，西班牙王位由他继承，领地有西班牙、西属拉丁美洲、意大利、尼德兰等地。在位期间，加速中央集权制国家的建立，选马德里为首都。他以正统天主教卫道者自居，借口消灭异端，干涉他国内政，实行对外侵略扩张政策，镇压尼德兰资产阶级革命。1588年，组织"无敌舰队"，对英远征，在英吉利海峡被英击败。从此，西班牙丧失了海上霸权。
	腓力三世	1598—1621	腓力二世之子。在位期间，尼德兰资产阶级革命取得胜利。1609年，腓力三世被迫停止对尼战争，正式承认尼德兰独立。
	腓力四世	1621—1665	腓力三世之子。在位期间，国内阶级矛盾、民族矛盾尖锐。1640—1652年间，爆发大规模农民和城市贫民起义；1647—1648年，西西里和那不勒斯发生反西运动；西属拉美和菲律宾反抗殖民奴役的斗争亦不断发生。到17世纪中叶，西班牙的霸权地位已完全衰落。
	查理二世	1665—1700	腓力四世之子。在位期间，曾指定其外甥女马利安东尼的儿子、巴伐利亚选帝侯约瑟夫·斐迪南为西班牙王位继承人。1699年，约瑟夫·斐迪南死。查理二世被迫指定法国安茹的腓力为王位继承人，条件是西法永不合并。1700年，查理二世死，安茹的腓力即位西王，称腓力五世。西班牙哈布斯堡王朝统治终结。

（原载《中学历史》1981年第3期、第10期）

英国王朝世系说明表

王 朝	年 代	国 王	说 明
撒克逊人和丹麦人统治时期（871—1066）	871—899	阿尔弗烈德	从公元五世纪中期盎格鲁、撒克逊、裘特三个北日尔曼部落入侵不列颠岛建立国家起，至九世纪初叶，征服者建立的七个王国，互相争雄，史称"七国时代"。829年，西撒克逊王国爱格伯特曾一度统一七国，称英格兰王国。爱格伯特之孙阿尔弗烈德在位时，西撒克逊已统治了除丹麦区以外的全部英格兰领土，成为英格兰国王。
	899—978		这七十八年，是阿尔弗烈德之子爱德华（899—925年在位）之孙阿塞尔斯坦（925—940年在位）及爱德蒙（940—946年在位）、爱德里德（946—955年在位）和曾孙爱德威（955—959年在位）、爱德格（959—975年在位）及爱德格之子爱德华（975—978年在位）等相继统治时期。爱德格时，已征服了丹麦区，统一了全英格兰。
	978—1016	爱衰尔勒德	爱德格之子。在位后期，丹麦人入侵，他逃亡国外。
	1016.4—1016.11	爱德蒙	爱衰尔勒德之子，又称铁甲爱德蒙。
	1017—1035	卡纽特	丹麦王斯纹之子。斯纹入侵英国，曾推翻撒克逊人之统治。卡纽特复战胜爱德蒙。待爱德蒙死，由西撒克逊贵族推举其为英王，为英、丹、挪威共主，统称"卡纽特帝国"。苏格兰亦臣服于卡纽特。在位期间，维护教会和封建主利益，加强中央政权。死后，英、丹、挪即分立。
	1035—1040	哈拉德	卡纽特之子，又称捷足哈拉德。卡纽特死后，由他继位为英王。

王　朝	年　代	国　王	说　明
撒克逊人和丹麦人统治时期（871—1066）	1040—1042	哈德·克纽特	卡纽特之子。继哈拉德后即位。
	1042—1066.1	信士爱德华	哈德·克纽特死后，丹麦人王室中无继位者。英格兰贵族迎立逃亡诺曼底的爱衰尔勒德之子信士爱德华为王，继旧日撒克逊人王统。在位期间，宠信诺曼底贵族与教士，但受制于本国权贵。
	1066.1—1066.10	哈罗德	爱德华死后无子，"贤人会议"推举大贵族高德温之子哈罗德为王。
诺曼底王朝统治时期（1066—1154）	1066.12—1087	威廉一世	哈罗德继位后，法国诺曼底公爵威廉入侵英国，即英王位，史称"诺曼征服"。在位期间，没收贵族大量土地，迫使全国封建领主效忠于己，加速和完成了英国的封建化过程，使英国成为具有强大王权的统一国家。
	1087—1100	威廉二世	威廉一世之子。
	1100—1135	亨利一世	威廉二世之弟。威廉二世被暗杀后，王位由他继承，称亨利一世。
	1135—1154	斯蒂芬王	亨利一世死后无子，其女玛蒂尔德要求继承王位，但诸侯却拥立亨利一世之外甥斯蒂芬为王，王位继承战争爆发。1153年，双方妥协，规定斯蒂芬终身为王，死后王位由玛蒂尔德之子、法国安茹伯爵亨利继承。
金雀花王朝（又称安茹王朝）统治时期（1154—1399）	1154—1189	亨利二世	斯蒂芬死后，安茹伯爵亨利入主英国，称亨利二世，是为安茹王朝（又称金雀花王朝）统治英国之始。在位期间，将盾牌钱的征收经常化；建立常备军，代替骑士军；并扩大国王法庭权力以加强王权。1171年，开始侵入爱尔兰。
	1189—1199	理查一世	亨利二世之子，参加十字军远征。
	1199—1216	约翰王	理查死后无子，其弟无地王约翰继位。在位期间，对法作战失败，丧失其在法国的领地。1215年，在大封建主的胁迫下，签署"自由大宪章"，削弱了王权，保障了大封建主和教会的特权。
	1216—1272	亨利三世	约翰王之子。即位时年幼，政权一度转到大封建主孟福尔之手。1265年，孟福尔召开各郡代表会议，是为英国国会的雏形。

王　朝	年　代	国　王	说　明
金雀花王朝（又称安茹王朝）统治时期（1154—1399）	1272—1307	爱德华一世	亨利三世之子。1295 年，他为筹备战费，召开封建等级代表会议，史称"模范国会"。
	1307—1327	爱德华二世	爱德华一世之子。1327 年，被国会废黜。
	1327—1377	爱德华三世	爱德华二世之子，即位时年仅十四岁。1337 年，为争夺法国领土和富裕的佛兰德尔，借口他是法国腓力四世之外孙，要求继承法国王位，挑起对法战争，断断续续进行到 1453 年，史称"英法百年战争"。最后英国失败。
	1377—1399	理查二世	爱德华三世之孙（其父黑太子爱德华已于 1376 年去世）。在位期间，1381 年，爆发了瓦特·泰勒领导的农民大起义。1399 年，他被国会废黜，安茹王朝统治终结。
兰开斯特王朝统治时期（1399—1461）	1399—1413	亨利四世	理查二世被废后，由其堂弟兰开斯特家族之亨利继位，称亨利四世。是为安茹家族之旁系兰开斯特家族统治之始。
	1413—1422	亨利五世	亨利四世之子。1415 年，再次入侵法国。
	1422—1461	亨利六世	亨利五世之子。1460 年为爱德华四世击败，被俘囚禁。（1470 年曾一度复位，但 1471 年，又为爱德华四世俘囚，后死去）。1461 年，王位为约克家族所代。
约克王朝统治时期（1461—1485）	1461—1483	爱德华四世	亨利六世在位期间，约克家族的理查公爵要求继承王位。于是，两大封建贵族之间爆发了争夺王位的战争，史称"玫瑰战争"（1455—1485）。1460 年，理查败死。其子爱德华击败亨利六世，即英王位，开始了约克王朝的统治。
	1483	爱德华五世	爱德华四世之子。即位仅数月，即为其叔理查三世所杀，年仅十二。
	1483—1485	理查三世	爱德华四世之弟，他杀死爱德华五世后即位。1485 年，他又被亨利·都铎（亨利七世）所杀。持续三十年的"玫瑰战争"结束，旧封建贵族的势力受到严重削弱，有利于都铎王朝专制政体的建立。
都铎王朝统治时期（1485—1603）	1485—1509	亨利七世	兰开斯特家族远系后裔，又娶爱德华五世之姐伊丽莎白为妻。他的即位，是红白玫瑰的结合、都铎王朝统治之始。在位期间，任用新贵族，实行重商主义，加强了君主专制统治，使国会成为国王实行专制统治的工具。

世界史

求真集——谢青史学论文选

王　朝	年　代	国　王	说　明
都铎王朝统治时期（1485—1603）	1509—1547	亨利八世	亨利七世之子。在位期间，实行宗教改革，宣布英国教会脱离罗马教廷。国会通过"至尊法案"，宣布国王为英国教会的最高首脑，拥有任命教会各种教职及决定教义之权。
	1547—1553	爱德华六世	亨利八世之子。在位期间，1549年，爆发凯特领导农民反对圈地运动的大起义。
	1553—1558	玛丽一世	爱德华六世十六岁时病逝，无子，其姐（同父异母）玛丽继位。在位期间，恢复天主教，残酷镇压新教徒，被称为"血腥的玛丽"。
	1558—1603	伊丽莎白一世	玛丽之妹（同父异母），未婚无子，死后王位由詹姆斯一世继承。她是专制政治的著名代表人物，曾确定英国国教的教义和仪式；对外击败西班牙无敌舰队，使英国成为海上强国之一。
斯图亚特王朝统治时期（1603—1714）	1603—1625	詹姆斯一世	斯图亚特原是苏格兰王族，1371年起统治苏格兰。1603年，苏格兰国王詹姆斯六世因其母玛丽·斯图亚特之祖母玛格丽特是亨利七世之长女，故依此继承英国王位，在英国称詹姆斯一世，是为斯图亚特王朝统治英国之始。在位期间，竭力推行绝对君主专制，置王权于法律和国会之上，并残酷迫害清教徒。
	1625—1649	查理一世	詹姆斯一世之子。在位期间，继续迫害清教徒，长期与国会对抗，促使资产阶级革命爆发。1649年被处以死刑，斯图亚特王朝也被推翻。
	1649—1659		查理一世死后，英国进入共和国时期和克伦威尔的护国主时期。他镇压"平均派""掘土派"，征服爱尔兰。
	1660—1685	查理二世	1660年，国会迎立逃亡荷兰的查理一世之子查理二世回国继承王位，是为斯图亚特王朝复辟。
	1685—1688	詹姆斯二世	查理二世之弟。1688年，英国资产阶级和新贵族发动宫廷政变，史称"光荣革命"，迎立荷兰总督威廉入主英国，推翻詹姆斯二世之统治，结束了斯图亚特王朝的复辟。

王　　朝	年　代	国　王	说　　明
斯图亚特王朝统治时期（1603—1714）	1689—1702	威廉三世	詹姆斯二世之婿（其妻玛丽为詹姆斯二世之女）。1688年政变后，他入主英国，称威廉三世。1689年，国会通过《权利法案》，规定此后国王必须是新教徒，国王必须遵照国会意志行事，限制了王权，提高了国会地位，确立了资产阶级和新贵族专政的君主立宪政体。
	1702—1714	安　妮	根据1701年国会通过的"王位继承法"，威廉三世死后，王位由詹姆斯二世之女安妮继承。安妮死后，王位由詹姆斯一世女儿的后裔德国汉诺威选帝侯继承。
汉诺威王朝统治时期（1714—1917）	1714—1727	乔治一世	詹姆斯一世外孙女索菲亚（汉诺威选帝侯之妻）之子。因索菲亚已死，故王位由乔治一世继承，是为汉诺威王朝统治英国之始。在位期间，内阁制开始确立并形成了内阁不在英王主持下开会与进行活动的惯例。
	1727—1760	乔治二世	乔治一世之子。
	1760—1820	乔治三世	乔治二世之孙（其父腓得烈已于1751年死）。在位期间，英国发动英法七年战争（1756—1763年），打败法国，获得北美大片殖民地及印度，成为"海上霸主"（但北美十三州通过1775—1783年独立战争脱离了英国统治）。1819年8月屠杀要求改革选举、取消谷物法和取消禁止工会法的工人和市民。
	1820—1830	乔治四世	乔治三世之子。
	1830—1837	威廉四世	乔治四世死后无子，王位由其弟威廉四世继承。
	1837—1901	维多利亚女王	威廉四世死后无子女，王位传其弟爱德华（1820年死）之独生女维多利亚，1877年起兼印度女皇（以后英王均兼印度皇帝，至1947年印度独立为止）。在位期间，英国经历了资本主义的全盛阶段，占领了广大殖民地，垄断了世界市场。英国史学家称之为英国史上的"黄金时代"。这一时期，无产阶级掀起了以争取普选权为主旨的宪章运动。
	1901—1910	爱德华七世	维多利亚女王之子。在位期间，英国放弃"光荣孤立"政策，实行结盟外交，与法、俄协约，形成第一次世界大战中两大军事侵略集团之一。

王　朝	年　代	国　王	说　明
温莎王朝统治时期（1917.7—）	1910—1936	乔治五世	爱德华七世之子。他于1917年7月17日宣布英王室改姓温莎，故此后应为温莎王朝统治时期。英国参加第一次世界大战、对苏联的武装干涉和战后争霸的斗争。
	1936.1—1936.12	爱德华八世	乔治五世之子。因干预内阁活动以及同美国妇女辛普森结婚事，在保守党压力下退位，宣布和英王位以及他的子孙不再发生关系。此即退位法之始。
	1936.12—1952	乔治六世	爱德华八世之弟。爱德华八世退位后，由他继承王位。英国参加第二次世界大战。
	1952—	伊丽莎白二世	乔治六世死后无子，王位由其女伊丽莎白继承，称伊丽莎白二世，她在1960年2月8日宣布，今后只有其子女及此后继承英国王位的人用温莎的姓，至于孙辈（当王的例外）一律用"蒙巴顿—温莎"为姓。

（原载《历史教学》1981年第10期）

巴黎公社重视加强军队法制建设

巴黎公社成立的第二天，即1871年3月29日，它发布了一项法令，这就是宣布废除资产阶级的常备军，代之以无产阶级的国民自卫军。在同梯也尔反动军队的斗争中，公社深切地体会到，为了巩固和提高国民自卫军的战斗力，必须加强这支军队的法制建设，必须注意进行军纪教育和履行军人职责的教育。并为此采取了一些相应的措施。

首先是进行遵纪教育。国民自卫军中央委员会在4月9日的通令中明确指出，各营核心小组和军团委员会要注意使营队和军团保持优良的士气，要用说服和示范的方法维护军纪。通令要求全体官兵一定要"服从指挥，遵守纪律"，还号召各级指挥官对部下要"宽厚不苛"，官兵之间要建立"相互信任，团结一致"的关系。

其次是进行守职教育。公社军事代表在4月7日签署的关于为纠正崇尚肩章、袖饰的浮夸习气的命令中指出，这种习气正在腐蚀着军队，它意味着"我们朴素的出身在被遗忘"，"我们过去是劳动者，今天仍然是劳动者，将来也还是劳动者。""今后，任何军官凡佩带超过自己军衔的证章，或在国民自卫军正式制服上添加胸链或其他虚荣饰物者，应受纪律处分。"

再次，为了严格军纪，公社在4月11日正式通过了关于成立军事法庭和纪律法庭的决定。决定规定在各军团设军事法庭，在各营设纪律法庭。4月17日，又制定了军事法庭关于诉讼与刑罚的具体规定。

此后，有关部门还明令规定：凡酗酒闹事；凡因过失造成部队退却；凡为诱降策反而行贿受贿；凡丁兵部队拒绝出丁；凡私自倒卖国民自卫军装备和人民财产；凡无正式命令而随意逮捕和干预公共场所的正常活动；凡不遵守公安委员会的正式命令等，都要受军事法庭或纪律法庭的军法、军纪惩处。

公社上述关于加强国民自卫军法制建设的措施，加强了军队的纪律，提高了军队的战斗力。

（原载《解放军报》1981 年 8 月 22 日）

1857 年的世界经济危机

　　1857—1859 年世界经济危机爆发的根本原因是资本主义生产方式及其固有矛盾发展、激化的结果，它是在生产过剩的基础上爆发的。19 世纪 40 年代末和 50 年代初，随着世界市场的迅速扩大、工业投资的不断增加以及铁路建设的加快，欧美主要国家的工业生产和对外贸易都有了很大发展。据统计，1847—1857 年间，英、美、德、法的工业产量和对外贸易的增长率是，采煤量：英国增长了 52%，美国是 156%，德国是 123%，法国是 52%；生铁产量：英国增长了 83%，美国是 10%，德国是 130%，法国是 68%；出口值：英国增长了 103%，美国是 85%，德国是 98%，法国是 113%[①]。但在资本主义生产资料私有制的情况下，劳动群众消费能力的增长是非常有限的。因此，当生产发展到一定限度时，就必然出现生产过剩，这就为爆发新的经济危机奠定了物质基础。同时，银行信用资金增长的速度也很快，以 1851—1857 年为例，伦敦九家银行的存款数字从 1800 万英镑增加到 4300 万英镑；美国银行的贴现和放款业务从 44，500 万美元增加到 68，400 万美元；法兰西银行的贴现和放款业务从 18 亿法郎增加到 56 亿法郎；而普鲁士银行的贴现和业务更增加了七倍[②]。这样，资本家就可以利用增长了的银行信用资金来增加投资和扩大生产，从而更加速了工业生产的过剩和促成了经济危机的爆发。

　　工业生产过剩的主要策源地是英国。占据工业和世界贸易垄断地位的英国，把它的商品塞满了其他国家特别是美国的市场。这些商品堆积在海关里和仓库里，日益滞销。例如 1857 年 5 月，英国经纽约运入美国的商品就有 60% 堆积在海关仓库里[③]。再加上这些国家本身工业生产的过剩，这就使整个资本主义世界经济危机的爆发成为不可避免的了。

203

世界史

1857—1859 年经济危机带有明显的工业危机的特点。但工业生产的过剩，只有在信用崩溃时才能暴露出来。因此，这次经济危机首先是从金融危机和商业危机开始的。1857 年秋，美国爆发了猛烈的金融危机和商业危机。在危机的冲击下，费城所有的银行几乎都停止了支付，纽约的 63 家银行也有 62 家停止了支付。于是，整个银行系统陷于瘫痪。最早遭到破产的是铁路公司和进口商。1857 年 10 月，铁路公司的股票比 1856 年底下跌 85%—87%，铁路公司纷纷破产。进口商由于市场商品充斥，销售困难，也大批破产。据统计，1857 年美国登记的破产事件高达 5000 余起，破产总额近 3 亿美元④。美国的危机很快蔓延到英国和欧洲大陆。在英国，那些在美国有大量投资的银行和公司首先破产了。如利物浦自治银行、苏格兰西方银行等都倒闭了。英格兰银行的资金也迅速失散，不得不在一个月之内五次提高贴现率。据统计，危机使英国损失了大约 25,000 万—30,000 万英镑⑤。德意志的海外贸易中心汉堡，"一切有价证券行市都惊人地下跌"，"许多殷实的商人都破产了"。法国股票行市也大大跌落，1857年底和 1856 年相比，动产信用公司股票行市跌落 64%，1856—1858年，破产事件高达 12,030 起⑥。其他欧洲国家，如奥地利、俄国等，也受到了不同程度的冲击。

随着金融危机和商业危机的蔓延，各国的工业危机也普遍爆发了。根据显然是缩小了的统计，英、美、德、法四国的纺织、冶金、煤炭等工业部门的生产都有缩减，价格都有跌落。从生产部门来说，纺织、冶金部门和铁路建设下降幅度最大，煤炭部门下降幅度较小；从国家来说，美国下降幅度较大，德、法次之，英国最小。详见附表：

随着生产的缩减和价格的跌落，许多工业企业破产了。例如，在英国，1857 年底曼彻斯特的 87 家棉纺织厂就有 12 家关了门，斯塔福德郡和苏格兰有 110 座炼铁炉停了火，兰开郡在危机爆发后的半年内歇业和停工的工厂就有 265 家。在美国，以普罗维顿斯为中心的工业区，仅棉纺织厂就有四分之三的设备被闲置起来。冶金部门危机也很严重，1857 年，美国已经完全停止建设使用矿物燃料的新式炼铁炉了。法国受危机影响最重的是丝织业，丝织业中心里昂有 17 万工人受到危机之害。在德国，纺织和冶金部门的危机最为严重，生产下降，开工不足，很多工人被解雇，仅克莱费尔德一地就有24,000人失去了工作⑦。英、美、德、法四国大约集中了当时世界工业生产的80%，这四个国家再生产过程的中断，足以说明这次经济危机的世界性了。

危机期间四国工业产量及批发价格下降情况统计表

国别 ＼ 下降%	生铁产量	棉花消费量	铁路增长长度	采煤量	批发价格指数
美　国	29	28	50	2	16
德　国	7	28	53		15
法　国	13	13	71	6	12
英　国	6	7	10	2	13

这次经济危机的另一个特点是它严重地影响到农业，农业危机最严重的是美国。美国由于粮食生产过剩，再加上克里木战争结束后，俄国粮食再度出现于欧洲市场，致使美国向欧洲的粮食出品减少，粮价猛跌。例如，美国的小麦平均年产量尽管从1851—1854年间的11,600万蒲式耳上升到1858年的18,000万蒲式耳，但它的小麦出口量（包括面粉和黑麦）却从1857年的4060万蒲式耳下降到1859年的1670万蒲式耳；小麦的出口价格每蒲式耳从1857年的1.53美元，下降到1859年的0.95美元⑧。粮食出口的锐减和粮食价格的猛跌，农民的收入减少了，购买力降低了，因而大大缩小了工业品的国内市场，工业危机更加普遍和严重。美国的农业危机，又直接打击了英国的工业，使英国对美国的出口更加困难。法国的小麦价格也因经济危机而一再下跌，1857、1858年的两年中几乎跌落了一半，造成许多农户倾家荡产，社会矛盾激化。工业危机和农业危机的相互交织，更加深了这次经济危机的复杂性和严重性。

1857—1859年经济危机的严重后果是它大大激化了资本主义世界各种固有的矛盾。

首先是工人阶级和资产阶级之间的矛盾激化了。在危机影响下，失业工人猛增，工人阶级的状况更加恶化，工人阶级纷纷起来进行反对资产阶级的斗争。在英美等国，主要表现为失业工人集会、示威和反饥饿暴动，罢工事件也不断发生。例如，仅美国纽约一个城市的失业工人就有 15 万人⑨。从 1857 年 11 月起，纽约、费城等地的失业工人都举行了声势浩大的反饥饿集会和游行示威。在纽约的一次失业工人集会上，木工约翰·保罗还发表了慷慨激昂的演说："究竟是什么人给我们造成这种灾难的？究竟是什么人夺去了我们的面包？是那些压迫劳工的人，是那些资本家们。……如果我们不组织起来反抗这些土匪强盗，我们还能有什么办法得到救济呢？……让我们团结起来，让每一个区域立即成立各地的组织；让我们将一切政治上和宗教上的问题暂时搁置在一边吧！"⑩在另一次集会上，他们还提出了"要工作，要面包"的口号⑪。在英国，仅伦敦就有 25 万失业工人。有人估计，1857 年第四季度，英国棉纺织工人大约损失了 116 万英镑的工资，全国各地工人为抗议工资下降而纷纷罢工，伦敦失业建筑工人在举行抗议集会时，还向政府提出举办公共工程，援助移民、允许耕种英格兰荒地等要求。诺丁汉和雷德福德的失业群众还举行了反饥饿暴动，他们捣毁商店，要求政府发放救济款和救济粮⑫。在罢工斗争中，工人们还成立了一批更为巩固更为坚强的工会组织。约克郡煤矿工人协会、伦敦混合木工协会就是这样的工会组织⑬。法国和德国也发生了类似英、美两国那样严重的社会后果。由于工人阶级和资产阶级之间矛盾的激化，从而促进了 19 世纪 60 年代欧美先进资本主义国家工人运动的活跃。

其次是宗主国和殖民地半殖民地之间的矛盾加深了。在经济危机期间，宗主国，特别是英国的资产阶级为了摆脱危机，大大增加了对亚洲殖民地和半殖民地的商品输出，从而加强了对亚洲国家的剥削和掠夺。英国是最早摆脱危机的国家，而英国之所以能最早摆脱危机，和它利用武力扩大对印度、中国和伊朗的出口有密切关系。特别是扩大对印度的出口，意义最为重大。有人估计，英国对印度和中国商品输出的扩大，使 1858 年英国出口下降的程度减轻了一半，并在 1859 年创造了新的出口最高记录⑭。宗主国对殖民地和半殖民地商品输出的扩大，加深了宗主国和殖民地、半殖民地之间的矛盾，这就为亚洲各国人民的反殖斗争和民族解放运动的进一步高涨奠定了新的基础。

危机的另一个后果是它在一定程度上加强了统治阶级内部的矛盾，促进了资产阶级民族民主运动的高涨。因为危机的爆发，反映和暴露了资本主义经济和上层建筑之间的矛盾和冲突。如美国的奴隶制、德国的政治割据、法国波拿巴主义的反动统治、俄国的农奴制等，都严重阻碍着资本主义经济的发展。因此，这些国家在危机期间和危机以后，为了进一步摆脱危机和扫清资本主义发展的障碍，都进行了反对国家政治、经济中的前资本主义关系的斗争，主要有美国反对奴隶制的斗争，德国争取统一的运动，法国反对波拿巴主义，俄国废除农奴制等等。这些历史事实表明，危机加深了统治阶级内部的矛盾和斗争，促进了资产阶级民族民主运动的高涨。

注释

　　①—⑨、⑪、⑫、⑭中所引用的材料，均引自门德尔逊著：《经济危机和周期的理论与历史》第一卷下册。斯竹等译，生活·读书·新知三联书店 1975 年版，第 585—586、615、633、635—636、637、638—639、640—650、644、660、366、657—658、679 页。

　　⑩1857 年 11 月 3 日《纽约日报》。转引自方纳著：《美国工人运动史》第一卷，生活·读书·新知三联书店 1956 年中译本，第 365—366 页。

　　⑬莫尔顿：《人民的英国史》下册。谢琏造等译，生活·读书·新知三联书店 1958 年版，第 608 页。

（原载《中学历史》1983 年第 4 期）

霍亨索伦王朝经历多少
朝代和统治多少年

霍亨索伦王朝为士瓦本的霍亨索伦家族所建。该家族曾统治勃兰登堡选帝侯国、勃兰登堡—普鲁士公国、普鲁士王国、德意志帝国和罗马尼亚王国，长达五百余年。其王朝世系情况是：

勃兰登堡选帝侯国（1415—1618）。1415 年，士瓦本霍亨索伦家族的腓特烈一世（1415—1440），获勃兰登堡选帝侯职位，是为霍亨索伦王朝统治之始。腓特烈一世死后，其后裔腓特烈二世、亚尔伯特·亚希勒斯、约翰·西塞禄、约希姆一世、约希姆二世、约翰·乔治、约希姆·腓特烈、约翰·西吉斯孟等相继为勃兰登堡选帝侯（1440—1618）。他们利用联姻和继承协定等手段，极力扩张其统治范围。

勃兰登堡—普鲁士公国（1618—1701）。1618 年，约翰·西吉斯孟获普鲁士公国公爵职位，将勃兰登堡选帝侯国和普鲁士公国合并，称勃兰登堡—普鲁士公国。死后，其子乔治·威廉继位（1619—1640）。到腓特烈·威廉统治时（1640—1688），推行重商主义政策，建立了一支常备军，国势大增。腓特烈三世时（1688—1701），将勃兰登堡—普鲁士公国军队租给德意志神圣罗马帝国皇帝从事西班牙王位争夺战，获取一笔很大的租金，帝国皇帝并承认其为普鲁士国王。

普鲁士王国（1701—1871，1871—1918）。1701 年 1 月，腓特烈三世正式就任普王，称腓特烈一世（1701—1713），改勃兰登堡—普鲁士公国为普鲁士王国。其子腓特烈·威廉一世（1713—1740）继位后，加强君主专政，大力扩充军队，建立一支位居欧陆第四的强大陆军。腓特烈二世（1740—1786）时，参加奥地利王位继承战，获得西里西亚地区，成为欧洲大国。在他的倡议下，普、俄、奥三国于

1772年第一次瓜分波兰。其侄腓特烈·威廉二世（1786—1797）继位后，参加第二、第三次瓜分波兰，获得直抵华沙的广大地区。腓特烈·威廉三世（1797—1840）时，拿破仑入侵普鲁士，1812年，拿破仑远征俄国失败，他乘机参加反法联军，帮助恢复波旁王朝，并加入反动的神圣同盟。腓特烈·威廉四世（1840—1861）时，镇压1848年德意志资产阶级革命。死后，王位由其弟威廉一世（1861—1888）继承。他依靠首相俾斯麦，通过王朝战争，于1871年，统一了德意志。

德意志帝国（1871—1918）。德意志统一后，威廉一世即位帝国皇帝，兼任普鲁士国王。在容克资产阶级支持下，镇压工人运动，并扩军备战，是德意志帝国发展军国主义的祸首。死后，其子腓特烈三世（1888.3—1888.6）继位，在位99天，即为威廉二世（1888.6—1918，腓特烈三世之子）所代。在位期间，发动第一次世界大战。1918年德国革命爆发后，逃亡荷兰，德意志霍亨索伦王朝统治告终。

1866年普鲁士霍亨索伦王朝卡罗尔——西格马林根亲王被拥立为罗马尼亚大公，登上罗马尼亚王位，称卡罗尔一世（1866—1914），是为霍亨索伦王朝统治罗马尼亚之始。1877年，罗马尼亚脱离奥斯曼帝国而独立，1883年，加入德、奥、意三国同盟，实行亲德政策。斐迪南一世（1914—1927）继位后，于1916年参加协约国向同盟国宣战。死后，其孙米哈伊一世（1927—1930）继承王位，由皇后摄政。1930年，米哈伊一世的父亲卡罗尔亲王在国际石油垄断资本支持下，由法反罗，夺取王位，称卡罗尔二世（1930—1940）。在位期间，建立独裁统治，后遭国内人民反对，再次被迫出走，王位仍由其子米哈伊一世（1940—1947）继承，但政权落入法西斯军人之手。1945年，罗马尼亚从希特勒占领下获得解放。1947年，罗马尼亚废除君主制，成立罗马尼亚人民共和国，罗马尼亚霍亨索伦王朝统治告终。

209

（原载《中学历史教学》1984年第4期）

世界史

印度王朝世系简况

公元前一千年初期，印度河、恒河流域出现一些奴隶制城邦，到前六世纪中期，由城邦发展成二十多个国家，主要有摩揭陀、居萨罗、加尸等十六个大国，互相争霸，割据称雄，史称"列国时期"（前六世纪中期至前四世纪）。

十六国中，以摩揭陀国（前六世纪到后五世纪）为最强，到哈尔扬卡王朝（约前544—前430）的频毗沙罗统治时（约前544—前493），采取远交近攻政策，扩大摩揭陀国领土，都王舍城。其子阿阇世（约前493—前462）继位后，大力扩张领土，开始称霸列国。阿阇世死后，优陀延继位，建华氏城为新都，优陀延死后，相继继位的子孙都孱弱无能，约前430年，王位为大臣西宋纳迦所夺。

西宋纳迦即位后，称西宋纳迦王朝（约前430—前364），西宋纳迦的继承人卡拉索卡统治期间，被摩诃坡德摩·难陀所杀，难陀夺取王位后，称难陀王朝（前364—前324），难陀死后，相传王位由他的八个儿子先后继承。末代国王阿格默兰斯在位时，已统治北印度的大部分领土，列国割据局面基本结束。

前321年，旃陀罗·笈多率军赶走入侵印度西北的马其顿军队，推翻难陀王朝，建孔雀王朝（约前324—前187），都华氏城，旃陀罗·笈多在位（约前324—前300）时，第一次统一印度北部，建立起奴隶制中央集权国家。其子宾头沙罗在位（约前300—前273）期间，极力向外征服，并和埃及、叙利亚互派使节。阿育王（约前273—前236）时，除半岛南端，几乎统一印度全境。定佛教为国教，为印度奴隶制国家强盛时期。阿育王死后，王国开始分裂，其子库纳拉及库纳拉的子孙先后继承王位，末代国王布里哈陀罗在前187年，为部将普士亚密多罗所杀，孔雀王朝统治告终。

普士亚密多罗即位（前187—前151）后，称巽加王朝，都华氏城。死后，其子阿耆尼密多罗等九人先后继位，约前75年，末代国王提婆菩提为大臣波苏提婆·甘华所杀，波苏提婆夺取王位后，建甘华王朝（约前75—前30）。统治很不巩固，四个君主，只统治45年，约前30年，为安度罗国所灭。

从甘华王朝灭亡到笈多王朝兴起（前30—公元320），是摩揭陀国衰落时期。在印度起支配作用的是南印度的安度罗国和北印度的贵霜帝国，公元二世纪和三世纪时，安度罗国和贵霜帝国衰微，摩揭陀国内一个名叫笈多的王公起兵，赶走贵霜势力，征服邻近王公，建笈多王朝（约320—570）。笈多封建王朝历代君主崇信印度教，是印度教极盛时期。笈多王朝几个著名的君主有：旃陀罗·笈多一世（月护王，约320—335），是笈多王朝的创建人；萨摩陀罗·笈多（海护王，约330—380）在位期间，国势强盛，领有北起恒河流域，南达德干高原中部的广大地区，旃陀罗·笈多二世（超日王，约380—413）时，笈多王朝臻于鼎盛，我国法显和尚曾去华氏城访问；鸠摩罗·笈多一世（约414—455）时，匈奴人开始入侵，国势转衰；塞建陀·笈多（455—467）继位后，曾击溃匈奴人的入侵，保卫了华氏城；塞建陀·笈多死后，匈奴人侵占西北印度，王朝解体，其后裔作为摩揭陀地方势力继续存在到570年。

六世纪时，印度河流域萨奈沙国封建王公纳罗·伐弹那逐渐强盛起来。到曷利沙·伐弹那时，开始称王（戒日王，606—647），名普西亚蒂王朝（即乌苌王朝）。在位期间，国势强盛。戒日王崇信佛教，都曲女城，我国唐代名僧玄奘访印时，与戒日王交谊甚深。死后无男嗣，王朝旋即瓦解。

从戒日王死后到伊斯兰征服印度斯坦止，印度兴起的大部分印度教王国，都自称为拉其普特的后裔，史称"拉其普特时期"（约647—1206），在北印度，主要有瞿折罗—普腊蒂哈腊、查哈玛纳、章德拉、卡拉丘里、加哈达伐那、巴拉马拉、查拉健、古希罗特、森纳王国等；在南印度主要有遮娄其（543—757）、拉喜特拉库塔（754—973）、西遮娄其（973—1200）、朱罗（846—1070）王国等。

从1001年起，阿富汗境内突厥人建立的伽色尼王朝，多次入侵印度。1186年，古尔王朝灭伽色尼王朝，定都于印度德里。1206年，古尔王朝国王穆罕默德死后无嗣，总督、奴隶出身的顾卜特—乌德丁·艾伯克自立为素丹（1206—1210），统治以德里为中心的印度广大地区，史称奴隶王朝（1206—1290）。从奴隶王朝起，先后登上德里素丹王位的共有五个伊斯兰教封建王朝，印度史上统称之为德里素丹国家（1206—1526）。

奴隶王朝在艾伯克之后先后继承王位的有：阿拉姆沙（1210—1211）；伊杜米思（1211—1236）；鲁克—乌德丁·菲罗兹（1236.4—1236.11）；拉齐耶女王（1236—1240）；穆伊兹—乌德丁·巴拉姆（1240—1242）在位时，蒙古人曾侵占拉哈尔；阿拉—乌德丁·马茂德（1242—1246）；那西尔—乌德丁·马茂德（1246—1265）；吉亚斯—乌德丁·巴尔班（1265—1287）；卡伊库巴德（1287—1290）；卡于马斯（1290），卡伊库巴德之子，即位后，旋被军事统帅查拉—乌德丁·菲罗兹·卡尔吉所杀，奴隶王朝统治告终。

卡尔吉自立为王（1290—1296）后，称卡尔吉王朝（1290—1320），此为德里素丹国家的第二个王朝。在卡尔吉之后，先后继承卡尔吉王朝王位的有：查拉—乌德丁·易卜拉欣（1296）；阿拉—乌德丁（1296—1316），在位期间，四次远征德干，使德里素丹政权成为拥有印度广大地区的伊斯兰教大帝国；希哈卜—乌德丁·乌马尔（1316）；顾特卜—乌德丁·穆巴拉克（1316—1320）在位期间，被部将库鲁斯所杀，库鲁斯又被旁遮普总督图格鲁克所杀。卡尔吉王朝统治告终。

图格鲁克夺取王位后，称图格鲁克一世（1320—1325），他所建立的王朝，称图格鲁克王朝（1320—1413），是为德里素丹国家的第三个王朝。先后继承图格鲁克王位的还有穆罕默德·图格鲁克（1325—1351），在位期间，残酷镇压河间地区人民起义；菲罗兹（1351—1388）；吉亚斯—乌德丁·图格鲁克二世（1388—1389）；阿布·巴布克（1389）；那西尔—乌德丁·穆罕默德（1389—1394）；阿拉—乌德丁（1394）；那西尔—乌德丁·马茂德沙（1394—1413）时。帖木儿大军于1398年入侵德里，德里几成废墟。1413年，马茂德沙死，图格鲁克王朝告终。萨依德·基兹尔汗获德里王位（1414—

1421），称萨依德王朝（1414—1451），此为德里素丹的第四个王朝。萨依德王朝和此后的洛提王朝，统治极不稳固，形同德里地方政权，北部分裂为孟加拉、克什米尔等四个独立部分，彼此混战。继承萨依德王朝王位的还有：穆伊兹—乌德丁·穆巴拉克（1421—1434）；穆罕默德沙（1434—1445）；阿拉—乌德丁·阿拉姆沙（1445—1451）在位时，拉哈尔省督巴鲁尔·洛提占领德里，阿拉姆沙让出王位，萨依德王朝统治结束。

洛提即位德里（1451—1489），称洛提王朝（1451—1526），此为德里素丹的第五个王朝。洛提王朝时，大部分省区都已独立或半独立。继洛提之后即洛提王朝王位的还有塞干达尔·洛提（1489—1517）和易卜拉欣·洛提（1517—1526）。易卜拉欣·洛提在位时，巴卑尔入侵印度。1526年，易卜拉欣·洛提战败被杀，巴卑尔攻占德里，洛提王朝统治告终，德里素丹国家的统治亦随之结束。

德里素丹国家统治期间，在南印度，朱罗和遮娄其王国崩溃后，出现了潘地亚、曷萨拉、喀喀迪耶、雅达瓦等四个中等封建国家，互相抗衡。14世纪初，四国都被卡吉尔王朝的阿拉—乌德丁摧毁，在它们的废墟上，南印度又兴起两个大的封建国家——伊斯兰教的巴曼尼王国和印度教的维查耶纳加尔王国。

巴曼尼王国（1347—1525）的创始人是突厥人阿拉—乌德丁·巴曼尼沙。都古巴加，巴曼尼王国以德里素丹国家为榜样，残酷镇压印度教徒，先后继承巴曼尼王位有十一人，他们是，阿拉—乌德丁·巴曼尼沙（1347—1358）、穆罕默德一世（1358—1377）、穆查希德（1377—1378）、穆罕默德二世（1378—1397）、菲罗兹（1397—1422）、阿马德（1422—1435）、阿拉—乌德丁·丁马德（1435—1457）、胡马雍（1457—1461）、尼查姆（1461—1463）、穆罕默德三世（1463—1482）、马茂德（1482—1518）、卡利穆拉（1518—1525）。卡利穆拉统治权为大臣巴里达所夺，巴曼尼统治告终。

维查耶纳加尔王国（1397—1672）是在南印度兴起的印度教封建王国，它以维查耶纳加尔城为中心向外扩展势力，长期与巴曼尼王国为敌。统治该国的有桑加马、沙鲁瓦、突鲁瓦、阿拉维杜四个王朝。桑加马王朝（1379—1486）的国王有诃里诃罗二世（1379—1406）、迪瓦拉雅一世（1406—1422）、迪瓦·拉雅二世（1422—1446）、马利卡尔朱那（1446—1465）、维鲁巴克沙二世（1465—1486）。沙鲁瓦王朝（1486—1505）为沙鲁酋长那罗新哈·沙鲁瓦所建，死后，两子先后继位。1505年，维拉·那罗新哈废沙鲁瓦之子，占据王位（1505—1509），称突鲁瓦王朝（1505—1570）。继维拉·那罗新哈即位的有克利希那迪瓦·拉雅（1509—1530）、阿奇尤特（1530—1542）、萨达西瓦（1542—1570）。1570年，蒂鲁马拉废萨达西瓦，夺取王位，称阿拉维杜王朝（1570—1672），先后统治该王朝的还有兰加二世、梵卡塔二世等。末代君主兰加三世1672年死，王国被比贾普尔和哥康达所灭。

1526年，帖木儿后裔巴卑尔率领中亚各部侵入印度，消灭德里素丹国家，创伊斯兰教封建大帝国莫卧儿帝国（1526—1858），统治莫卧儿帝国的莫卧儿王朝（1526—1539，1555—1858）长达三百余年。巴卑尔在帝位仅四年（1526—1530），即传位于其子胡马雍（1530—1539，1555—1556）。1539年，胡马雍被阿富汗苏尔部族酋长舍尔沙战败，逃回喀布尔。舍尔沙加冕为王（1539—1545），建苏尔王朝。相继继位的有伊斯拉姆沙（1545—1554）、菲罗兹沙（1554）、穆罕默德·阿迭尔沙（1554—1555）。1555年，胡马雍得波斯援助，从喀布尔率军重返德里，打败苏尔人，恢复帝位。1556年胡马雍在德里宫中摔死，其子阿克巴继位（1556—1605），他对内发展工商业，对外扩张领土，他统治时期，是帝国全盛时期。查罕杰（1605—1627），阿克巴之子，他在位期间，大权落入皇后努尔·贾汉之手达十余年。查罕杰死后，其子沙·贾汉（1627—1658）即位。1658年，沙·贾汉之子奥朗则布继位（1658—1707），他迫害印度教徒，国内矛盾严重。德干高原的马拉特人（1674年建马拉特国）和锡克教徒纷纷起义，帝国开始衰落，成为英、法殖民者掠夺对象。

从奥朗则布之子巴哈都尔沙（1707—1712）起，到1858年帝国灭亡止，是帝国衰落时期，在巴哈都尔沙之后继承帝位的有：查汉达尔沙（1712—1713）、法鲁克·西耶尔（1713—1719）、拉费—乌德—达拉查特（1719）、沙·查汉二世（1719）、穆罕默德沙（1719—1748）。穆罕默德沙在位期间，帝国几乎已经瓦解。孟加拉、奥德、海得拉巴、德干等地都宣布脱离德里而独立。1739 年，波斯人进军德里，毁德里城似焦土后返国。

继穆罕默德沙之后的几个皇帝阿马德沙（1748—1754）、阿拉姆吉尔二世（1754—1759）、沙·阿拉姆二世（1759—1806）、阿克巴二世（1806—1837）统治时，帝国皇帝先是马拉特封建主手中的傀儡，后又是英国殖民者控制下的工具。1757 年，发生了英国侵占孟加拉的普拉西战役，印度开始沦为英国殖民地。

帝国的末代皇帝是巴哈都尔沙二世（1837—1858），他在位期间，英国于 1849 年吞并旁遮普，整个印度沦为英国殖民地。1857 年，印度爆发反英民族大起义，攻进德里，拥立巴哈都尔沙二世为帝，1858 年，英国在攻陷德里后，俘巴哈都尔沙二世，莫卧儿帝国灭亡。巴哈都尔沙二世后被流放，1862 年死于仰光，其二子一孙均被英军官荷德逊所杀。

1858 年，东印度公司解散，英国女王直接统治印度。1947 年，印度被划分为印度和巴基斯坦两个自治领，实行自治，结束了英国的殖民统治。1950 年，印度宣布为共和国。

215

（原载《中学历史教学》1985 年第 5 期）

德兰诺瓦案件始末

在早期中美关系史上，我国清朝政府对司法主权的观念是非常明确的，当中美两国人民之间发生刑事案件时，只要在中国领土（包括领海）的范围之内，中国政府从未放弃行使司法权力，"德兰诺瓦案件"就是一件典型的案例。

1821 年 9 月 23 日，一名卖水果的中国民妇郭梁氏，随同其女郭亚斗乘坐小船，从停泊在广州黄埔水面的美国商船"爱弥来"号旁边经过，叫卖水果。该船水手、意大利人法兰西斯·德兰诺瓦呼其靠近，要买水果，并将五十文钱放在水桶里用绳坠下，指买蕉子和橙子。郭梁氏收取钱文后，将蕉子、橙子各十余枚放于桶内，德兰诺瓦将桶吊上，嫌少要添。郭梁氏稍懂英语，答称须再给钱方可添果，德兰诺瓦不依，双方争吵起来。德兰诺瓦随手拿起船上的瓦坛，从上掷下，瓦坛底棱打破郭梁氏头上戴的箬帽，伤及偏右，翻跌落水。其女郭亚斗见状大声呼救，郭梁氏的丈夫郭苏娣、关差叶秀、船民陈黎氏等人闻声赶至，将郭梁氏捞救上船，已毙命。箬帽浮于水面，亦即捞起，查看瓦坛，尚在郭梁氏船内。

郭梁氏被打落水淹死后，其夫郭苏娣便向番禺县知县汪云任提出控告，要求依照中国法律严惩凶犯。汪云任受理了这一案件，随即亲赴黄埔，当着美国大班喊嘎咯（即美国领事威考克斯）、美商吐嘈、船主考布兰等人之面，验明郭梁氏偏右伤口，弯长一寸四分，宽三分，深抵骨骨损，确系受伤后落水身死。提验凶器瓦坛，比对郭梁氏所戴箬帽被打折裂处所，伤痕相符。其瓦坛经"爱弥来"号船主认明，确系该船之物。至此，案情真相已基本查清。

于是，汪云任便向美方提出，要求审讯凶犯德兰诺瓦。美方虽被迫答应给予审讯，但要求把审讯地点设在美国商馆里面，还提出要允许美国领事威考克斯出庭记录和允许英国传教士摩里逊出庭充当翻译。美方的这些要求均被汪云任以理相拒。

10月6日，汪云任在美船"爱弥来"号上，对德兰诺瓦进行了初次提讯，认定德兰诺瓦为有罪，命令美方将罪犯交给中国政府，由中国政府依照中国法律审办。美国领事不仅一再为凶犯狡辩，说什么并无打伤之事，不知郭梁氏如何落水身死，而且还拒不交出凶犯。该船的中国保商黎光远和翻译蔡懋不仅不敦促美方交出凶手，而且还为其进行辩解和搪塞。针对这一情况，汪云任一面下令将黎光远、蔡懋收监关押，一面咨会粤海关，将美国在粤之货船全行封舱，暂禁贸易，待美方交出凶犯和审明定案后，再行开禁。

至此，美方发现他们的一切抵抗都是没有用处的，只得在10月23日将德兰诺瓦交给中国政府，旋即被押解赴省，由广州知府钟英进行复审。复审时，德兰诺瓦尚企图狡赖，后经见证人陈黎氏、郭亚斗间用英语与之质对，德兰诺瓦才供认不讳。钟英又令翻译、行商等向德兰诺瓦逐细究诘，矢供不移，案无遁饰。于是便根据大清律例关于"斗殴杀人者，不问手足金刀，并绞监候"[1] 的规定，判处德兰诺瓦绞刑。

两广总督阮元接到广州知府的案情审判报告，认为情罪相符，便根据"清乾隆八年（1743）前监臣策楞奏准，嗣后民番有谋故斗殴等案，若夷人罪应绞者，该县于相验时讯明确切，通报督抚详加复核。如果案情允当，即批饬地方官同该夷目将罪犯依法办理，免其交禁解勘"[2] 的规定，命令广州知府钟英、督同南海县知县、番禺县知县，会同广州协副将李应祥，饬传通事夷目，于道光元年十月初三日将德兰诺瓦绞决，其尸体则发还"爱弥来"号。德兰诺瓦被处决后，保商黎光远、翻译蔡懋便被释放，对美国的商船亦随即开禁，照常发货贸易。此即所谓"德兰诺瓦案件"的始末经过[3]。

---

① 故宫博物院文献馆编：《史料旬刊》第六期，第211页。绞监候：指判处绞刑的罪犯，暂时监禁候绞。

② 《清季外交史料》道光朝（一），第9页。

③ "德兰诺瓦案件"的经过内容，主要见《两广总督阮元奏审办咪唎坚夷船水手伤毙民妇一案折》、[美] 赖德烈：《早期中美关系史（1784—1844）》、[美] 泰勒·丹涅特：《美国人在东亚》、[美] 马士：《中华帝国对外关系史》以及《北美评论》杂志等。

阮元在"德兰诺瓦案件"处理结束后，还命令行商伍敦元，传谕美国领事、船主人等，"当知天朝法度尊严，该夷人既赴内地贸易，自应安静守法。该大班及船主等，务须时时戒饬船内水艄人等，毋许滋事逞凶，设已酿成事端，该大班即应查明肇衅生事之人，立时指名交出，听候地方官查审究办，切勿袒庇透延，自取重咎。"① 由此可见，我国清朝政府当时对行使司法主权是十分重视的。

美国当时的一些来华商人也认为，"当我们在你们的领海内，我们理应服从你们的法律。"② 但美国的一些学者，如赖德烈、丹涅特、马士等人③，曾对中国严正处理德兰诺瓦案件进行了攻击，他们在自己的著作中表示怀疑或否认中国政府应该对美国旅华侨民行使司法管辖权，并为后来美国政府在中国获取领事裁判权制造舆论和寻找借口。如丹涅特就说：德兰诺瓦案件"或许是中国人对外国人行使管辖权最坏的一次表演，诚然也是美国人在《望厦条约》中作这项规定（指美国在华享有领事裁判权的规定）最有压力的理由。"④

那么，我们应该怎样看待"德兰诺瓦案件"呢？刘大年同志曾经作过公正的评论。他说，在中美两国外交事务方面，"1821 年 9 月，有美国'爱弥来'号水手打伤民妇郭梁氏落水身死，成为所谓'爹刺那非丫事件'，也只有这一次事件，得到了公正的解决。"⑤ 刘老的看法是非常正确的，直到今天，我们依然认为，160 多年前，中国政府对"德兰诺瓦案件"的判决，的确是中国政府独立行使司法主权的一次严正判决。

（原载《中学历史》1986 年第 2 期）

---

① 《清季外交史料》道光朝（一），第 9 页。
② 《美国商人给中国政府的陈述》见 North American Review, Oct 1934。
③ 除赖德烈、丹涅特、马士等人外，还有台维斯、科士达、斯道敦、卫三畏、德庇时等。
④ ［美］泰勒·丹涅特：《美国人在东亚》，第 164 页注。
⑤ 刘大年：《美国侵华史》，人民出版社 1951 年版，第 3 页。

书 评

恩格斯：《法德农民问题》

　　农民问题是无产阶级革命中的一个重大问题。马克思在 1852 年写的《拿破仑第三政变记》中即曾经明确地指出：无产阶级要取得和巩固革命的胜利，必须建立工农联盟；否则，"在一切农民国度中无产阶级的革命的独唱，就会变成哀歌。"① 至于无产阶级究竟应该如何把农民吸引到自己方面来，党对待农民个体经济需要采取何种政策，恩格斯在 1894 年写的《法德农民问题》一文中，有了详尽的说明和发挥。

　　1892 年，法国社会主义工人党提出了一个土地纲领。这个纲领，一方面承认小农经济在资本主义制度下"不免要陷于灭亡"；另一方面又企图在不触犯资本主义制度的前提下，在农村中实施某种改良，答应农民保存他们的小农经济。很明显，这是一个错误的机会主义的纲领，但这一纲领竟得到德国党的部分领导的赞同和支持。因此，恩格斯就不得不写出《法德农民问题》来批评这一错误纲领，并进一步阐明马克思主义对农民土地问题的一般的基本路线和政策。

　　恩格斯在这一论文里，首先指出了农民问题的重要性。他说："农民到处都是人口、生产和政治力量的非常重要的因素。"② 无产阶级"为要夺取政权"，"党就应当首先从城市里跑到乡村里去，而成为乡村里有势力的党。"恩格斯说："吸引到我们方面来的农民人数愈多，社会变革的进行也就愈加迅速和容易。"

　　其次，恩格斯具体地分析了当时法国和德国农村中的不同阶层的状况，指出农民问题中最重要的是党对小农的态度问题。他说："当

221

---

footnotes
　　① 马克思：《拿破仑第三政变记》，人民出版社，第 151 页。
　　② 恩格斯：《法德农民问题》，见《马克思恩格斯文选》两卷集，第二卷，第 421 页，以下引文均见该文。

书评

我们掌握国家政权的时候，我们根本不能设想我们会像我们不得不对大土地所有者采取的办法那样，去用强力剥夺小农（不论有无报偿都是一样）。我们对于小农的任务，首先是要把他们的私人生产和私人占有变为协作社的生产和占有。"这就是说，党对小农应当采取农业合作化的政策。对于中农和大富农问题，恩格斯指出：一方面，他们存在着对雇佣工人的剥削；另一方面，他们在资本主义经济下，"都是不免要走向灭亡的"。因此，党对他们也只能"建议实行使各个农户联合为协作企业"，逐步地消除对雇佣劳动的剥削，使之成为真正的社会主义集体经济。对待大土地所有者，则应当采取剥夺的政策。恩格斯说："我们的党一经掌握国家政权时，就应该干脆地剥夺大土地所有者，也像剥夺工厂主一样。"把他们的土地交给"组织到协作社中的现今已耕种着这些土地的农村工人们使用。"他进一步指出农村工人斗争的重要性。党应当对他们加强进行社会主义宣传，"只要鼓舞他们并团结他们去争取自己的权利"，那么地主资产阶级的统治也就完蛋了。

最后，恩格斯还明确地提出了在农业合作化运动中，必须采取自顾和说服教育的原则以及示范国家援助等办法。他说：使小农"易于过渡到协作社，要是他们决意这样办的话；如果他们还不能决意这样办，那我们就要甚至给他们一些时间，让他们在自己那小块土地上考虑一下"。当然，自顾不等于自流，主要的问题是要"随时随地向农民解释"，使他们认识到在资本主义条件下，"要保全他们那样的小块所有制是绝对不可能的"。只有跟工人阶级一道，推翻资本主义统治，走农业合作化的道路，才能永远摆脱小农经济的贫困落后的地位。同时，在合作化运动中，要"依靠示范和为这个目的提供社会帮助的办法"，例如，可以把小块土地结合起来进行大规模经营；国家银行发放低利贷款；供给合作社以机器和人工肥料等等。

总之，恩格斯在这一著作中所作的原则指示，是极其宝贵的。目前，我国农业合作化运动已经取得了伟大的胜利。为了进一步巩固人民公社的集体经济，贯彻执行党对人民公社的各项具体政策，认真学习恩格斯这一天才的著作，仍然具有重要的现实意义。

（原载《安徽日报》1962 年 11 月 28 日）

馆藏《近代中国史料丛刊》简介

　　安徽师范大学图书馆最近采购一套台北文海出版社出版的《近代中国史料丛刊》正编和续编两种。正编计 100 辑，每辑精装 32 开本10 种，凡 1279 册；续编计 93 辑，凡 1006 册，总计为 193 辑，凡2285 册。

　　这套《近代中国史料丛刊》的主编沈云龙先生是江苏东台县人，1910 年生，日本明治大学法学学士，日本新闻学院毕业。曾任东吴大学法学院教授，现任台湾私立世界新闻专科学校、铭传女子商专等教授。沈先生治史有绩，著述甚丰，出版有《康有为评传》《黎元洪评传》《近代外交人物论评》《近代史料考释》等。

　　这套《近代中国史料丛刊》收集有近代名人奏疏、政书、年谱、笔记、日记、诗文集及经世文编，碑传集等，其中有些孤本颇有史料价值。

　　这套《近代中国史料丛刊》中，还收集了一些近代安徽历史人物的材料。如李国杰编：《合肥李氏三世遗集》（李文安、鸿章、经述）；李经畲等编：《合肥李勤恪公（瀚章）政书》；章洪钧、吴汝纶编：《李肃毅伯（鸿章）奏议》；刘铭传著：《刘壮肃公（省三）奏议》；朱孔彰编：《刘尚书（秉璋）奏议》；何嗣焜编：《张靖达公（树声）奏议》；包世臣著：《安吴四种》；吴闿生编：《桐城吴先生（汝纶）诗文集》《尺牍》《日记》；张树声编：《敦怀堂洋务丛钞》；王光祈译：《李鸿章游俄纪事》；戴钧衡编：《方望溪（苞）先生全集》（文集、集外文)》；苏惇元辑、戴钧衡编：《方望溪（苞）先生全集（年谐、集外文补遗)》；张廷玉著：《澄怀园文存》《澄怀园自订年谱》；胡韫玉辑：《包慎伯（世臣）先生年谱》；陈用光藏：《惜抱轩手札》；倪道杰藏：《姚惜抱（鼐）先生家书》；丁寿昌著：《睦州存稿》（附台垣疏稿）；周维立校：《清代四名人家书》（林则徐、张之洞、彭玉麟、李鸿章）；吴廷燮编：《合肥执政年谱初稿》（附鸿隐生编：《安福趣史》）；竞智图书馆等编：《北洋人物史料三种》（徐世昌全传、段祺瑞秘史、李纯全史）；吴汝纶撰：《李文忠公（鸿章）事略》；郭立志编：《桐城吴先生（汝纶）年谱》；段玉裁编：《戴东原（震）先生年谱》；林乐知译、蔡尔康辑：《李傅相（鸿章）历聘欧美记》；桂超万著：《宦游记略》；费敬仲著：《段祺瑞》（附林本元《三一八惨案始末记》）；戴安澜著：《安澜遗集》；姚莹著：《中复堂全集》《东溟文外集》《东溟文后外集》《复湘诗集·二集·续集》《东溟奏稿》《识小录》《东槎纪略·寸阴丛录》《康輶纪行》《中复堂遗稿·续编》《姚氏先德传》；姚濬昌编：《中复堂全集》（附录·年谱）；姚鼐著：《惜抱轩文集》（卷一至卷十，卷十四至十六）、《惜抱轩文集》（后集卷一至卷十）；吴汝纶编：《李文忠公（鸿章）全集》（卷首，奏稿卷至卷二十）、（奏稿卷二一至卷四十）、（奏稿卷四一至卷六十）、（奏稿卷六一至卷八十）、（朋僚函稿卷一至卷二十）、（译署函稿卷一至卷二十·蚕池教堂函稿·海军函稿卷一至卷四）、（电稿卷一至卷四十）；年子敏编：《李鸿章致潘鼎新书札》；李书春编：《李文忠公（鸿章）年谱》；窦宗一编：《李鸿章年（日）谱》；冯用、吴幅员编：《刘铭传抚台前后档案》；温廷敬编：《丁中丞（日昌）政书》《抚吴奏稿六卷》《抚闽奏稿四卷》《莅吴公牍十五卷》《巡沪公牍七卷》《淮龉摘要三卷、公牍一卷》。

　　上述这些著述和史籍都是研究安徽近代历史人物和安徽近代史的重要资料。

（原载《图书馆工作》1984 年第 1 期）

佘华瑞撰《岩镇志草》简述

　　佘华瑞，号西麓，又号桯斋，歙县岩镇（今岩寺）人。雍正十三年（1735）诏举博学鸿词，辞不赴，后以选授桐城训导，著有《岩镇志草》《绿萝山人集》等。（参见石国柱修：《歙县志》，民国铅印本）

　　岩镇，在安徽歙县城西南丰乐河畔，为游览胜地黄山的天然门户。古岩镇自宋绍兴起，特别是自明嘉（靖）、隆（庆）起，岩镇一直为歙县经济、文化重镇。《岩镇志草》之所记，实为研究南宋以来安徽经济（如徽商）文化史之重要资料，它也是目前我省现存的一部较好的镇志。

　　《岩镇志草》四卷，华瑞撰，程佶校，成书于雍正十二年（1734）。分元、亨、利、贞四集（卷），集前有窦容恂、杨云服、程佶作序三篇，佘华瑞自序一篇，和志草发凡一篇。

　　《岩镇志草》的特点是"在乡言乡"，即将本乡本镇之潜德幽光，嘉猷胜迹，贤良节孝，风土典物，撰修成志，"不至世远言湮"，俾便后世采择。正如程佶序佘华瑞作志缘由所说："岩镇三四百年，有潜德幽光，或不尽留于史乘；嘉猷胜迹，或仅父老之传闻。窃惧时势日迁，遂成湮没，似搜讨编辑，以志不忘。"

　　佘华瑞写作《岩镇志草》所收集的材料比较齐全，采访也是很周详的，而且写作时间长，可以说是毕生之作。"本之祖父之提命，耆英故老之传闻，公私志乘之纪载，桑梓之近信而有征者，编辑成帙。……又贤良节孝，皆纪其实，而傍及于风土典物。"（杨云服序）对于所收之材料，都"参互考订，以取其真。纪实之书，不容参以臆见。"例如，他为了参考前人著作，以做到信而有征，对先前曹白僧编撰之志草一编，曾求之二十余年，但"泯然无迹"，未能求得（见《岩镇志草》发凡）。又如他在搜集遗爱、名贤、逸民、义士四祠之材料时，因"诸祠之湮坠也久矣"，无人知其兴废。后来，他遍寻故纸，广访老成和各族后贤，花了一年时间，才基本上将四祠"所祀之人及创建所由，以至祝辞菹醢之属"等搞清楚。以上两例，可见其搜求采访之周深。

《岩镇志草》分元、亨、利、贞四集（卷）。元集内分原始、形势、山水、建置、古迹、桥梁、四祠、本里尸祝三大夫、宗祠、里社坛宇等十部分。亨集内分道院、梵宇、名园、忠良坊题名、节孝坊题名等五个部分。利集内分宦业续传、武功补传、儒行续传、孝友续传、义行续传、节孝续传、女贞传、文苑别传、艺文上目录等九部分。贞集内分艺文下目录、贡元坊题名、举人、进士、汇编、逸事、迂谈等七部分。可谓搜罗全面，内容广泛，有丰富史料价值。试举例如下：

（1）岩镇人口寿命减短之记载。明万历年间，岩镇寿高年长人多，而到雍正时，寿高年长之人减少到不足三分之一。"万历辛亥（1611）春里门灯社，会集耆英，自年七十以上至九十六岁，纪于籍者，百四十二人，而庶户编氓（即编户之民）不与焉。今（指雍正时）试与同人屈指大年悉数之，不能及四十人。"其原因，佘华瑞认为是社会风气变化之结果，"风气隆则人之所受者厚；风气漓则人之所受者薄也。"

（2）黄巢起义之零星史料。唐末农民起义领袖黄巢，曾屯据岩镇，后为祁门郑国宝率领之地方武装所败。"司徒庙基在醉茶亭左，正接孙进士坊外，黄巢寇乱，屯据镇西，即所谓黄巢寨也。祁门郑传字国宝，以义兵驱除，镇人得免驿骚，立庙，尸祝之，唐乾符四年（877）事也。庙久无存，今其地犹称司徒庙云……"

（3）"黄山大案"与"徽州民变"之珍贵史料。万历年间，明廷将黄山山场林木变价出卖，计银款三十万两，勒令当地殷实士商和百姓具认承买。天启六年（1626）差工部主事吕下问追解，吕刑苛网密，株连蔓延，坐勒士商吴献吉山价银一万两。献吉逃匿，其至亲潘谟，家居岩镇，吕派白捕去岩镇潘家骚扰，激起民变。首由岩镇百姓击毙白捕二人，并围追吕下问，随即聚众万人，高竖"杀部安民"旗帜。

（4）岩镇"徽商"的材料。据《岩镇志草》所记，岩镇在明嘉靖、隆庆（1522—1572）至清雍正（1723—1735）年间，其商业一直都很繁盛。所谓"巨室云集，百堵皆兴，比屋鳞次，无尺土之隙。""甲第如鳞，贾区若栉，舆马辐辏，冠盖丽都"，并记载了近四十名岩镇商人的一些零星材料，大多散见于义行、节孝等传记之中。在这近四十名商人中，只有少数是富商大贾，如：有富甲一乡、名重宣歙的阮杰；有能力排解芜湖公庭纠纷的阮弼；有输金数百建造芜湖城的赵正；有输金赈饥、"义声倾上海"的汪通保等。其他多为中小商人，他们背井离乡，担囊负橐，登山涉水，饱尝艰辛。他们的足迹遍达真州、中州、瓜洲、上海、金陵、苏州、高邮、广陵、宛陵、建昌、芜湖、宣城、祁门、歙县以及楚、浙等地。不少人客死于舟船、逆旅之中。

（5）有丰富的文化史料。岩镇不仅商业繁盛，而且文化也很发达，为儒的人也很多。例如，从洪武至雍正（1368—1735）的三百六十七年间，就有贡生九十九人；从咸淳丁卯科到雍正乙卯科（1267—1735）的四百六十八年间，就有举人八十一人；从天顺丁丑科到乾隆丙辰科（1457—1736）的二百七十九年间，就有进士三十七人。在这些人的传记中，有丰富的文化史料。如：吕午从朱子学义理，著有《竹坡类稿》等，《宋史》称午风采有裨世道；郑佐著有《春秋史义》《吕滨子集》等；唐子章著有《拙庵文集》等。女著作家程氏（潘惠德妻），著有《凌霜集》等。藏书家有方大治，里称"万卷方家"。

其他关于桥梁、庙宇、园林建筑等方面的记载，也是研究我国古建筑的重要史料，恕不赘述。

综上所述，《岩镇志草》确是一部珍贵的善本书，可以从中获取丰富的经济文化史料。

（与吴徽英合作完成，原载《安徽史志通讯》1984年第1期）

227

书评

近代皖人的一部重要著述

——《桐城吴先生全书》简介

　　《桐城吴先生全书》是近代安徽人的一部重要著述，它的作者是吴汝纶先生。

　　吴汝纶（1840—1903），字挚甫，安徽桐城（今属枞阳）人，近代著名政治家、教育家、古文学家。吴汝纶自幼刻苦学习，1864年中举，1865年成进士，以内阁中书用。曾国藩奇其文，留佐幕府，后又至直隶参佐李鸿章幕，与曾国藩、李鸿章关系都较密切，曾、李的奏疏有不少均出自吴手。吴汝纶曾先后担任河北深州、冀州的知州，在任期间，兴修水利，举办教育，卓有成效。从1889年起，受李鸿章之聘，主持保定莲池书院，长达十余年时间，培养了一大批学者和文人。1902年，又受清廷之命，任京师大学堂总教习。受命后，赴日本考察学制三个月。是年年底归国，借乞假省墓之机，筹办桐城小学堂，以为实验。1903年初，不幸暴病，卒于故里。

　　吴汝纶一生不但评点校勘了大量古代典籍，而且论及时政和教育之作也非常丰富。吴死后，其子吴闿生对其遗稿进行整理、抄辑，于1904年以《桐城吴先生全书》为名刻印出版（吴氏家刻本）。吴闿生在"桐城吴先生全书总目"中，将吴汝纶的著作分列为十七种，即：易说二卷；尚书故三卷；夏小正私笺一卷；文集四卷①；诗集一卷；日记十二卷；尺牍五卷、尺牍补遗一卷、谕儿书一卷；群书点勘若干卷；文选；诗选；太史公所录左氏义；韵学；古文辞类纂校勘记；写

---

　　① 沈云龙主编的《近代中国史料丛刊》，台北文海出版社影印本，将传状一卷，清史本传一卷，影印在《文集》之前。

定尚书一卷；深州风土记二十二卷；东游丛录四卷；节本天演论一卷①。但《桐城吴先生全书》实际只收集了"桐城吴先生全书总目"十七种的九种，即易说，尚书故，夏小正私笺②，文集，诗集③，尺牍、尺牍补遗、谕儿书④，日记⑤，韵学和节本天演论⑥，其他八种都另出其他版本。如：《深州风土记》有深州官刻本，《写定尚书》有天津石印本，《东游丛录》有日本铅印本和莲池书院石印本，《群书点勘》有排印本，《古文辞类纂校勘》有奉天萃升书院刻本等⑦，故未收入《桐城吴先生全书》。

近年来，沈云龙先生在其主编的《近代中国史料丛刊》中，又将《桐城吴先生全书》中的文集（包括传状和清史本传）、诗集、尺牍（包括尺牍补遗及谕儿书）、日记等四种，分别以《桐城吴先生（汝纶）文、诗集》（二册）、《桐城吴先生（汝纶）尺牍》（三册）和《桐城吴先生（汝纶）日记》（二册）之书名影印出版（台湾文海出版社出版发行）⑧。

《桐城吴先生全书》是吴汝纶留下的一份宝贵遗产，它不仅具有重要的学术价值，而且更具有重要的史料价值。如《桐城吴先生全书》中的"日记"，就收集了他从同治四年（1865）至光绪二十九年（1903）三十八年间的日记。其所记内容"自经史诸子百家之义理、文辞、训诂、名物、以至时政、邦交，各国学术、教育，无所不究；行已接人、居处游览之事，无所不录。"⑨而对于"西政、西学，中

① 见吴闿生编：《桐城吴先生全书》，1904 年吴氏家刻本。
② "尚书故"和"夏小正私笺"合在一起，列为《桐城吴先生全书》的第二种。
③ "文集""诗集"，在《近代中国史料丛刊》中，合在一起出版了影印单行本。
④ 民国后，还出版有"尺牍续编"四卷。见郭立志编：《桐城吴先生（汝纶）年谱》卷四，著述表，台北文海出版社影印本，第 315 页。
⑤ "日记"迟至 1928 年才正式出版。
⑥ "韵学"和"节本天演论"后收集在"日记"中，同注④，第 318 页。
⑦ 同注④，第 315—318 页。
⑧ 见《近代中国史料丛刊》正编，第二十七辑，台北文海出版社影印本。
⑨ 见《桐城吴先生（汝纶）日记》第 3 页。

外维新之化，尤兢兢，每有见闻，勤加移写，不惮烦委。"① 无怪乎他的学生籍忠寅称他的日记为"盖清代以来，名儒巨公之日记，鲜有如斯之备者。"② 再如《桐城吴先生全书》中的"尺牍"（包括尺牍补遗、谕儿书），共收集了他写给别人的书信约七百封，其中有对时局、外交的看法，有对西政、西艺的探讨，有对兴才育学的设想，有对《天演论》的评述，有对军政要人的褒贬……由此可见，《桐城吴先生全书》的史料价值是非常宝贵的，确是研究中国近代政治史、文化史、教育史的重要参考资料，我们应该很好地学习、研究和利用。

（原载《图书馆工作》1985 年第 4 期）

---

① 见《桐城吴先生（汝纶）日记》第 1264 页。
② 见《桐城吴先生（汝纶）日记》第 4 页。

近代皖人著述介绍

周悫慎公全集 奏稿五 第六册

周悫慎公全集 奏稿一 第二册

周悫慎公全集 奏稿三 第四册

周悫慎公全集 奏稿四 电稿四 第五册

周悫慎公全集 公牍 第七册

周悫慎公全集 奏稿二 第三册

《桐城吴先生全书》简介

吴汝纶（1840—1903），字挚甫，近代著名古文学家、教育学家和爱国者，安徽桐城（今属枞阳）人。少贫力学，1864 年中举，1865 年成进士，以内阁中书用。曾国藩奇其文，留佐幕府。后又调至直隶参佐李鸿章幕，曾任河北深州、冀州知州。从 1889 年起，受李鸿章之聘，主持保定莲池书院，长达十余年。1902 年，受命为京师大学堂总教习，并赴日本考察学制。回国后，借乞假省墓之机，倡办桐城小学堂，直至暴病逝世。

吴汝纶以训诂通文辞，尤致力于评点校勘，论及时政和教育之作，亦非常丰富。吴汝纶死后，其子吴闿生对其遗稿进行整理抄辑，并于 1904 年间以《桐城吴先生全书》为名刻印出版（吴氏家刻本）。《桐城吴先生全书》计三十六卷，即易说二卷；尚书故三卷；夏小正私笺一卷；文集四卷；诗集一卷；尺牍五卷、补遗一卷；谕儿书一卷；尺牍续编四卷（民国后续刊）；日记十二卷（民国后单行本）；传状一卷；清史本传一卷。其外还著有《深州风土记》二十二卷（深州官刻本）；《东游丛录》四卷（日本铅印本，莲池书院石印本）；《写定尚书》一卷（天津石印本）；《姚氏汉书评点》一卷（天津石印本）；《姚氏老子章义》一卷（全陵刻本），《曾文正公古文四象》五卷（保定刻本）；《群书点勘》（排印本）；《古文辞类纂校勘》四卷（奉天刻本）；以及《文选》《诗选》《太史公所录左氏义》等等。

近年沈云龙先生在其主编的《近代中国史料丛刊》（台湾文海出版社出版）中又出版了《桐城吴先生全书》中的文集（包括传状和清史本传）、诗集、尺牍、日记等四种影印本。

（原载《安徽师大报》1985 年 6 月 30 日）

近代皖人著述介绍

《李文忠公全集》简介

《李文忠公全书》，下称《全书》，即《李鸿章全集》。

李鸿章（1823—1901），安徽合肥人，道光进士。1853 年随吕贤基回原籍举办团练，1861 年奉曾国藩命编练淮军，1862 年率军至上海，在英、法、美侵略者支持下与太平军作战，升任江苏巡抚。1865年署两江总督，后又调集淮军镇压捻军起义。从 1870 年起，任直隶总督兼北洋通商大臣三十余年，长期掌管清政府外交、军事、经济大权，成为洋务派首领。故《全书》是研究中国近代历史的重要参考资料。

《全书》为曾任李鸿章幕僚的安徽近代著名学者吴汝纶（1840—1903）所编。1896 年，他抱着"止谤"（诋毁时人对李鸿章的唾骂）之目的，决计编辑是书。他在写给友人的信中说："弟以傅相（指李鸿章）经营远略三十年，前十年事具在奏稿，中十年奏稿尚或假手幕僚，至总署信函，则全系亲笔。后十年则机要事件皆在电报，亦不肯请人代办，必出亲裁。现拟将此三者辑录成书，则历年支持危局，力求富强之苦心，具在简册，亦止谤之一道也。"（《桐城吴先生（汝纶）尺牍》，文海出版社影印本，第 1585—1586 页）

《全书》计奏稿八十卷、朋僚函稿二十卷、译署函稿二十卷、蚕池教堂函稿一卷、海军函稿四卷、电稿四十卷，共一百六十五卷，起自 1862 年 5 月，终于 1901 年 11 月，头尾共四十年。《全书》所收虽然很广，但并非李鸿章的全部作品，尚有大量未刊稿。中华人民共和国成立以来，已续有刊印。如年子敏编《李鸿章致潘鼎新书札》，江世荣编《李鸿章信稿补遗》，收入《捻军史料丛刊》第三集等。

（原载《安徽师大报》1986 年 10 月 22 日）

戴安澜将军的重要遗著

——《安澜遗集》述介

戴安澜，字衍功，号海鸥，安徽无为人，1904年生，毕业于黄埔军官学校第三期，曾参加北伐战争。抗日战争期间，戴将军任国民党第五军第二百师师长，以民族存亡为重，坚决抗日。在鲁南台儿庄、桂南昆仑关诸战役中，屡立战功。1942年3月戴将军奉命率师出国，远征缅甸，在同古保卫战中，浴血奋战，重创日寇，扬威海外。后在郎科地区与敌激战，为流弹所中，不幸于1942年5月26日殉国，终年38岁。

1942年秋，国民党第五军留守处在广西全州召开隆重追悼大会，中共中央领导人毛泽东、周恩来、朱德、彭德怀、邓颖超也送了挽联挽词，高度赞扬，深切悼念。毛泽东同志的挽诗题为《海鸥将军千古》：

"外侮需人御，将军赋采薇。

师称机械化，勇夺熊罴威。

浴血东瓜守，驱倭棠吉归。

沙场竟殒命，壮志也无违。"

周恩来同志的挽词是：

"黄埔之英，民族之雄。"

朱德、彭德怀的联名挽联是：

"将略冠军门，日寇几回遭重创；

英魂羁缅境，国人无处不哀思。"

邓颖超同志的挽词是：

"气壮山河"①。

---

① 见戴安澜烈士墓前的碑文。

1947 年秋，戴将军的灵柩运回芜湖，安徽各界爱国人士将灵柩安放在小赭山，建造陵园，供人瞻仰。

1956 年 10 月，中央人民政府内务部追认戴将军为革命烈士，毛泽东主席还向戴将军家属颁发了"革命牺牲军人家属光荣纪念证"。

1983 年 11 月，芜湖市人民政府又对陵墓进行了扩修，墓前的石碑上有王昆仑先生题写的"戴安澜烈士墓"六个大字。

戴将军殉国后，他的军校同学搜集戴将军的遗墨、遗著，于 1943 年春印成《安澜遗集》① 一书，流行于世。但由于印刷份数较少，且多散失，故一般读者已难见到。近年，沈云龙先生主编、台湾文海出版社出版的《近代中国史料丛刊》，又将《安澜遗集》收入其中，影印出版②，从而为学习和研究戴安澜将军提供了方便。

《安澜遗集》的内容有两大部分：第一部分是戴安澜将军的遗墨、遗著、书信、日记；第二部分是他人为《安澜遗集》写的序言、题词和附录。

在第一部分中，有遗墨四幅，其一是："我们今后作战的要诀是：长兵要短用，短兵要长用，低兵要高用，高兵要低用。能够这样，才能做到势险节短，因敌制宜，也才能战无不胜，守无不固。"③ 其二是："夫兵形象水，水之形避高而趋下，兵之形避实而击虚，水因地而制源，兵因敌而制胜，故兵无常势，水无常形，能因敌变化而取胜者，谓之神。"其三是："人我之际要看得平，平则不忮；功名之际要看得淡，淡则不求；生死之际要看得破，破则不惧。人能不忮、不求、不惧，则无往而非乐境，而生气盎然。"其四是："为政不在多言，要能幼有所教，壮有所归，老有所养。治军欲使知战，必须道之以德，齐之以礼，明之以刑。"遗文有专著两篇，即《自讼》和《磨砺集》。前者是作者世界观和政治思想转变的自述，后者是作者的军事论著。文章九篇，主要有《二十七年元旦告官兵书》《慰劳七十三

---

① 姜玉笙：《书戴安澜遗集后》，见《安澜遗集·附录》。

② 沈云龙先生主编：《近代中国史料丛刊》正编第九十辑，台北文海出版社出版。安徽师大图书馆购存一套。

③ 此处引文及后面未注明出处的引文，均见《安澜遗集》。

旅受伤官兵书》以及《训令》《命令》等。诗、词、歌曲共九首，重要者有出征缅甸行军途中写的《行军》诗："策马奔车走八荒，远征功业迈秦皇。澄清宇宙安黎庶，先挽强弓射夕阳。""万里旌旗耀眼开，王师出境岛夷摧，扬鞭遥指花如许，诸葛前身今又来。"抒发了作者的抗日意志和杀敌决心。书信十七封，是戴将军从1937年抗日战争开始后，到1942年殉国前夕写给其妻王荷馨、长子戴覆东、堂兄戴蔚文等人的书信。其中1942年3月22日，在缅甸同古战役中写给夫人王荷馨的绝命书，具有重要史料价值："余此次奉命固守同古，因上面大计未定，与后方连络过远，敌人行动又快，现在孤军奋斗，决以全部牺牲，以报国家养育。为国战死，事极光荣……望你自重，并爱护诸儿，侍奉老母。"日记三百五十一篇，内容极其丰富，几乎每篇日记中都洋溢着作者爱国、爱民和主张坚决抗日的思想感情。例如在长篇日记——《征倭快录》中，作者写道："黄帝的子孙，今天是我们奋斗的日子，勇进就是生存，怯退就是毁灭……祖国的存亡，完全操于我们自己，敌人是无能为力的。所以我们不要问敌人力量如何？先要问自己的志气如何？我们有五千年的文明历史，是不会亡国的。兴亡是我们应负的责任，我们只有决心的前进，以扬威于世界，列祖列宗之灵，当可含笑于九泉。我们一定是胜利的。"又如，从1937年读书130册的书目中，可以看出戴将军确实不仅是著名的武将，而且还是学识渊博的"儒将"。另外，还有他深受爱国历史人物、民族英雄文天祥、岳飞、霍去病、孙中山、林则徐、诸葛亮等人思想影响的记载。

在第二部分内容中，有李济深先生的《序言》。李先生的《序言》，对戴将军的光辉抗日业绩，给予很高的评价。在几份题词中，张治中先生的题词盛赞戴将军，"干城重寄，矫矫雄师；浩气磅礴，发为宏辞；行间字里，表现瑰奇"。五篇附录的文章是：戴蔚文著《戴安澜将军传略》，张宇亮著《缅战经过及其教训》，佚名著《缅战中之戴安澜将军》，王耀武[①]的《戴海鸥将军遗集书后》，姜玉笙的

---

① 王耀武先生是戴将军黄埔军校同期同学。

《书戴安澜遗集后》。这五篇文章，分别从不同方面介绍了戴安澜将军，特别是《戴安澜将军传略》一文，比较详细地记载和叙述了戴将军的家庭和经历，是学习和研究戴将军的重要参考材料。

根据上面简要的介绍，可以看出《安澜遗集》的内容是十分丰富的，它为我们全面的研究戴安澜将军生平事业、政治思想、军事观点，都提供了珍贵的史料。

（原载《安徽高校图书馆》1984 年第 3—4 期）

介绍《周悫慎公全集》

《周悫慎公全集》是周馥的遗著。

周馥（1837—1921），字玉山，安徽省秋浦县（今属东至县）纸坑山人，近代政治家、著作家和治水专家。起家寒素，受知于李鸿章，始以军功列保举，渐擢至封疆。历任永定河道（1877）、津海关道（1881）。曾协助李鸿章办理洋务三十余年，是李鸿章的主要幕僚之一。后迁升直隶按察使（1888），四川布政使（1899）、直隶布政使（1900）、署理直隶总督兼北洋通商大臣（1901）、山东巡抚（1902）、两江总督（1904）、闽浙总督（1906，未任）、两广总督等职。1907年卸两广总督任，以老告归。自是优游林下，直至1921年，病殁于天津。

周馥去世时，清逊帝溥仪特颁谕赐，予谥"悫慎"①。次年（1922），其子学熙、学渊、学㤉，收其遗著，刻印成册（秋浦周氏家刻本②），梓行于世，名之曰《周悫慎公全集》。

《周悫慎公全集》，除卷首收有《清廷谕旨》《国史本传》《南北洋请建专祠呈》《大总统指令》《临时执政指令》《墓志铭》《行状》等二十八篇资料外，正文部分，即《奏稿》五卷，《电稿》一卷，《公牍》二卷，《文集》二卷，《诗集》四卷，《易理汇参》十二卷，《治水述要》十卷，《河防杂著四种》一卷，《负暄闲语》二卷，自编《年谱》二卷③。

《周悫慎公全集》由于是家刻石印本，一般读者已难见到。故沈云龙先生在其主编的《近代中国史料丛刊》中，又将其影印出版，并为之易名《秋浦周尚书（玉山）全集》，"庶几名实相副而不与时代乖违。"

《周悫慎公全集》涉及中国近代历史资料者至多，特别是"奏稿"（83 篇）、"电稿"（25 份）、"公牍"（24 篇）、"文集"（51篇）、"诗集"（924 首），"年谱"，更较多地涉及近代中国政治、经济、军事、外交、教育等方面的情况。例如，"文集"中的《富强说》《格致说》《货币刍议》《兴学论》等文，就提出了他对经济建设的主张和对教育改革的设想。又如，"诗集"所收的 924 首诗，大多是记述他个人生平事迹之作。"制府（指周馥）自云，生平事迹，略具其中，知其意则可以读其诗矣。"再如"年谱"，是周馥晚年根据"日记"补叙而成，史料价值更为珍贵。

其外，周馥一生，"尤精研水学河工"，故《治水述要》《河防杂著》则是他的"治河专书"，是研究近代水利史的重要参考资料。

由此可见，《周悫慎公全集》的史料价值是很高的，我们应很好地研究它、利用它。

注释

①《清廷谕旨》。见《秋浦周尚书（玉山）全集》卷首，台北文海出版社出版，第 5 页。

②见《秋浦周尚书（玉山）全集》，封里。

③见《秋浦周尚书（玉山）全集》，第 137 页。

（原载《图书馆工作》1987 年第 1 期）

后　记

　　谢青老师不仅是我的爱人，也是我的老师。谢青老师 1933 年元月 20 日生，2011 年 5 月 23 日因脑梗塞离世，享年 79 岁。

　　谢老师的去世，使我失去了一位好丈夫，儿孙们失去了一位好爸爸、好爷爷，学生们失去了一位良师益友。我含着眼泪给谢老师整理出版这本遗文集，尽管在整理过程中，遇到困难和阻力。结集出版是表达我和孩子们对谢青老师的深切怀念，也是我和谢老师的金婚纪念。

　　我有几篇短文夹在谢青老师的遗文集之内，这几篇短文是由我查找资料，写成短文，而后由谢老师修改润色才得以刊载，这应该是谢老师的心血，所以放进遗文集之内。谢青老师的遗文集能很快出版，也得到罗超教授及其夫人王素老师的鼎力相助，在此，我和孩子们深深地致以谢意。遗文集内有谢青老师与罗超合作著述，有与房列曙、张建疆老师合写的文章，均列入其中。一并说明。

吴徽英

2011 年 12 月 25 日

编后语

　　谢青先生 1933 年生于安徽定远，1961 年毕业于复旦大学历史系，先后在合肥师范学院、安徽师范大学任教，长期从事历史教学研究。

　　今，谢青先生已作古六年，其夫人吴徽英女士代为整理，结集出版。谢青先生一生学术成果颇丰，在历史学、教育史等领域成就显著，本书即谢青先生一生学术研究成果的萃编。本书根据文章类别，分为中国史、世界史、书评、近代皖人著述介绍四卷，总计 20 余万字。

　　鉴于本书所收录的文章写作时间跨度数十年，且每篇文章都具有当时的时代特征，为了让读者更好的理解每篇文章，书中的每篇文章都以最初发表时的原貌呈现给读者，以防有所漏缺和误解。在编校过程中，我们在尊重原文的基础上，仅对文章中确属错误的文字、标点和一些无歧义的异体字略作修改，并对同一篇文章中的引文、注释格式等做出了适当的修正，使之大致统一，其他则一律依旧。

编　者

2017 年 11 月

编后语